中公文庫

時刻表昭和史

完全版

宮脇俊三

中央公論新社

時刻表昭和史　完全版　目次

時刻表昭和史

増補（戦後篇）

巻末付録

時刻表昭和史　完全版

・本書に転載した時刻表のうち、スペースのつごうで一部の列車を間引いたものがある。説明文中に「抄録」と記した。
・筆者所有の時刻表については、所蔵者名を省略した。

第1章　山手線——昭和8年

山手線渋谷駅の改札口は西に面していた。

午後になると、左手の玉川電鉄の駅の上に太陽が現われ、夕方になると、正面にあった「東京パン」の二階建ての影が改札口の近くまで伸びてきた。

駅前広場は現在の四分の一ぐらいで、そのほとんどを市電の停留所が占めていた。宮益《みやます》坂《ざか》を下ってきた市電は、山手線のガードをくぐると左に折れて改札口の前で停車し、車掌が「終点渋谷駅前です」と言い、それから「終点ですよ」と声高に乗客を急《せ》きたてた。

客を降ろした市電は直進して引込線に入り、後部の窓から上半身を仰《の》け反《ぞ》るように車外に突き出した車掌が、紐《ひも》を引いて集電ポールを下げる。つぎに運転士のいた前部へ行って窓を開け、こんどは反対側のポールを上げて、その先端の滑車を架線にはめこむ。パチッというスパークの音とともに火花が散り、架線が上下に揺れる。一回で滑車がはまらないと、火花が幾度も散った。

その頃には、もうつぎの電車が到着し、引込線が空くのを待っていた。須田町《すだちょう》行、水《すい》天宮《てんぐう》行など二系統の市電が到着しては折返す「渋谷駅前」停留所は、いつも電車が踵《きびす》を接していて、警鈴のチンチンという音とポールの火花が絶えなかった。

渋谷駅は人の流れの多い駅であったから、改札口の付近にはかならず乞食《こじき》がいて、古びたソフト帽を銭受けにし、ムシロの上で腰を折っていた。

憲兵が立っていることもあった。白い腕章と長い軍刀、そして何よりも、目深にかぶった軍帽の庇《ひさし》の陰に光る眼があたりを威圧していた。

赤帯の帽子に紺の制服の救世軍が、三脚の下に鍋《なべ》を下げ、災害義捐金《ぎえんきん》を募る光景もしばしば見られた。

その渋谷駅の改札口の北側に接して小荷物扱の窓口があった。

出し入れする荷物の擦痕《さっこん》と柾目《まさめ》との交錯した厚い一枚板が武骨に張り出していて、その上に荒縄をかけた行李《こうり》がドスンと置かれる。駅員は荷札を確かめてから、引きずるようにして三和土《たたき》の上の看貫秤《かんかんばかり》に手荒く載せる。秤が音を立て、針が大きく震えた。

昭和八年、その小荷物窓口の厚い一枚板の下に、一匹の老犬が生気なく横臥《おうが》していた。白い大柄な秋田犬である。肩や腰の肉は落ちて腹部の皮はたるみ、眼は物憂げに閉じたままで、厚板の上に放り出された荷物の音にも何の反応も示さない。喧噪《けんそう》な渋谷駅前では、この一隅だけが老犬の存在ゆえに静かに倦《う》んでいた。

　改札口を忙しく出入りする客のほとんどは、この老犬に眼もくれなかったが、一人か二人は立ち止って眺めていた。なかには「ハチ」あるいは「ハチ公」と声をかけ、パンの切れを鼻先に置く者もいた。しかしハチ公は、薄目をあけて気だるくそれを眺めるだけで、すぐには横臥の姿勢を変えなかった。

　ハチ公は上野英三郎さんという独り暮しの学者の飼い犬だった。この人は帰宅時刻がよほど一定していたらしく、ハチ公は毎日渋谷駅へ迎えに行った。ところが上野さんは勤め先の大学で急に亡くなり、ハチ公は上野さんの家に植木職人として出入りしていた小林菊三郎さんに引き取られた。けれども、毎日午後になると渋谷駅へ主人を出迎えに行くというハチ公の習性は変らなかった。

　帰らぬ主人を待って日が暮れるまで立ち去ろうとしないおとなしい老犬に、駅員たちは残飯などを与えていた。なかには、わざわざ屋台のヤキトリを買ってハチ公に与えていた乗客や駅員もいたらしい。

　そのことから、ハチ公は二君に見《まみ》えぬ「忠犬」となり、犬でさえ主君の恩を忘れないのだと喧伝《けんでん》された。何事も忠君愛国に結びつける時代であった。

　要するに餌《えさ》の問題さ、と揶揄《やゆ》する人もおり、そのほうが真実らしいことは私たち子どもにも理解できた。しかしハチ公は、そんな毀誉褒貶《きよほうへん》にかかわりなく小荷物窓口の厚板の下で物憂げに横臥しつづけた。老い衰えてはいたが、大事に飼われたことを偲《しの》ばせる品格のある犬であった。ハチ公が死んだのは昭和一〇年三月八日である。

私は、晩年のハチ公しか知らないが、渋谷駅前の銅像は実物より小さく見えてしようがない。上野の科学博物館に陳列されている剝製《はくせい》のハチ公を見ても、私の記憶のなかにあるハチ公より小さい。私が子どもだったからであろう。

その老いたハチ公を眺め、出札口で二銭の切符を買って山手線に乗るのが、小学一年生になったばかりの私の最大の楽しみであった。

東京府豊多摩《とよたま》郡渋谷町が隣接する代々幡《よよはた》町、千駄ケ谷《せんだがや》町とともに東京市に編入されて渋谷区となったのは昭和七年一〇月のことである。

当時の渋谷は、駅付近から道玄坂《どうげんざか》にかけて繁華街があり、周辺は人家が密集していたが、その一角をはずれると随所に「原っぱ」と呼ばれる空地があった。とくに渋谷から原宿にかけての山手線の沿線は、西側が代々木練兵場だったこともあって、ひときわ閑散《かんさん》としていた。

私が育ったのは、その渋谷と原宿の中間の東側、つまり青山寄りの一隅であった。

遊び場は三ヵ所あった。

一つは市電の青山車庫に付随した試運転場で、五〇〇メートル四方ぐらいもの敷地を有していたが、単線線路がひと回り敷設されているほかは、小さな池とそれを中心に生い茂った樹木ばかりの鬱蒼《うっそう》としたところであった。

池の縁にはたくさんの蛙《かえる》がいて、子どもたちが近づくと、つぎつぎに池に飛びこんだ。樹間には他では見られぬ大きな黒い蝶《ちょう》が飛び交い、スズメバチの巣もあった。蛇もいた。私たちは南洋の密林を探検するような気分で、夏休みなどヒグラシが鳴くまで遊んだ。

私の家は、この試運転場に接していたので、低い塀を乗り越えさえすればこの別天地に自由に出入りできた。けれども、ただひとつ困ることがあった。それは巡視人、しかも一風変った巡視人に見つかることであった。

もとよりここは子どもの遊び場として公認されていたわけではなかった。だから巡視人に遭遇すれば、逃げるか隠れるか謝るか、場合によっては泣くかして済ますのが普通であろうが、ここの巡視人は潜入した子どもを見つけても追い出したり叱《しか》ったりはしなかった。

その代り、私たちを見つけると、優しく手招きをしながらゆっくりと近づいてくる。こうされると逃げ隠れはしにくいものである。しかたなく寄っていくと、相手は黙って手を伸ばし、眼医者のように子どもの瞼《まぶた》を裏返す。ただそうするだけで何も言わない。

子どもたちはこの巡視人のことを「目」と呼んで恐れた。「目」に瞼を裏返されるとトラホームになると噂《うわさ》され、一度「目」に出会った子どもは当分のあいだ立ち入らなかった。

第二の遊び場も公認ではなかった。それは梨本宮《なしもとのみや》の邸《やしき》であった。

当時の児童年鑑は、かならず巻頭に皇族の写真を載せていたが、その順序は、天皇と皇后、ついで内親王、それから皇太后、秩父宮《ちちぶのみや》などの親族、最後に「外戚《がいせき》」の皇族たちとなっていた。梨本宮の写真は、つねにそれらの最後であったから、皇族としての序列からすると最下位だったのだろう。けれども邸は広大で、土を盛った塀を一周するのに二〇分はかかった。

梨本宮邸の表門は青山通りに面していたが、裏門は市電の試運転場のはずれにあった。つまり私の家のすぐ前であった。裏門といっても、広大な邸の門であるから、二本の太い御影石がそそり立ち、門前の家々を見下ろしていた。

車の出入りできる、その大きな裏門の扉は、なぜかつねに開かれていて、広い玉砂利の道が植込みのなかへと消えていた。門の内側には、私たちが「門番の家《うち》」と呼んでいた木造の平屋があり、人は住んでいたが、その姿を見かけることは稀《まれ》であった。私たちはしばしば邸内に入って遊んでいたのだが、追い出された記憶はない。どんな人が門番だったかも覚えていない。

皇族の邸が、なぜそんなに開放的であったのか理解に苦しむが、子どもたちは盛土の塀の裏側あたりをちょろちょろするだけで、奥へは入らなかったから、虫けらぐらいにしか思っていなかったのかもしれない。

私たちは邸の奥へは入らなかった。静寂で威圧感があり、なんとなく怖かったのである。

ただ一度だけ、奥へ奥へと入って行ったことがある。代々木練兵場で年二回の観兵式があると、そのあとで花火が上る。ほとんどは音だけの空玉で、近くに椀《わん》のような残骸《ざんがい》を降らすだけであったが、ときどき中からパラシュートが出てくることもあった。それが風に流され、梨本宮邸の塀を高々と越えていった。私は一人で玉砂利の上を走り、邸の奥へと追った。パラシュートにようやく手が届きかかった頃、惜しくもそれは低い築地塀《ついじべい》を越えて内庭へ落ちてしまった。邸内には大寺の塔頭《たっちゅう》のように、もう一つ囲いがあって、そのなかに梨本宮の住居があるらしかった。あたりは森閑としていた。私は足音を忍ばせながら引き返した。

私たち子どもが梨本宮の邸に侵入して遊んだのは、土手があるからであった。土手とは外塀の内側にすぎないのだが、それでも二メートルぐらいの高さがあり、ゴロゴロところげ落ちたりすることができた。土手には大きな樹も植えられていたので、木登りもできた。

当時は車も少なく、あたりは静かだった。ポケットに石ころをしのばせて木に登り、下を通る奴を「爆撃」しようと息をひそめていると、市電のチンチンという音や山手線のレールの響きが聞えてきた。

第三の遊び場は、その梨本宮の邸と山手線との間にある「原っぱ」であった。誰の所有地かは知る由もなかったが、サッカー場くらいの広さがあり、子どもたちはそこで自由に遊ぶことができた。当時、渋谷には大小いくつかの空地があり、いずれも子どもたちの遊び場となっていたが、この原っぱが群を抜いて広かった。しかも梨本宮邸側は高く急な斜面になっていたから、他の原っぱとは違った遊びができた。

たとえば、斜面の下からボールを抛《ほう》り上げる。ころがり落ちてきたのをキャッチする。そうやっていると、斜面の上から「どけ、どけ」と叫びながら自転車に乗った齢上の男の子たちが急降下してくる。急斜面だから転ぶ子が多かったが、うまく下まで走り降りた子は思いきり自転車を傾けて半回転し、得意気に肩をいからせて私たち幼い子どもたちの讃仰の視線を浴びた。

原っぱの北半分は雑草が茂り、夏が近づくと子どもの背丈を超えた。私たちはその中に潜み、モチ竿《ざお》でトンボをねらった。モチにトンボがくっつくと、羽を破らないように丁寧に剝《は》がし、左手の指の間につぎつぎに挟んだ。そのほとんどは、ムギワラ、シオカラと子どもたちが呼んでいた中型のトンボで、ヤンマはめったにつかまえられなかった。ヤンマは草の葉先には止らず、すばしこく飛びつづけるからであった。ムギワラやシオカラを指に挟んでいると、「どうだ」と言って上級生の男の子がオニヤンマなどを見せびらかした。広いうえに変化に富んだ「原っぱ」であったから、午後になると子どもがたくさん集まった。おのずから縄張りができ、それぞれにガキ大将がいた。喧嘩《けんか》は絶えなかったが子どもなりの秩序もあって、泣かされた子どもの親が怒鳴りこんできたりすると、子どもたちはそれを遠巻きにし、「子どものケンカに親が来た」と声を合わせてはやしたてた。

夕方になるとカラスが鳴き、夏にはヒグラシゼミが鳴いた。雁《かり》であろうか、首を長く突き出した鳥の群が斜め一列になって渡って行くこともあった。そして、子どもたちの姿は原っぱから消えた。夕暮れの原っぱには、どこからともなく人攫《ひとさら》いが現われ、子どもをつかまえて曲馬団に売り飛ばす、と噂されていた。

この原っぱでの楽しみの一つに山手線があった。

山手線は原っぱの西側に沿った盛土の上を走っていた。すでに複々線化されており、外側の二本が電車用、内側の二本が貨物用となっていた。

電車は頻繁に走った。現在、山手線の昼間の運転間隔は三分ないし六分であるが、当時の時刻表によれば「四分毎」となっているから現在とほぼ同じである。当時の沿線の人口からすると、ずいぶん運転間隔が密であるが、編成は短く、四両から六両ぐらいであった。四分間隔で上り下りがそれぞれ走るので、遊びに興じていると、絶え間なく電車が行き交っているように思われた。それでも、ときどき遊びの手を休めて電車を眺める子が多かった。私もそうであった。だから貨物列車が通るときは、子どもたちの遊びはいっせいに中断した。

山手線の貨物専用線が電化されたのは昭和二九年であるから、当時の貨物列車は蒸気機関車に牽《ひ》かれてやってきた。貨物列車が近づいてくる気配は電車とはちがっていた。蒸気の音と、ずっしりと重い地響きのようなものが迫ってくると、あっ貨物列車だ、と誰かが叫び、視線が盛土の上の線路に集まった。

子どもたちは、声を出して貨車の両数を数えた。一台、二台……、二桁《けた》になると「台」まで言う時間がなくなり、一一、一二、と数えた。

当時の貨車の連結両数は多かった。貨物輸送の主力が鉄道の時代だったからであろう。五〇両、六〇両というのも珍しくなかった。私たちは貨物列車が現われると、何台つないでいるかを当てっこした。どの子どももそのような遊びをしたかどうかはわからない。とくに汽車好きの子どもだけがやったのかもしれない。が、貨物列車接近の気配を感じると、誰かが「四〇台」と言い、また誰かが「五〇台」と宣言する。「ぼくは四七台」と細かいのもいた。もちろんピタリと適中することはめったになく、いちばん近い数の子が勝った

イ 八年四月一日改正

品川・新宿・池袋・上野・東京・品川間(山手線循環)(電車)
池袋・赤羽間(電車)

三等車ノミ、運賃表ハ 215頁參照

線名	運轉所要時分	外廻リ 初發 各驛發時分	外廻リ 初發 行先	外廻リ 終發 各驛發時分	外廻リ 終發 行先	粁程		驛名		内廻リ 初發 各驛發時分	内廻リ 初發 行先	内廻リ 終發 各驛發時分	内廻リ 終發 行先
山手線	分 秒	4 26	山	1 20	宿	0,0	發	品川	着	4 29	山	1 33	品
	3.10	4 29	山	1 23	宿	2,0	〃	大崎	發	4 26	山	1 30	品
	5.10	4 31	山	1 25	宿	2,9	〃	五反田	〃	4 24	山	1 28	品
	7.30	4 33	山	1 27	宿	4,1	〃	目黒	〃	4 22	山	1 26	品
	10.10	4 20	山	1 30	宿	5,6	〃	惠比須	〃	4 20	山	1 23	品
	12.40	4 22	山	1 32	宿	7,2	〃	澁谷	〃	4 17	山	1 35	惠
	15.00	4 25	山	1 34	宿	8.4	〃	原宿	〃	4 15	山	1 33	惠
	17.40	4 27	山	1 37	宿	9,9	〃	代々木	〃	4 13	山	1 30	惠
	19.30	4 12	山	1 27	池	10,6	〃	新宿	〃	4 11	山	1 29	惠
	21.50	4 15	山	1 29	池	11,9	〃	新大久保	〃	4 23	山	1 40	宿
	24.20	4 17	山	1 31	池	13.3	〃	高田馬場	〃	4 21	山	1 38	宿
	26.10	4 19	山	1 33	池	14.2	〃	目白	〃	4 19	山	1 36	宿
	28.20	4 21	山	1 17	田	15.4	〃	池袋	發	4 17	山	1 34	宿
	分 秒	4 23		1 37		0,0	發	池袋	着	4 36		1 30	
	2.40	4 26		1 39		1.8	〃	板橋	發	4 33		1 27	
	5.10	4 28		1 42		3.5	〃	十條	〃	4 31		1 25	
	8.30	4 31		1 45		5.5	着	赤羽	發	4 28		1 22	
	31.20	4 24	山	1 20	田	17.2	發	大塚	發	4 30	山	1 31	宿
	33.30	4 26	山	1 22	田	18.3	〃	巣鴨	〃	4 28	山	1 29	宿
	35.20	4 29	山	1 24	田	19.0	〃	駒込	〃	4 26	山	1 27	宿
	38.00	4 31	山	1 29	上	20.6	〃	田端	〃	4 24	山	1 25	宿
東北本線	40.40	4 33	山	1 31	上	21.9	〃	日暮里	〃	4 21	山	1 22	宿
	42.40	4 35	山	1 33	上	23.0	〃	鶯谷	〃	4 19	山	1 21	宿
	44.50	4 14	櫻	1 17	蒲	24.1	〃	上野	〃	4 17	山	1 19	宿
	46.20	4 15	櫻	1 19	蒲	24.7	〃	御徒町	〃	4 39	大	1 37	上
	48.20	4 17	櫻	1 20	蒲	25.7	〃	秋葉原	〃	4 37	大	1 35	上
	50.00	4 19	櫻	1 22	蒲	26.4	〃	神田	〃	4 36	大	1 34	上
東海道本線	52.20	4 21	櫻	1 24	蒲	27.7	〃	東京	〃	4 34	大	1 32	上
	54.00	4 23	櫻	1 26	蒲	28.5	〃	有樂町	〃	4 23	東	1 30	上
	56.00	4 25	櫻	1 28	蒲	29.6	〃	新橋	〃	4 21	東	1 28	上
	58.10	4 27	櫻	1 30	蒲	30.8	〃	濱松町	〃	4 19	東	1 25	上
	60.50	4 29	櫻	1 32	蒲	32.3	〃	田町	〃	4 17	東	1 23	上
	63.50	4 32	櫻	1 35	蒲	34.5	着	品川	發	4 14	東	1 20	上

運轉時間

山手線循環4分

池袋—赤羽8分

京濱線電車ヲ含ムトキハ
田端—上野間ハ2分又ハ4分
上野・品川間ハ2分

但シ早朝(大約6 30以前)及夜半(大約10 30以後)ニハ上記間隔ヨリモ長クナリマス

行先驛名略稱

山＝山手線循環
惠＝惠比須
宿＝新宿
池＝池袋
田＝田端
上＝上野
東＝東京
品＝品川
櫻＝櫻木町
蒲＝蒲田
大＝大宮

ワ 八年二月十五日訂補

地下鐵京橋・上野・地下鐵淺草間(連) (東京地下鐵道線) 三等車ノミ △印ハ連帶驛

驛名 △地下鐵京橋、△日本橋、△三越前、神田(省)、末廣町、△上野廣小路、上野(省)、△地下鐵稻荷町、△地下鐵田原町、△地下鐵淺草、(全區間 6.4 粁)

運賃 全區間ヲ 3區ニ分チ、1區 5錢(3驛迄5錢、4驛目ヨリ 7驛目迄10錢、8驛目以上15錢)

運轉時間 地下鐵京橋—地下鐵淺草 14 分ヲ要シ {地下鐵京橋發 6 32 ヨリ 0 02 マデ / 地下鐵淺草發 6 30 ヨリ 12 00 マデ} 10 20 ヨリ 8 00 マデハ2分半毎ニ 其他ハ5分毎ニ運轉

山手線。ジャパン・ツーリスト・ビューロー版『汽車時間表』昭和8年9月号より。「運転所要時分」が10秒単位で刻まれている勝ったとはしゃぐだけで、それでおしまいという他愛ないものであった。

そのうち私は、毎日同じ時刻になると、きまった編成の貨物列車が通るらしいことに気づいた。腕時計をした子などいなかったから、たしかなことはわからないが、どうもそうらしかった。

私は、父がよく旅行に出る職業だったこともあって、時刻表にはなじみがあり、超特急「つばめ」号の東京発は午前九時ちょうど、大阪着は午後五時二〇分である、といったことをいつのまにか覚えていた。けれども、きまった時刻に走るのは、東京駅や上野駅から発車するちゃんとした旅客列車だけで、電車や貨物列車は行きあたりばったりに運転しているものとばかり思っていた。

私は家にあった「汽車の時間表」を兄に差し出して、山手線の貨物列車の時刻を教えてほしいと言った。兄は、貨物列車の時刻なんか載っていないさ、と笑ったが、山手線の電車も「時刻」に従って運転されていると教えられたのは驚きであった。掲載されているのは始発と終電だけで、あとは「其の間約四分毎に發車す」となっているのだが、ひっきりなしに走っている山手線の電車でも「つばめ」号などと同じように運転時刻がきまっているのか、と私は感心した。

こんな小さな発見もあって、私は読めないなりに「時間表」に興味を抱くようになった。

小学一年生になって間もない頃であった。私はターちゃんと呼んでいた同い齢の近所の子と誘い合わせ、母には内緒で渋谷駅へ行った。

私たちはハチ公を眺めてから、窓口で二銭の切符を買った。母に連れられずに電車に乗るのははじめてであった。

当時は、三キロまで大人五銭というのが最低運賃で、「満四歳以上満十二歳未満」の「小児」はその半額、端数の厘は切り捨てられて二銭、つまり、いちばん安い切符を買ったのである。

けれども二銭、往復で四銭という金額は、子どもにとっては、大金でないにしても少ない額ではなかった。葉書が一銭五厘、アンパン一個二銭の時代で、小遣いは一日一銭の子が多かった。一銭でも駄菓子屋へ行けば何個かのアメが買え、ベーゴマやメンコが手に入った。紙芝居も一銭で、しかもこれには棒アメが一個ついた。それらをさしおいて往復四銭を投じたのだから、ターちゃんも私も相当の熱意を山手線に対して抱いていたことになる。

いまでは、私立の小学校へ通うために一年生でも一人で電車に乗っているが、当時の六歳児にとって親や兄姉に連れられずに電車に乗ることは、ちょっとした冒険であった。

ホームに上ると外回りの電車がすぐやって来た。生きもののようにドアがひとりでに開いた。しかし私たちは一台やり過した。そして、二台目が来ると、意を決して乗った。

どういう型の電車だったかは覚えていないが、動き出すと車体がキュッキュッと音を立てきしみ、座席の背もたれと腰かけの部分が別個の動き方をした。

子どもがよくやるように、私たちは座席に膝《ひざ》をのせ、窓枠に両手でつかまった。いつもの原っぱが窓の下を通り過ぎていった。電車のなかから見下ろすと、それは意外に狭く見えた。

ところが、電車が原宿駅にさしかかると、ターちゃんが、降りようよ、と言った。私たちは、いったん下車し、気をとり直してからつぎの電車で代々木まで行った。

いちど山手線の味を覚えると、私たちは大胆になり、図々しくなった。入場券で新宿や品川までの間を行ったり来たりしたこともあった。

誰から教わったのか、私たちは山手線の駅の順序をこんなふうにして覚えていた。

腹空く（原宿）、渋茶（渋谷）、ビール（恵比寿）、マグロ（目黒）、ご飯だ（五反田《ごたんだ》）、お酒（大崎）だ、品切れ（品川）だ、と。

第2章　特急「燕」「富士」「櫻」——昭和9年

三本の松を前景に砂浜を行く汽車、水平線には汽船が煙をたなびかせている。私の記憶にある最初の「時間表」の表紙には、そんな色刷りの絵が載っていた。護岸も路盤もなく、自然のままのやわらかい砂の上を汽車が走っているように見えるのはおかしいが、旅心をそそる絵ではある。

旅行案内社版『ポケット汽車汽船旅行案内』昭和9年12月号

これは父が愛用していた『ポケット汽車汽船旅行案内』という旅行案内社発行の時刻表で、左右九センチ、天地一五センチ、厚さ二センチほどの小型判であった。

ページを開くと、タテ組で、駅名は上段に右から左へと並び、その下に各列車の時刻が和数字で組まれていた。当時は二四時制ではなく、午前は細い明朝体、午後はゴチック体の活字であらわしていたので、午前の時刻が多い上の方は白っぽく、午後にかかる下半分は黒々としていた。

それらのなかで、私のいちばんの関心の的は東京発午前「九、〇〇」の「特急・つばめ」であった。横浜と国府津《こうづ》に停車するほかは、ずらりと通過を示す「―」が並んでいて、これが日本一の快速列車であることは視覚的に直感できた。しかも「超特急」という文字さえ挿入されていた。

もっとも、当時の私に「超特急」の文字や駅名の読めるはずはなかった。父か兄に訊《たず》ねて知ったのであろう。文字は知らなくても、汽車ごっこをして遊ぶときに「ぼくはチョウトッキュウだ」とか「ツバメゴウだ」とか称していたから覚えやすかったにちがいない。

なお、「つばめ」「ふじ」「さくら」の特急名の表記は時刻表によってまちまちである。タテ組の旅行案内社版では、いずれもヒラガナであるが、日本交通公社の前身である日本旅行協会版やジャパン・ツーリスト・ビューロー版では「燕」と「つばめ」、「櫻」と「さくら」が混用され、「富士」だけが漢字で統一されている。列車の後尾に掛けられたテール・マークも「つばめ」「富士」「さくら」となっている。日本の鉄道を代表する列車の愛称名の表記がはっきりしないのは困ったことだが、以下は愛称名発表時のポスターの表記に従い、漢字で記すことにする。

私が父の愛用していた時刻表をいじくりはじめた時期については、ひとつの記憶がある。というのは、「白木屋の火事」と時刻表の記憶とが重なっているからである。

夕食後の茶の間で白木屋の火事が話題になったとき、私はなぜか追い払われた。子どもはあっちへ行きなさい、もう寝なさいとでも言われたのであろう。退《の》け者にされた私は、一人しょんぼりと布団の上で三本松の絵のある時刻表を手にしていた。そういうときの記憶は鮮明に残るものなのであろう。

列車番號	行先	名古屋發	八田〃	蟹江〃	永和〃	彌富〃	長島〃	桑名〃	富田〃	富田濱〃	午起〃	四日市〃	河原田〃	加佐登〃	井田川〃	龜山着
粁程		名古屋ゟ	四・三	九・三	一三・二	一六・四	一九・六	二三・八	三一・九	三三・〇	三六・八	三七・二	四四・一	五〇・九	五五・三	五九・九
一〇一	湊町行	前 五、二〇	五、二九	五、三七	五、四三	五、五一	五、五八	六、〇五	六、一九	六、二三	丨	六、三一	六、四二	六、五三	七、〇三	七、一〇
二四一	東京ゟ鳥羽行	前 寝 六、〇九	丨	丨	丨	丨	十	六、四九	七、〇三	丨	丨	七、一三	丨	丨	丨	七、四三
二〇一	鳥羽行	前 六、三八	六、四六	六、五三	六、五九	七、〇七	七、一三	七、二〇	七、三三	七、三七	丨	七、四四	七、五四	八、〇四	八、一一	八、一八
一一一	龜山行	前 七、三三	七、四〇	七、四七	七、五二	八、〇〇	八、〇六	八、一三	八、二五	八、二八	丨	八、三五	八、四五	八、五七	九、〇五	九、一二
二〇三	鳥羽行	前 八、一五	丨	丨	丨	丨	丨	八、四三	丨	丨	丨	八、五九	丨	丨	丨	九、三〇
一〇三	湊町行	前 八、三三	丨	八、四五	八、五〇	八、五七	丨	九、〇八	九、一九	九、二三	丨	九、二九	丨	丨	丨	九、五九
一一三	龜山行	前 八、五四	九、〇四	九、一二	九、一八	九、二六	九、三三	九、四〇	九、五三	九、五六	丨	一〇、〇四	一〇、一四	一〇、二五	一〇、三三	一〇、四一
二〇五	鳥羽行	前 九、五二	一〇、〇〇	一〇、一〇	一〇、一六	一〇、二三	一〇、三〇	一〇、三七	一〇、五二	一〇、五六	丨	一一、〇三	一一、一五	一一、二五	一一、三三	一一、四一
一〇五	湊町行	前 一〇、五五	一一、〇二	一一、〇九	一一、一六	一一、二三	一一、二八	一一、三五	一一、四九	一一、五二	丨	一一、五九	〇、一一	〇、二一	〇、二八	〇、三五
二〇七	鳥羽行	前 一一、五〇	一一、五八	〇、〇七	〇、一五	〇、二三	〇、三〇	〇、四一	〇、五四	〇、五七	丨	一、〇五	一、一六	一、二七	一、三五	一、四〇
一一五	龜山行	後 〇、四一	〇、四八	〇、五五	一、〇二	一、〇九	一、一五	一、二三	一、三七	一、四二	丨	一、五〇	二、〇〇	二、一〇	二、二三	二、三〇
一一七	上同	後 一、二七	一、三四	一、四一	一、四六	一、五三	一、五九	二、〇六	二、一七	二、二〇	丨	二、二七	二、四二	二、五二	二、五九	三、〇六
二〇九	鳥羽行	後 二、三五	二、四二	二、四九	二、五四	三、〇一	三、〇七	三、一四	三、二五	丨	丨	三、三三	三、四二	三、五一	三、五八	四、〇五
二一一	上同	後 三、三二	三、四〇	三、四九	三、五六	四、〇四	四、一〇	四、一九	四、二二	四、二六	丨	四、四五	五、〇一	五、一四	五、二二	五、三〇
一四一	四日市行	後 四、一六	四、二三	四、三〇	四、三七	四、四三	四、四九	四、五六	五、一五	五、一九	丨	五、二五	┃	⋮	⋮	⋮
一〇七	湊町行	後 四、四四	四、五一	四、五八	五、〇三	五、一〇	五、一七	五、二七	五、四一	五、四四	丨	五、五二	六、〇二	六、一二	六、一九	六、二六
二一三	鳥羽行	後 五、二〇	丨	五、三五	五、四一	丨	丨	五、五六	丨	丨	丨	六、一二	丨	丨	丨	六、四三
二一五	上同	後 五、五八	六、〇五	六、一二	六、一七	六、二四	六、二九	六、三八	六、五一	六、五五	丨	七、〇四	七、一四	七、二四	七、三二	七、四〇
一四三	四日市行	後 六、二五	六、三二	六、三九	六、四四	六、五二	六、五八	七、〇五	七、一六	七、二〇	丨	七、二六	┃	⋮	⋮	⋮
一一九	龜山行	後 七、〇五	七、一二	七、一九	七、二四	七、三一	七、三六	七、四四	七、五五	七、五九	丨	八、〇六	八、一六	八、二六	八、三五	八、四〇

タテ組の時刻表。関西本線名古屋——亀山間下り。旅行案内社版『ポケット汽車汽船旅行案内』昭和9年12月号より抄録

歴史年表を見ると、日本橋にあった白木屋デパートで昼火事が起ったのは昭和七年一二月一六日となっている。

多数の死者を出したわけでもない一百貨店の火事が昭和史に名をとどめることになったのは、言うまでもなく女性服飾史に一時期を画した事件だったからであるが、とにかく昭和七年一二月といえば、私は六歳になったばかりである。六歳で時刻表を見るとは、すこし早熟にすぎるように思う。父や兄の影響があったとはいえ、早すぎる。あるいは、白木屋の火事のときは時刻表の表紙の汽車の絵を眺めただけであり、中を開いて「超特急・燕」に見入ったのは一、二年後のことだったのかもしれない。たぶんそうであろう。いずれにせよ、私の関心をそそった「燕」号は国府津に停車していたから、昭和九年一二月の丹那《たんな》トンネル開通以前であったことはたしかである。もっとも、時刻表を開いて「燕」に見入ったといっても、いったい何を見ていたのかと言いたくなるような見方ではあった。「燕」の時刻の「見どころ」をすっかり見落しているのである。

東京―神戸間を九時間で走る「燕」が運転を開始したのは昭和五年一〇月であった。その一年前から運転されていた下関行特別急行の「富士」や「櫻」の神戸までの所要時間は九時間五一分および五二分であったから大幅な時間短縮である。この五〇余分の短縮はなみならぬことであったらしい。

まず、高速運転に堪えるよう線路の改修がおこなわれた。つぎに、蒸気機関車への給水停車をなくすため、線路の間に溝を掘って走行中に給水することまで検討されたが、この案は採用されず、代りに炭水車《テンダー》と客車の間に「燕」専用のカマボコ型水槽車が連結された。これによって、国府津—名古屋間三〇〇・〇キロ、四時間一九分という長距離、長時間のノン・ストップ運転が実現した。もとより四時間以上もの長時間を一組の機関士と機関助士で勤務させるわけにはいかず、走りながらの交代を余儀なくされたが、これがなかなかの離れ業であった。

東京を発車するときは東京鉄道局の機関士と助士が運転し、名古屋鉄道局の二人が一両目の客車で待機する。両局の境が近づくと、名鉄局の二人が水槽車の横に取りつけられたデッキを伝ってきて炭水車の石炭の上に匍《は》い上り、運転席にたどりつくのである。こんな交代を一〇〇キロ近い速度での走行中におこなうのであるから危険をともなったと思われる。

速度を競う相手もいなかった時代に、なにもそれほどの離れ業をやらなくても、と思うが、スピードが一国の鉄道の技術水準をおしはかる規準であることは今日も変りはなく、しかも当時、欧米の鉄道界においては長距離ノン・ストップ列車が流行していたという。

それでもまだ東京―神戸九時間ジャスト運転の実現には、あと数分の短縮が必要であったらしい。その最後の仕上げが国府津における下り「燕」の「三〇秒停車」であった。

丹那トンネル開通以前の東海道本線の電化区間は国府津までであった。したがって、すべての列車は国府津で電気機関車と蒸気機関車のつけ替えをおこなっていた。「富士」も「櫻」もそのために五分停車した。

しかし「燕」は国府津での機関車つけ替え時間までも削減した。東京から蒸気機関車のC51で牽引《けんいん》したのである。けれども国府津を通過するわけにはいかなかった。海抜四五七メートルの御殿場を経由するので一〇〇〇分の二五という急勾配《こうばい》が長くつづき、後押しの機関車（補機）をつけなければ登れないからであった。

当時の下り「燕」の国府津の時刻を見ると、「10時09分着、10時09分發」となっている。同時分の着発では停車時間がゼロになってしまうが、これは秒の単位を切り捨てて掲載してあるからで、正しくは10時09分00秒着、同30秒発である。

この三〇秒停車の間に、側線に待機していた補機のD50がすばやく最後部の展望車の後にとりつき、前引き後押しで御殿場への勾配を登って行った。わずか三〇秒間に増結するのであるから相当な手際の良さを必要としたことであろう。これで「富士」などの五分停車にくらべると四分三〇秒節約できたのであった。

粁程	三等運賃	驛名		熱海行 221	下關行 25	特急 神戸行 燕 11	熱海行 813	小田原行 815	大阪行 不定期急行 1009	急行 下關行 9	米原行 31	特急 下關行 櫻 3	下關行（富士） 1
0.0	圓 錢	東京	發	8 15	8 25	9 00	9 05	9 35	9 45	10 00	10 15	0 45	1 00
1.9	5	新橋	〃	8 18	8 29	レ	9 09	9 39	9 49	10 04	10 19	レ	レ
6.8	10	品川	〃	8 24	8 36	レ	9 16	9 46	9 56	10 11	10 27	レ	レ
28.8	42	横濱	著	8 44	8 58	9 26	9 38	10 08	10 16	10 31	10 48	1 10	1 25
			發	8 45	9 00	9 27	9 39	10 09	10 19	10 34	10 51	1 13	1 28
46.5	74	大船	〃	レ	9 19	1.2.3	9 57	10 27	10 38	10 53	11 10	3.	1.2
51.1	82	藤澤	〃	レ	9 25	（特別急行）	10 03	10 33	（不定期急行）	レ	11 16	（特別急行）	（特別急行）
54.8	86	辻堂	〃	レ	9 31		10 08	10 38		レ	11 22		
58.6	93	茅ヶ崎	〃	レ	9 36		10 13	10 43		急行	11 27		
63.8	1.00	平塚	〃	レ	9 43		10 20	10 50		レ	11 35		
67.8	1.07	大磯	〃	レ	9 50		10 26	10 56		レ	11 42		
73.1	1.16	二宮	〃	レ	9 57	レ	10 32	11 02		レ	11 50	レ	レ
77.7	1.22	國府津	著	9 28	10 03	10 09	10 38	11 08	11 05	11 20	11 56	1 54	2 09
77.7	1.22	熱海線 國府津	發	9 28			10 39	11 09	（不定期ニ付豫メ驛へ御問合セ下サイ）				
80.8	1.27	鴨宮	〃	レ			10 43	11 13					
83.9	1.31	小田原	〃	9 36			10 48	11 17		2.3		3.	1.2
86.0	1.33	早川	〃	レ			10 52						
90.4	1.40	根府川	〃	レ			10 59	…					
95.8	1.46	眞鶴	〃	レ			11 06	…					
99.1	1.51	湯河原	〃	9 53			11 11	…					
104.6	1.58	熱海	著	10 00			11 18	…					
77.7	1.22	國府津	發	…	10 16	10 09	…	…	11 10	11 25	0 02	1 59	2 14
81.5	1.28	下曾我	〃	…	10 23	レ	…	…	レ	レ	0 10	レ	レ
87.9	1.36	松田	〃	…	10 34	レ	…	…	レ	レ	0 21	レ	レ
93.6	1.44	山北	〃	…	10 47	レ	…	…	11 36	11 51	0 34	レ	レ
102.3	1.55	駿河	〃	…	11 05	レ	…	…	レ	レ	0 52	レ	レ
113.2	1.70	御殿場	〃	…	11 26	レ	…	…	レ	レ	1 13	レ	レ
128.4	1.89	裾野	〃	…	11 47	レ	…	…	レ	レ	1 35	レ	レ
133.3	1.96	下土狩	〃	…	11 55	レ	…	…	レ	レ	1 43	レ	レ
137.9	2.01	沼津	著	…	0 03	レ	…	…	0 40	0 54	1 51	3 05	3 18
			發	…	0 10	レ	…	…	0 46	0 59	2 00	3 10	3 23
144.5	2.10	原	〃	…	0 20	レ	…	…	レ	レ	2 10	レ	レ
153.0	2.21	鈴川	〃	…	0 30	レ	…	…	レ	レ	2 20	レ	レ
157.9	2.27	富士	〃	…	0 38	レ	…	…	1 07	1 20	2 28	レ	レ
161.4	2.32	岩淵	〃	…	0 46	レ	…	…	レ	レ	2 36	レ	レ
166.6	2.38	蒲原	〃	…	0 54	レ	…	…	レ	レ	2 44	レ	レ
170.1	2.42	由比	〃	…	1 00	レ	…	…	レ	レ	2 50	レ	レ
176.0	2.47	興津	〃	…	1 09	レ	…	…	レ	レ	2 59	レ	レ
178.4	2.50	袖師	〃	…	レ	レ	…	…	レ	レ	レ	レ	レ
180.7	2.52	江尻	〃	…	1 17	レ	…	…	レ	レ	3 08	レ	レ
185.9	2.58	草薙	〃	…	1 25	レ	…	…	レ	レ	3 17	レ	レ
191.9	2.64	靜岡	著	…	1 33	11 55	…	…	1 41	1 54	3 25	3 57	4 10
			發	…	1 59	11 59	…	…	1 44	1 56	3 28	4 00	4 13
198.3	2.71	用宗	〃	…	2 09	レ	…	…	レ	レ	3 38	レ	レ
205.4	2.79	焼津	〃	…	2 19	レ	…	…	レ	レ	3 48	レ	レ
212.0	2.85	藤枝	〃	…	2 30	レ	…	…	レ	レ	3 59	レ	レ
219.5	2.94	島田	〃	…	2 42	レ	…	…	レ	レ	4 11	レ	レ
224.6	2.99	金谷	〃	…	2 52	レ	…	…	レ	レ	4 21	レ	レ

「燕」の国府津着発時分。「富士」「櫻」の５分停車に対し、着発とも「10 09」となっている。なお、この時刻表では「燕」新設時と異り、静岡で４分停車し、国府津の時刻が１分繰り上がっている。スピード・アップによって「静岡停車」を捻出したのであろう。静岡で機関車をつけ替え、水槽車は廃止されたと思われる。ジャパン・ツーリスト・ビューロー版『汽車時間表』昭和９年11月号より抄録

約四〇分かかって最高地点の御殿場まで登りつめると補機を切離す。この作業は走りながらおこなわれた。御殿場駅の構内にかかると補機は連結器を解放し、制動《ブレーキ》をかける。これで切離し完了である。走行中の補機切離しはさしたる離れ業ではなかったらしく、「燕」のほか「富士」も「櫻」も、さらに普通急行もおこなっていた。

補機を切離した「燕」は、沼津、静岡、浜松、豊橋など「富士」や「櫻」の停車駅をすべて通過し、名古屋までノン・ストップで走った。

いっぽう、上りの「燕」は沼津に停車し、国府津を通過した。沼津で補機をつけ、御殿場の構内で切離すから国府津に停車する必要はなく、蒸気機関車のまま電化区間に乗入れて、架線に煙を吹きつけながら東京駅まで進入してきた。

国府津という「機関車つけ替え駅」で一分も停車せず、あるいは平然と通過してしまうのは「燕」のみであり、丹那トンネル開通以前の時刻表の「見どころ」であった。けれども、子どもの私はそれに気づかなかった。

一六年に及ぶ工事期間、六七人もの犠牲者を出した丹那トンネルが開通し、昭和九年一二月一日から東海道本線は熱海経由となった。御殿場回りの急勾配から解放された東海道本線の輸送力は一挙に増強され、電化区間も沼津まで延長された。

室戸台風、東北地方の冷害など暗いニュースの多かった昭和九年にあって、丹那トンネルの開通は明るい話題であった。街のショー・ウインドウにはトンネルから姿を現わした試運転列車の写真が飾られ、小学校の先生は丹那トンネルのことを生徒に話した。

丹那トンネルの開通を機に、列車ダイヤの大改正がおこなわれた。

私は母に新しい時刻表を買ってくれとせがんだらしい。母が買ってきたのは、父の愛用していたポケット判ではなく、絵本のように大きな時刻表であった。こんな立派な「汽車の時間表」があったのかと私は思った。算用数字で組まれ、左開きであることも、父のよりよほど上等な時刻表に見えた。

ジャパン・ツーリスト・ビューロー版『汽車時間表』昭和9年12月号（『復刻版時刻表　戦前・戦中篇』©JTBパブリッシング）

この昭和九年一二月号の時刻表は幸いにも復刻されていて、まことになつかしい。

それはタテ二三センチ、ヨコ二一センチのA4変型判で、一見正方形に見える。「發行元」は日本交通公社の前身「社團法人　ジャパン・ツーリスト・ビューロー（日本旅行協會）」で、「定價金二十五錢」となっている。タイトルの「汽車時間表」は左ヨコ書きで白く抜かれ、その上に、「鐵道省編纂」、下に小さく「附汽船自動車發著表」、さらに「時刻大改正」「時間の見出方、線路圖中の數字でお引き下さい」などとある。

表紙の刷り色はグレイとセピアの二色で、腕木式信号機、線路と枕木《まくらぎ》、先頭部を覗《のぞ》かせた機関車のシルエットなどが図案化され、なかなか瀟洒《しょうしゃ》なデザインであるが、窓枠のなかの写真は丹那トンネルではなく、なぜかスキーの場面となっていて、「寒氣を衝いて健康へ」の文字がある。裏表紙には全国のおもなスキー場がこまかい活字で紹介されていることからすると、スキー客を意識しての号なのであろう。

全体に観光案内の要素が強く、単色グラビア写真が別刷りであちこちにきめ細かく挿入されている。樺太《からふと》や朝鮮の名所、風俗も紹介されていて、大日本帝国時代を偲《しの》ばせる。たとえば樺太では、幌内《ほろない》川の川面を埋めて流れる原木や遊牧民オロッコ族の珍しい生活写真、また朝鮮では、外金剛神渓寺《そとこんごうしんけいじ》、朱乙《しゅおつ》温泉、奉天《ほうてん》の忠霊塔とともに国境の図們江《ともんこう》に架けられた鉄道橋の写真が載っていて、

「満洲國京圖線と朝鮮の北鮮鐵道との連絡は久しきに亙《わた》り日鮮滿交通の主要經路として渇望されてゐたが、昨年十月この圖們江鐵橋が架設されて完全に日滿が結び付けられた。之に依つて日滿經濟、産業及軍事上に裨益《ひえき》する處が多大であらう」

との説明文が添えてある。

国際色も強く、巻頭には東京からシベリア鉄道経由で莫斯科（モスクワ）、伯林（ベルリン）、巴里（パリ）に至る連絡時刻が掲載されている。これによると、東京発午後3時00分の特急「富士」に乗れば一五日目の現地時間午前6時43分にパリに着くことがわかる。いっぽう巻末には外国航路の運航表も載っており、神戸からマルセイユまで三五日ぐらい要したこと、運賃は一等Aが九九ポンド、いちばん安い「普通三等」が二七ポンド五シリングだったことなどが知られる。

観光色や国際色だけでなく、この時刻表はなかなか使いやすくできていた。

今日の時刻表のように私鉄やバスを巻末に一括して追いやらず、地域別に国鉄とともに組み込んである。これがいちばんの特色であろうが、おもな線区の上段には線路図が掲げられ、巻末では五十音順の駅名索引で二〇ページを費すなど、労をいとわぬ編集がなされている。

そのほか、駅数、長大トンネル一覧、営業成績、歴代長官名などを手際よく盛りこんだ「鐵道知識」欄もためになる。「スピードの今昔」では早駕籠《はやかご》が時速六キロであったという知識を得ることもできる。駅別にまとめられた「全國名物調」も楽しい。東京の浅草海苔と佃煮《つくだに》、灘《なだ》の銘酒など六一九駅の名物がずらりと列記してある。

総じて時刻表であるとともに旅行百科でもあろうとする編集姿勢が感じられる。

もっとも、数字と若干の駅名以外には何も読めない小学二年生の私には、これらの特色がわかるはずもなく、立派な時刻表を買ってもらったことがただ嬉《うれ》しくて、あちこちを拾い見するだけであった。

そんな見方のなかで私の関心をそそったのは、やはり特急であり、とりわけ「燕」であった。

「燕」の東京発は、丹那トンネル開通以前と同じく9時00分で変らなかったが、国府津は「レ」となっていた。電化区間が丹那トンネルの先の沼津まで延長されたためである。「燕」ばかりでなく、他の特急も急行も、そして準急さえも国府津に停車しなくなった。私はなんだか国府津が可哀想になった。

国府津を通過した「燕」は、その代り沼津に停車した。10時56分着、11時00分発で、この四分停車の間に電気機関車をはずし蒸気機関車をつけるのである。沼津は偉くなったなあ、と私は思った。

沼津のつぎの停車駅は静岡で、11時45分着の48分発となっていた。横浜や京都でさえ一分しか停車しないのに静岡で三分も停るとは納得しがたいので、兄に訊ねると、

「昼めしの駅弁を売るためさ」

と答えた。中学二年の兄のクラスでも、丹那トンネルの開通と「燕」の超特急ぶりは話

粁程	三等運賃	驛名		沼津行 221	小田原行 805	神戸行 燕 11	熱海行 223	下關行 9	下關行 21	下關行 櫻 3	小田原行 811	熱海行 225	沼津行 1225
0.0	圓 錢	東京	發	8 10	8 20	9 00	9 10	10 30	10 45	1 30	1 40	2 10	新宿發 2 00
1.9	5	新橋	〃	8 14	8 24	レ	9 14	10 34	10 49	レ	1 44	2 14	
6.8	10	品川	〃	8 19	8 30	レ	9 19	10 42	10 57	レ	1 50	2 19	2 25
28.8	42	横濱	着	8 39	8 51	9 26	9 39	11 02	11 18	1 56	2 11	2 39	2 45
			發	8 40	8 52	9 27	9 40	11 05	11 20	1 58	2 12	2 39	2 45
46.5	74	大船	〃	レ	9 09	レ	レ	11 23	11 39	レ	2 29	レ	レ
51.1	82	藤澤	〃	レ	9 16	123	レ	レ	11 46	レ	2 36	レ	レ
54.8	86	辻堂	〃	レ	9 21	特別	レ	レ	11 51	特別	2 41	レ	レ
58.6	93	茅ヶ崎	〃	レ	9 26	急行	レ	レ	11 56	急行	2 46	レ	レ
63.8	1.00	平塚	〃	レ	9 32	(つばめ)	レ	急行	0 03	(さくら)	2 52	レ	レ
67.8	1.07	大磯	〃	レ	9 38		レ	レ	0 08		2 58	レ	レ
73.1	1.16	二宮	〃	レ	9 44		レ	23	0 15		3 04	レ	レ
77.7	1.22	國府津	着	レ	9 50		レ		0 21		3 10	レ	レ
			發	レ	9 51	レ	レ		0 21	レ	3 11	レ	レ
80.8	1.27	鴨宮	〃	レ	9 55	レ	レ		0 26	レ	3 15	レ	レ
83.9	1.31	小田原	着	9 27	10 00	レ	10 27	11 56	0 31	2 46	3 20	3 27	3 33
			發	9 28	…	レ	10 28	11 57	0 33	2 47	…	3 27	3 33
86.0	1.33	早川	〃	レ	…	レ	レ	レ	0 37	23	…	レ	レ
90.4	1.40	根府川	〃	レ	…		レ	レ	0 44		…	レ	レ
95.8	1.46	眞鶴	〃	レ	…	レ	レ	レ	0 52		…	レ	レ
99.1	1.51	湯河原	〃	9 45	…	レ	10 45	レ	0 57		…	3 44	3 50
104.6	1.58	熱海	着	9 51	…	レ	10 52	0 20	1 03	3 08	…	3 51	3 57
			發	9 52	…	レ	(日曜祝祭日ニ限リ運轉)	0 21	1 05	3 09	…	(毎土曜日ニ限リ運轉)	3 58
114.5	1.71	函南	〃	レ	…	レ		レ	1 19	レ	…		レ
120.7	1.79	三島	〃	10 10	…	レ		レ	1 28	レ	…		4 15
126.2	1.87	沼津	着	10 17	…	10 56		0 44	1 35	3 31	…		4 22
			發	…	…	11 00		0 48	1 41	3 35	…		(毎土曜日ニ限リ運轉)
132.8	1.95	原	〃	…	…	レ		レ	1 50	レ	…		
141.3	2.07	鈴川	〃	…	…	レ	…	レ	2 01	レ	…		
146.2	2.13	富士	〃	…	…	レ	…	1 08	2 09	レ	…		
149.7	2.17	岩淵	〃	…	…	レ	…	レ	2 16	レ	…		
154.9	2.24	蒲原	〃	…	…	レ	…	レ	2 24	レ	…		
158.4	2.29	由比	〃	…	…	レ	…	レ	2 31	レ	…	…	
164.3	2.35	興津	〃	…	…	レ	…	レ	2 40	レ	…	…	
166.7	2.38	袖師	〃	…	…	レ	…	レ	レ	レ	…	…	
169.0	2.40	清水	〃	…	…	レ	…	1 32	2 48	レ	…	…	
174.2	2.46	草薙	〃	…	…	レ	…	レ	2 56	レ	…	…	…
180.2	2.52	靜岡	着	…	…	11 45	…	1 46	3 04	4 20	…	…	…
			發	…	…	11 48	…	1 48	3 10	4 22	…	…	…
186.6	2.59	用宗	〃	…	…	レ	…	レ	3 18	レ	…	…	…
193.7	2.66	燒津	〃	…	…	レ	…	レ	3 28	レ	…	…	…
200.3	2.74	藤枝	〃	…	…	レ	…	レ	3 37	レ	…	…	…
207.8	2.81	島田	〃	…	…	レ	…	レ	3 48	レ	…	…	…
212.9	2.86	金谷	〃	…	…	レ	…	レ	3 56	レ	…	…	…
222.2	2.97	堀ノ内	〃	…	…	レ	…	レ	4 08	レ	…	…	…
229.3	3.04	掛川	〃	…	…	レ	…	レ	4 18	レ	…	…	…
238.1	3.14	袋井	〃	…	…	レ	…	レ	4 28	レ	…	…	…
245.9	3.21	中泉	〃	…	…	レ	…	レ	4 37	レ	…	…	…
252.7	3.29	天龍川	〃	…	…	レ	…	レ	4 46	レ	…	…	…
257.1	3.34	濱松	着	…	…	レ	…	3 04	4 52	5 26	…	…	…
			發	…	…	レ	…	3 09	4 58	5 31	…	…	…

丹那トンネル開通によるダイヤ改正。新宿発沼津行の週末準急など、楽しい列車が目につく。ジャパン・ツーリスト・ビューロー版『汽車時間表』昭和9年12月号（『復刻版時刻表　戦前・戦中篇』©JTBパブリッシング）より抄録

題になっていたのであろう。

新しいダイヤでは「燕」の東京―神戸間の所要時間は二三分短縮されて八時間三七分、大阪までは八時間ちょうどであった。

私はそんな「燕」に憧《あこが》れていたらしい。先日、小学校の同窓会があり、昔の「綴方《つづりかた》」を集めた文集を幹事から配られて、なつかしかったが、それを見ると、私は小学二年のときに「りゅうせんけいとつばめ」なる題で「つばめのとまる所は東京からいふと横はま、沼津、しづおか、名古屋、京と、大さか、三の宮、神戸だけ」などと書き、兄といっしょになって「つばめ」に乗せてくれと父にせがんだことを綴っている。

けれども父は「燕」に乗せてはくれなかった。やむなく私は一人で東京駅へ「燕」を見に行った。

各車両とも見送り人が黒々と集まっていて、見るのは容易ではなかった。とくに展望車のあたりは要人が乗っているのか、警官もいて物々しく近寄り難かった。肝心のテール・マークを見たかどうかは覚えていない。見たような気もするが、そのあと幾度も見に行ったので、それと記憶が混じり合っている。

「燕」は見るだけだったが、丹那トンネルが開通した昭和九年一二月の暮、私は熱海へ連れて行ってもらうことになった。

一二月二五日からの冬休みに入ってすぐだったと思う。母と兄と私の三人は新橋発午後1時04分の大垣行普通列車に乗った。

この列車は、もちろん東京駅始発であるが、母は迷わず新橋駅から乗った。新橋のほうが家から近いからでもあったが、当時は東海道本線は新橋から乗るものという明治の習慣がまだ残っていたように思う。父も四国の故郷《くに》へ帰るときは新橋から寝台車に乗っていた。

私たちが乗ったのは二等車であった。椅子《いす》が深くゆったりしていて、山手線とは坐《すわ》り心地がまったくちがった。

二等車に乗ったのは、女子どもだけでは物騒な三等車には乗れないという考えが母にあったからである。

それは母だけではなかった。一般に、汽車の旅は老人、女、子どもにとって危険をともなうことと思われていた。デッキから振り落される、客車の継目の幌《ほろ》がはずれていて、そこから線路に落っこちる、といった物理的危険もあったが、スリ、かっぱらいなどは今日よりずっと多かったし、治安も悪かった。三等車はそういう悪い男の巣窟《そうくつ》のように母は思っていたから、無理をしてでも二等車に乗った。

車掌の態度も、二等と三等とでは画然とちがっていたと思う。二等客にはお客さま相手の言葉遣いで、下車駅や接続の案内も親切にしてくれた。

新橋から熱海までの三等運賃は一円五五銭で、二等はその二倍、一等は三倍であった。

「熱海ゆき、2等、3圓10錢」の文字が青い地紋の上に印刷され、子ども用に右隅を斜めに切り落された切符を手にしたことを覚えている。

はじめて東海道本線に乗る私にとって、熱海への旅は夢心地になるほど嬉しかった。「よこはま」の駅名標を見たときは、横浜というところが本当にあるのだなと思ったりした。保土ケ谷《ほどがや》を過ぎて清水谷戸《しみずやと》トンネルを抜け、湘南《しょうなん》地方の風物が車窓に展開しはじめると異国へ来たような気持さえした。

窓枠に顎《あご》をのせて一所懸命に外を眺めていると、母がハンカチを出して私の顎の下に当てたような気がする。「黴菌《ばいきん》」や「疫痢《えきり》」という言葉を母はいつも口癖のようにくりかえしていた。

この大垣行普通列車は小田原で一〇分間停車した。東京発1時30分の特急「櫻」に追い抜かれるためである。大垣行の小田原着は2時43分着の53分発、「櫻」は2時46分着、47分発と時刻表に載っていたので、追い抜かれることは知っていた。

まもなく「櫻」が隣の線路に入ってきた。ちょうど食堂車が私たちの眼の前に停った。二つの窓を通してだが一メートルも離れていないところに、食事をしている人たちがいた。この人たちはあしたの朝の八時には下関に着けるのかと思うと、うらやましかった。サクラの花びらをデザインしたテール・マークをちらっと見せて「櫻」は発車して行った。

早川から真鶴《まなづる》にかけて、高い位置から相模灘《さがみなだ》を見下ろすあたりでは、遠い遠いところへ来たような気がした。この遠さは、もはや国内のどこへ旅しようと感じられなくなっている。

湯河原を過ぎると泉越《いずみごえ》トンネルに入る。東海道本線のトンネルは丹那をはじめ口径の広い複線用で掘られているのが多いが、このトンネルは岩盤に不安があったため単線トンネルを二本並べて掘ってあった。単線のほうが上からの圧力に対して強いからである。その代り、口径が狭いので、突っこんだとたんに窓枠がガクンと音をたて、隙間風《すきまかぜ》が吹きこんできた。

その泉越トンネルの出口に近い伊豆山《いずさん》温泉に私たちは泊った。五日ぐらい泊ったように思う。忙しいはずの暮に、なぜ母が幾日も家を空けたのかわからない。旅館は千人風呂《ぶろ》のある大きなもので、近くに釣堀もあり、それだけでも楽しくて、夢の国に来た思いだったが、兄と私は海からそそり立った斜面を登って行っては泉越トンネルの出口で待機し、汽車を見た。午前に行き、午後にもまた行った。

急斜面のつづく海岸線のなかでは、そこだけが原っぱのようになっていて、「初島」と書かれた標柱が立ち、そのとおりに初島の見渡せる景勝地であったが、汽車を待つ間に遊ぶにも具合のよいところであった。

兄と私はトンネルの出口で待機した。時刻表を見るのは私の係であり、時計を見るのは兄の役割であった。

当時の腕時計は今日とは比較にならぬほど精度がわるく、それとは逆に汽車の時刻は正確無比だった。だから、兄と私とは列車の通過時刻をめぐって口論ばかりしていた。つまり、時刻表を基準にする私は、下り列車の場合ならば湯河原発時刻の四分後、上りは熱海発時刻の三分後にこの地点を通過すると信じているが、兄のほうは自分の腕時計を正しいと思いたい立場であるから、どうしても「時計が進んでるんだよ」「いや、汽車が遅れてるんだ」という議論になった。

言合いをしたり、石ころを拾って野鳥めがけて投げたりしていると、トンネルの出口から轟々《ごうごう》と汽車の響きがしてくる。私たちは緊張して坑口を見つめる。

響きが大きくなり、地鳴りのように高まって、ヘッドライトがトンネルの内壁を照らしたかと思うと、ブドウ色の電気機関車が姿を現わす。人気のないトンネルの出口に立っていた私たちは思わず後ずさりした。

列車は頻繁に通過した。旅客列車は上り下り合わせると、ほぼ一時間に四本、そのほかに貨物列車がたくさん通った。貨物の本数は旅客列車と同じか、あるいはもっと多かったかもしれない。こんなにも貨物列車が走るのかと思った。時刻表には、もちろん貨物列車は載っていなかった。

最初に泉越トンネルの南口へ行ったのは、熱海に着いた翌日の午後だったと思う。私たちは「富士」「櫻」をはじめ数多くの汽車を眺めた。わけても白帯の一等展望車を連結し、富士山を象《かたど》ったガラス張りの立派なテール・マークをつけた「富士」を見たときは、後光がさしているかのように眩《まぶ》しかった。けれども、展望車のデッキに立っている客はいなかった。季節が冬であり、トンネルの多い区間だったからであろうが、どうしてあんないい場所があるのに中に坐っているのだろうと私は思った。

のちにわかってきたことだが、展望車のデッキに客が立つのは東京駅を発車する際などであって、走行中に立つ人はあまりいないようであった。一等車に乗るのは国鉄全線の優待パスを献呈された要人ばかりだったから、子どものように外を見たがる人は少なかったのであろう。展望車のデッキは優等列車のシンボルにすぎなかったと思われる。

「富士」にくらべると「櫻」は見劣りがした。二三等特急で展望車はなく、最後部の客車の幌の中央にテール・マークが無造作に掛けられているだけであった。しかも「富士」のようなガラス張りではなく、丸い鉄板一枚の素っ気ないものだった。

食堂車も「富士」が洋食堂であるのに対し「櫻」は和食堂であった。時刻表で使われていた食堂車の記号は、洋食堂はナイフとフォーク、和食堂は盆にのせた白い飯茶碗《めしぢゃわん》と黒い椀《わん》で、一等車の連結された列車には洋食堂、二三等列車は和食堂となっていた。時刻表の巻末の「鐵道營業案内」を見ると、和食堂での定食は朝食が「金40錢又ハ50錢」であるのに対し洋食堂は「金75錢」とある。

「富士」と「櫻」に見られるこのような格差には由来がある。

国鉄にはじめて「特別急行」が登場したのは明治四五年六月で、新橋―下関間を二五時間余で走った。新橋発午前8時30分、下関着は翌朝9時38分であった。この時の鉄道院の広告（交通協力会蔵、『日本国有鉄道百年史』第5巻所収）によると、

從來新橋、神戸間に運轉せる晝間の一、二等急行列車を下關まで延長し之を新橋、下關間特別急行列車と稱して客車の組成其他左の通改善相加へ候

とあり、そのあと一段小さい活字で、

一本列車は一、二等寝臺車及食堂車附にして殊に最後部の一等車には別に展望室を設け列車進行中四邊の風光を觀望するの便に備へ尚一等車には特別室を設け貸切の用に供し候

一本列車の一、二等坐席には悉《ことごと》く番號を附して御乘車前坐席を豫約する便法を新設

致候間御希望の向は前以て乗車驛に御申成相成度候

と記されている。この「特別急行」は列車番号も下りが「一」、上りが「二」で「富士」と同じであり、停車駅・編成など、すべての点で「富士」の前身と言えるものであった。けれども、三等車は連結されていなかった。

当時は三等車を連結しない急行列車が東海道・山陽を何本も走っていた。まして「特別急行」ともなれば三等客は相手にしないのであった。

けれども、時代はいつまでも「特別急行」を一等客や二等客の専有物にしておけないという方向へ進んでいった。旅行者の層が広がり数も増えてきた。

大正一二年七月、東京—下関間にもう一本の特別急行が新設された。これは三等車ばかりの大衆特急であった。利用者の便からすれば三つの等級の車両を連結した「各等特急」を二本走らせたほうがよかろうと思われるが、時代はまだ普通選挙制が実現する以前であった。教育程度、財産や納税の多寡などによって国民が差別されていた時代であった。

そのことをうかがわせるのは二本の特急の運転時間帯である。二本走らせるならば午前と午後に一本ずつというふうに分けたほうが旅客にとって便利なはずだが、東京発の時刻で言うと、三等特急が午前8時15分、一二等特急は同8時45分で、三〇分のちがいしかない。一二等客のほうがすこし朝寝坊できるという優遇を受けているが、わずか三〇分のちがいでは、二列車分の車両をつないだ長大な列車が一本運転されているのも同然である。このような列車の設定を「続行運転」と呼ぶが、一二等客と三等客とは「列車を同じくさせ」たくなかったのであろう。車両の種類にしても、一二等特急には一等寝台車、二等寝台車、二等座席車、洋食堂車、展望車が賑々《にぎにぎ》しく連結されたのに対し、三等特急は四人向い合わせの座席車と和食堂車のみであった。三等寝台車はまだなかった。けれども、三等客専用とはいえ「特別急行」であるから、指定の特急券を必要とした。一本しか運転されていなかったときは窓口で「特急券」と言えば事足りたが、二本になるとまぎらわしいことになる。一二等特急と三等特急とに画然と分れていたから「三等特急の特急券」でもよいが、この呼び方には抵抗感もあったのであろう、昭和四年九月のダイヤ改正を機に親しみやすい愛称名が募集されることになった。第一次大戦後の世界的不況に加えて関東大震災にも見舞われて、伸びつづけてきた旅客数も横ばいとなり、国鉄としても旅客獲得のためサービスや宣伝に熱心にならざるをえない時期でもあった。「大正デモクラシー」の影響もあったであろう。湘南海岸の逗子《ずし》に国鉄海の家を設けたり、『日本案内記』の刊行をはじめたり、三等客用の軽便枕《けいべんまくら》の賃貸を復活させたりしたのも昭和四年である。

一般公募された特急の愛称名で第一位を占めたのは「富士」（二〇〇七票）で、以下「燕」

（八八二票）「櫻」（八三四票）「旭《あさひ》」「隼《はやぶさ》」「鳩」「大和《やまと》」「鷗《かもめ》」「千鳥」「疾風《はやて》」の順であった。興味をひくのは下位に「日の丸」（五四票）、「千代田」（五〇票）、「日本」（三一票）、「みかど」（二九票）などが集まり、最下位の「すめら」はわずか三票となっていることである。

それはとにかく、この得票数をもとにして一二等特急が「富士」、三等特急は「櫻」と命名された。第二位の「燕」は翌昭和五年一〇月から東京—神戸間を九時間で走りはじめた。

愛称名発表のポスター（昭和4年）。交通協力会蔵

「燕」は三等車をも連結した各等特急であった。そして昭和九年一二月、丹那トンネル開通にともなうダイヤ改正を機に、「富士」が各等特急、「櫻」は二三等特急となった。二三等の客が「富士」と「櫻」のどちらにも乗れるようになったためか、それまでのような連続して発車する「続行運転」はとりやめになり、東京

発の時刻は「櫻」が午後1時30分、「富士」は同3時00分となった。一時間半の差では階級差別時代の「続行運転」とあまり変りはないかに見えるが、下関からの接続を見ると「櫻」と「富士」の機能分化は明確である。「櫻」が九州島内各線に接続するのに対し、「富士」は関釜《かんぷ》連絡船に接続する大陸連絡特急になっている。階級別特急から目的別特急へ変貌《へんぼう》したと言ってよいだろう。

私たち兄弟が泉越トンネルの南口に立って眺めたのは、そのような変貌をとげた直後の「富士」と「櫻」であった。

編成は、「富士」が荷物車、三等寝台車、三等座席車二両、洋食堂車、二等座席車、二等寝台車、一等寝台車、展望車の計九両、「櫻」は荷物車、二等寝台車、二等座席車、和食堂車、三等座席車五両、三等寝台車の計一〇両である。

このように「富士」と「櫻」の階級差はぐっと縮まったのではあるが、依然として「富士」を象徴するのは白帯の一等寝台車と展望車であり、「櫻」の場合は、ずらりとつながった三等車であった。テール・マークも、「富士」が一等と二等を示すかのように白と青でデザインされていたのに対し、「櫻」は三等切符と同じ淡赤色の花びらであった。

「富士」「櫻」を見た翌日だったと思う。私たちは朝からまた泉越トンネルの南口へ出かけて行った。こんどは「燕」を見るためであった。「富士」と「櫻」は上り下りの合わせて四本が午後二時頃から四時半頃にかけての時間帯に集中的に通過するので具合がよかったが、「燕」は上りが夜の七時半頃であったから午前に通る下りを見るしかなかった。「燕」は横浜から沼津まで停車しない。したがって泉越トンネル南口の通過時刻はわかりにくいが、「櫻」の熱海着の時刻を参考にして10時32分頃と推定した。

当時の「櫻」は小田原と熱海に停車した。「富士」は小田原に停ったが熱海は通過であった。小田原のほうが熱海より偉いのかと私は思った。この関係は戦後になると逆転するのだが、熱海に連れてきてもらったことで熱海びいきになっていた私は、「富士」が熱海に停ってくれないことが物足りなかった。

あてにならない兄の腕時計だが、このときは正確だった。旅館にあった大きな振子時計で合わせたばかりだったのかもしれない。

泉越トンネルの南口は、現在は線路際に旅館が建ち、眺望がきかないが、当時は相模灘と伊豆の東海岸を一望できる景色のよいところであった。「箱根路をわが越えくれば伊豆の海や沖の小島に波の寄るみゆ」と実朝《さねとも》が詠んだ初島が焦点であるが、小学二年生の私は、まだそのようなことは知らないから、ガマ蛙《がえる》が海面から顔だけを出したような形の島だなと思った。トンネルの出口には私たちのほかに誰もいなかった。

下り「燕」の通過時刻が近づくと、私たちはトンネルの奥に向って耳をこらした。やがて地鳴りのような響きが伝わってきた。そしてブドウ色の電気機関車が姿を現わした。作業帽のツルを顎にかけた二人の機関士の顔つきは、「燕」を運転するにふさわしく、ひときわ毅然《きぜん》としているかに見えた。

泉越トンネルを出たとたん、電気機関車は左肩をいからすように右に傾く。線路が右にカーブしているからである。

機関車のつぎは荷物車と三等座席車とが半分ずつになったスハニで、「神戸行」の行先札が下っていた。そのあと、三等座席車四両、洋食堂車、二等座席車二両、展望車（一等車）とつづいた。計九両であった。

どの車両の窓にも乗客の横顔が見え、桃山づくりの展望車の中には老人らしい背中や禿《は》げ頭があったが、展望デッキに人影はなかった。そのためか「つばめ」の文字を中央に、まわりにツバメをあしらった丸いテール・マークが誇らしげななかにも手持ちぶさたな様子に見えた。けれども、それはたちまちつぎのトンネルの奥へと消えて行った。

「燕」が行ってしまうと、もう何もすることがなかった。時刻表をかかえて汗をかきながら泉越トンネル南口まで登ってきたが、「燕」が通り過ぎてしまえば、この時間帯には他に目ぼしい列車はないのである。私は海岸への坂道を下りながら、いまごろ「燕」は丹那トンネルの中を走っているのだろうと思い、あらためて乗りたい気持がこみ上げてきた。

線路際で見ていたのでは、「燕」はすぐ通り過ぎてしまう、乗っていればいつまでもいっしょにいられる、やっぱり乗らなくちゃ駄目だと思った。

一日、母と兄と私の三人は沼津へ行った。丹那トンネルを通ることと、沼津での「燕」の機関車つけ替えを見るためであった。

私たちは熱海発9時52分の沼津行に乗った。つぎの10時13分発の大阪行でもよいのだが、沼津行にしたのは準急だからであった。この列車はなかなかの快速で、東京を8時10分に発車して新橋、品川、横浜に停車したあとは小田原まで一気に通過し、その間、平塚で東京発7時45分の大阪行を追い越した。そのあと湯河原、熱海、三島に停って沼津着10時17分、急行券不要なのに普通急行よりも速いのであった。「燕」より一一分、「富士」より九分、「櫻」より六分遅かったが、停車駅が四つないし六つも多いことを勘案すると、速度は特急なみと思われた。

急行券不要でありながら普通急行より速い「準急」が、上野―日光間、東京―熱海間、名古屋周辺、大阪周辺などで走りはじめたのは昭和五年一〇月のダイヤ改正からであった。これらは観光客誘致、私鉄との競争など、不況時代を乗り切ろうとする国鉄の積極策であった。この傾向はさらに進んだが、なかでも食堂車を連結した上野発8時20分の日光行準急と特急なみの速度で走る東京発8時10分の沼津行準急とは、とくに目立つ存在であった。

そういうわけで、私たちは沼津行の準急に乗ったのであるが、熱海から先で通過するのは函南《かんなみ》一駅だけであった。

午前9時52分に熱海を発車すると、まだ速度が上らないうちにトンネルに入る。丹那トンネルだ、と私は思った。兄も腕時計の秒針に眼をやった。しかし、前方がすぐ明るくなってトンネルの外へ出た。左窓に熱海の街と海が広がり、湯けむりが上っていた。

列車は速度を増し、御影石を城門のように入口に積み上げたトンネルに入った。坑口のつくりからして、ただのトンネルではなかった。入口の向って右に「丹那隧道《すいどう》」の標柱が立っていた。兄はふたたび腕時計の秒針を見た。

丹那トンネルに入ると列車の速度は速くなった。一刻も早く外へ出たいというかのようにつっ走った。憧れの丹那トンネルではあったが、入ってみると早く通り抜けてしまいたい気持がするのであった。

そこから先、沼津へ着くまでは記憶がない。何分何秒かかって丹那トンネルを通過したのかも覚えていない。

覚えているのは、私たちが沼津駅の1番線の西寄りで待機していると、「燕」がまもなく到着するとのアナウンスがあったのであろう、ホームに緊張感がみなぎり、駅弁売りがいっせいに弁当の山をかかえて勢揃《せいぞろ》いしたこと、「燕」が定刻10時56分に到着すると間髪を入れず作業員が電気機関車の連結器にとりつき、すぐ電機が離れていったこと、代って磨き上げられた蒸気機関車がうしろ向きに入って来、炭水車の端に片手でつかまった作業員が体を斜めにして手旗を振っていたこと、機関車のつけ替えが終っても発車時刻の11時00分までは間があり、四分停車は長すぎるのではないかと思ったこと、煤煙《ばいえん》がホームにたなびき、「つばめ」のテール・マークが遠ざかって行くと、重責を無事果たした沼津駅に安堵感《あんどかん》と宴《うたげ》のあとのような淋《さび》しさとが漂ったことなどである。

正月休みに私は宿題の綴方を書いた。もちろん丹那トンネルと「燕」のことを書いた。夕食後の食膳《しょくぜん》の上で一所懸命書いていると、それをちらっと覗いた父が「なんだ、それじゃダンナさんじゃないか」と言って笑った。標題も中身もすべて「旦那トンネル」となっていた。

私は綴方が苦手だった。低学年の生徒のほとんどがそうであったように「それから……をしました」ばかりが単調につづき、いつも先生から「もっと思ったことや感じたことを書きなさい」と朱書されていた。だから、みんなの前で読み上げられたりすることもなかった。

しかし、そのときは時宜を得た題材であったためか先生が教室で読み上げた。読み終った先生は笑いながら、これはまちがいだよ、と言って黒板に、

「古スピード」

と書いた。みんなも笑った。

丹那トンネルのなかを列車が「フル・スピード」で通り抜けるさまを私はそう書いたのである。新しい上等な自動車は静々と走り、古びた円タクなどはガムシャラにとばしていたので、古いことは速いことだと思っていた。

第3章　急行5列車下関行——昭和10年

丹那《たんな》トンネルが開通し、熱海や沼津で「燕」を眺めてから三ヵ月後の春休みに四国へ行けることになった。四国の香川県は父と母の故郷《くに》である。同行は母と、いちばん下の姉とであった。

母が四国行を企図したのは、この年に姉が女学校に進んだので、祖母たちにセーラー服姿の孫を見せたかったからではないかと思われる。まだ小学三年生になりかかったばかりの私まで連れて行ったのは、すでに祖母たちが高齢で、いまのうちに会わせておかないと、という気持があったのであろう。事実、母方の祖母はその翌年に死んだ。

当時、祖父たちはすでに亡くなっており、父方の祖母は九〇歳、母方が八五歳であった。私から見ると祖母というよりは曽祖母《そうそぼ》ぐらい齢が離れているが、これは父が五人兄弟の四番目、母が六人兄弟の末子、私が七人兄弟の末子という生れ方のためである。

私の母は多産系であり、当時は産児制限などしなかったから、七番目の私まで無事に生を享《う》けたわけだが、母が私を妊娠したとき、父は「またか」と言ったという。すぐ上の姉にしても似たようなものであったろう。そういう二人の姉弟を連れて母は里帰りをすることになったのである。

しかし私は大喜びだった。遥《はる》か彼方《かなた》にかすんでいる京都や大阪の、さらにその向うまで連れて行ってもらえるとは、夢のようなことだった。

四国行の話は姉から聞いた。母は直前まで私には伏せておくつもりだったらしい。時刻表に異常な興味を示しはじめた私に、そんな計画を話したなら、出発日までうるさくてしようがないと思ったのかもしれない。じっさい私は、気軽に汽車に乗っては四国を往復する父を、ただそれだけの理由で偉い人と思うような子であった。

贅沢《ぜいたく》なもので、四国に行けるとなると、不満もあった。それは特急に乗れないことであった。

四国へ渡るには岡山で下車して宇野線に乗換えるわけだが、「富士」も「櫻」も岡山の客を相手にはしてくれなかった。東京、大阪、下関などの着発時刻を便利な時間帯にするというダイヤ設定のために、上り下りとも岡山を深夜に通ってしまうのであった。下りの「櫻」は午前0時58分着、「富士」は2時25分着となっていて、停車はするが、これは主として機関車つけ替えのためで、こんな時間に下車しても宇野線の列車は5時00分の始発までない。上りの場合も岡山発は「富士」が3時30分、「櫻」が4時40分で、四国からの客は利用しようがなかった。

私が不満を抱いたのは「富士」や「櫻」のダイヤではなかった。これらの特急のダイヤが妥当なものであることは私にもわかっていた。せっかく特急があるのにそれを利用できないような中途半端なところに父や母の故郷があるのが怨《うら》めしかったのである。

しかし、「富士」も「櫻」も岡山に停車するのだから乗ろうと思えば乗れないわけはなかった。私は「富士」で行って岡山で宇野線の始発まで二時間半待てばいい、と言ったが相手にされなかった。

私がそんな注文をつけていると、兄が面白がって加勢してくれた。兄の案は「富士」で途中まで行って乗り継げばいい、というものであった。

当時の時刻表を見ると、京都か大阪まで「富士」で行き、すぐ接続する宇野行の夜行に乗り継ぐという案だったにちがいない。「富士」で岡山まで直行したのでは早く着きすぎるが、京都か大阪で普通列車に乗り換えれば、速度が遅いから岡山着は4時25分となり、しかもこの列車は宇野まで直通する。なかなかの名案である。

この宇野行夜行列車は鳥羽始発で、参宮《さんぐう》線、草津線などを経由して宇野まで行くという、今日から見れば変った経路を通る。しかし、当時は鳥羽と各地を結ぶ直通列車が何本も走っていた。東京―鳥羽間、姫路―鳥羽間など、いろいろあった。言うまでもなく伊勢参宮用の列車で、この鳥羽発宇野行も、お伊勢参りや二見浦《ふたみがうら》見物を終えた四国の人たちのための列車だったのであろう。

しかし、この案も採用されなかった。鳥羽始発の列車に夜更けて京都や大阪から乗り継ぐのだから、坐《すわ》れなかったら一苦労である。

けっきょく私たちは東京発午後9時00分の二三等急行下関行で行くことになった。父がいつも利用していた列車であった。

これもまた私には不満だった。午後11時00分発の急行があるのに、なぜ9時のに乗るのかと思った。11時発ならば名古屋の手前で夜が明けるが、9時発では米原《まいばら》あたりまで行かなければ外が見えないからであった。しかも、11時00分発の7列車は一等寝台車連結の各等急行なので洋食堂車の記号がついている。山陽本線の列車で洋食堂車を連結しているのは「富士」とこの7列車だけであった。二三等急行で和食堂の9時00分発5列車は7列車より見劣りがした。

不満はあるが、もちろん私は有頂天であった。停車駅の時刻を暗記したりしながら、その日の来るのを待った。

母の旅行は例によって二等であった。しかも寝台であったから乗車券、赤線の二本入った急行券、そして寝台券の三枚の切符を必要とした。なんという豪華さかと私は思った。

当時の二等寝台券は上段が三円、下段が四円五〇銭であった。あまりに高いので覚えている。私たちは下段に乗ったので、乗車券、急行券ともで高松まで大人一四円七六銭だったはずである。

旅慣れている父は新橋から乗ることが多かったが、私たちは東京駅まで行った。

二等寝台車の内部は、中央の通路の両側に上下二段の寝台が窓に沿って並び、緑色の厚いカーテンが下っていた。この構造は今日のA寝台とほぼ同じであるが、詰襟の白い上衣をつけ、「給仕」の腕章を巻いた係員が忙しく、そして鄭重《ていちょう》に客の切符を見ては寝台に案内していた。帽子をかぶっていないので床屋のように見えた。

母は、ボーイさん、と声をかけて、小さく折りたたんだチップを渡した。ハイッ、と係員は一瞬直立し、すばやくそれを受けとってポケットに仕舞う。渡すほうも受けとるほうも、他の客に気付かれまいとするかのように、さりげなかった。

渋谷駅あたりの無愛想な鉄道員ばかり見てきた私は、びっくりし、眼を丸くして見ていると、ほとんどの客がチップを渡しているようであった。

それと、もうひとつ驚いたのは、三枚もの切符を揃《そろ》えて寝台係に見せたのは母ぐらいのもので、他の客はパスと寝台券を見せていることであった。

姉と私はいっしょの寝台であった。子どもの私に一人前の寝台を使わせては心配でもあり贅沢でもあったからだろう。すこし窮屈だったが、ベッドの壁には、蓋《ふた》を開けると小さな電球に灯がつくのや、ハンモックを小さくしたような網棚があったりして、もの珍しいことばかりなのではしゃいでいると、発車時刻がきた。

そのとき、ホーム一本を隔てた向うに上り列車が勢いよく進入し、万歳の声が起った。見ると白い帯の展望車がついている。私はうっかりしていたが、この列車の発車時刻の9時00分は「燕」の到着時刻でもあった。万歳の声は誰かしかるべき人が乗っているからであろう。「燕」が停止すると同時に、一二三等急行5列車下関行は東京駅を発車した。

寝台車ではよく眠ったらしい。まえの晩は嬉《うれ》しくて眠れなかったからかもしれない。眼が覚めると夢ではなく本当に私は寝台車に乗っていた。

すでに夜は明けていて、列車は大きな駅をゆっくりと通過していた。「くさつ」と書いてある。こんな大きな駅でも通過するのかと思った。

琵琶湖《びわこ》を見渡しながら大津に停車した。草津ほど大きくはないが風格がある。やはり「富士」や「櫻」の停る駅はちがうんだなと思う。

京都に着いた。幅の広いホームに鉄骨の屋根、行灯《あんどん》式の立派な駅名標のある駅であった。東京駅以外にこんな堂々とした駅を見るのははじめてであった。列車の停り方も途中駅ではなく終着駅のそれのような感じで、さあ着きましたよ、というふうに緩やかであった。京都では五分停車するから蒸気機関車をつけ替えるにちがいない。私はその作業を見に行きたかったが、母は車外に出ることはもとより通路を伝ってつぎの車両に行くことも禁じた。継目の幌《ほろ》が破れていれば、そこから落っこちるというのである。そして、食堂車が連結されているのに連れて行ってはくれず、ボーイにお茶だけを買いにやらせて、持参の弁当を開くのであった。

京都を過ぎると寝台の解体がはじまった。寝台係が乱暴なほど素早い手つきでカーテンをはずし、毛布やシーツとともに上段に投げこむ。それから上段の寝台を両手で押し上げると天井に早変りする。つぎにブラシで下段のモケットの上を掃き、窓を開けて雑巾《ぞうきん》で窓枠を拭《ふ》く。白い雑巾が煤煙《ばいえん》で真っ黒になった。母に言われてハンカチを鼻の穴に突っこむと、これも真っ黒である。

寝台が解体されると、下段が窓を背にしたソファーになる。上段から降りてきた客もそこに坐る。

それでも、寝台だったところへ二人しか坐らないからゆったりしている。応接間が走っているような感じである。やっぱり二等寝台はすごいなあと思っていると、車掌が新しい客を何人か案内してきて、「どうぞここへお掛けください」と言いながらソファー・ベッドの両隅に坐っている先客の間に一人ずつ坐らせた。東京から乗ってきた客たちは胡散臭《うさんくさ》そうに隅に身を寄せ、新しい客は恐縮したように肩身狭く坐った。二等の座席車が満員なのであろう。朝になって寝台が解体されれば、寝台車もただの座席車と同じ扱いになるという規則は知らなかった。

神戸を過ぎると明石《あかし》に停車する。明石に停る急行はこの列車だけである。直立して発車を見送る助役の姿が一日一回の光栄に緊張しているかに見えた。

姫路からしだいに上り勾配《こうばい》になり、兵庫、岡山の県境の船坂《ふなさか》トンネルにゆっくり進入すると、煙が車内に濃くこもった。姉は真新しいセーラー服が汚れるのを気にし、母は襟首にハンカチを挟んだ。

トンネルを抜けて下りにかかると、蒸気機関車の音が変り、全速力で走りはじめた。線路がコウコウと鳴る。制限速度いっぱいの時速九五キロで走っているのであろう。通過する駅の名前すら見えない。「わけ」と「せと」だけが、やっと読めた。字数が少なかったからだろうか。

岡山が近づくと、寝台係が「まもなく岡山でございます」と知らせに来る。そしてブラシを構えて「どうぞ」と私を立たせ、肩を払ってくれたのが晴れがましかった。

東京ヨリ 粁程	運賃 三等		驛名	列車番號 行先	下關行 急行 5	米子行 909	下關行 103	糸崎行 125	神戸行 急行 17	神戸行 急行 19	下關行 115	下關行 急行 7
0.0	圓 錢	18頁	東京	發	9 00	…	…	…	9 30	10 00	…	11 00
366.0	4.40	20頁	名古屋	〃	4 12	…	…	…	4 46	5 18	…	6 47
513.6	5.64		京都	〃	7 16	…	7 20	7 30	7 55	8 22	9 05	9 52
556.4	5.97		大阪	著	7 54	…	8 14	8 06	8 33	9 00	9 41	10 34
556.4	5.97	城東線98頁 西成線57頁 福知山線78頁	大阪	發	8 01	…	8 20	8 10	8 37	9 07	9 47	10 40
587.0	6.19		三ノ宮	著	8 31	…	8 51	8 42	9 12	9 35	10 14	11 12
				發	8 32	…	8 52	8 43	9 13	9 36	10 15	11 13
589.5	6.21		神戸	著	8 36	…	8 56	8 47	9 17	9 40	10 19	11 17
				發	8 40	…	8 59	8 48	1.2	急行	10 21	11 21
591.3	6.23	兵庫・和田岬間 31頁	兵庫	〃	レ	…	9 03	8 52	急行	2.3	10 25	レ
596.8	6.27		須磨	〃	レ	…	9 11	レ	1.2		10 33	レ
608.7	6.36		明石	著	8 59	…	9 24	9 12			10 46	レ
				發	9 00	…	9 24	9 13			10 46	レ
615.1	6.41		大久保	〃	レ	…	9 33	レ	…	…	10 55	1.2.3
621.7	6.45		土山	〃	急行	…	9 41	レ	…	…	11 03	急行
628.6	6.51		加古川	〃	レ	…	9 49	9 32	…	…	11 11	レ
631.9	6.53		寳殿	〃	2.3	…	9 54	レ	…	…	11 16	1.2.3
635.9	6.56		曾根	〃		…	9 59	レ	…	…	11 21	
640.0	6.59		御着	〃	レ	…	10 05	レ	…	…	11 27	レ
644.3	6.62	播但線60頁 姫津東線60頁	姫路	著	9 32	…	10 10	9 48	…	…	11 32	0 13
				發	9 36	…	10 15	9 52	…	…	11 37	0 18
648.9	6.65		英賀保	〃		…	10 21	レ	…	…	11 43	
654.6	6.69		網干	〃		…	10 29	レ	…	…	11 51	レ
660.5	6.73		龍野	〃	レ	…	10 36	レ	…	…	11 58	レ
665.0	6.76		那波	〃	レ	…	10 42	レ	…	…	0 04	レ
672.6	6.82		有年	〃	レ	…	10 53	レ	…	…	0 15	レ
679.1	6.86		上郡	〃	レ	…	11 01	レ	…	…	0 23	レ
691.9	6.95		三石	〃	レ	…	11 19	レ	…	…	0 41	レ
699.0	7.00		吉永	〃	レ	…	11 27	レ	…	…	0 49	レ
704.3	7.04		和氣	〃	レ	…	11 34	レ	…	…	0 56	レ
708.9	7.07		熊山	〃	レ	…	11 40	レ	…	…	1 02	レ
713.0	7.09		萬富	〃	レ	…	11 46	レ	…	…	1 08	レ
717.5	7.13		瀬戸	〃	レ	…	11 52	レ	…	…	1 14	レ
725.6	7.18		西大寺	〃	レ	…	0 01	レ	…	…	1 23	レ
732.9	7.23	宇野線61頁 伯備線62頁	岡山	著	10 56	…	0 10	11 12	…	…	1 32	1 38
				發	11 01	11 47	0 16	11 20	…	…	1 50	1 44
739.4	7.28		庭瀬	〃	レ	11 56	0 24	11 30	…	…	2 00	レ
744.1	7.31		中庄	〃	レ	0 03	0 30	11 37	…	…	2 07	レ
748.8	7.34	伯備線62頁 倉敷線30頁	倉敷	著	11 17	0 10	0 36	11 44	…	…	2 13	レ
				發	11 18	0 11	0 37	11 46	…	…	2 14	レ
752.8	7.37		西阿知	〃	レ	米子著 4 38	0 42	11 51	…	…	2 20	レ
758.1	7.41		玉島	〃	レ		0 49	11 58	…	…	2 29	レ
764.4	7.45		金光	〃	レ		0 56	0 05	…	…	2 36	レ
767.9	7.47		鴨方	〃	レ	…	1 02	0 11	…	…	2 44	レ
771.9	7.50		里庄	〃	レ	…	1 07	0 16	…	…	2 51	レ
776.6	7.53		笠岡	〃	レ	…	1 14	0 23	…	…	2 58	レ
783.7	7.58		大門	〃	レ	…	1 22	0 31	…	…	3 08	レ
791.2	7.64	福塩南線 64頁	福山	〃	11 57	…	1 32	0 41	…	…	3 19	2 40
797.0	7.67		備後赤坂	〃	レ	…	1 39	0 48	…	…	3 28	レ
801.9	7.71		松永	〃	レ	…	1 46	0 55	…	…	3 36	レ
811.3	7.77		尾道	〃	0 17	…	1 57	1 06	…	…	3 50	3 02

急行5列車下関行。ジャパン・ツーリスト・ビューロー版『汽車時間表』昭和9年12月号（『復刻版時刻表　戦前・戦中篇』©JTBパブリッシング）より抄録

10時56分、定刻に岡山に着いた。この10時56分という時刻はいまだに忘れられない。あれから四〇余年を経た今でも、時計の長針と短針とが「11」の文字を隠すようにして10時56分を指しているのをたまたま見かけると、この列車に乗ったときのことを思い出す。よほど初めての寝台列車の印象が強かったのであろう。

この急行5列車の岡山着10時56分はながく変らなかった。その後、東京発が午後9時00分から8時40分に繰り上げられ、大阪までの時刻がすべて変っても、岡山着の「10時56分」はそのままであった。それは昭和一七年一一月、関門《かんもん》トンネル開通によるダイヤ改正までつづいた。

岡山のホームには赤帽が幾人も待機していて、寝台係が下ろしてくれた私たちのトランクをかついだ。

当時の旅客は荷物が多かった。今日の海外旅行ぐらいの荷物を携えていた。国内旅行でも、持って行く土産物、もらって帰る土産物も多く、すべて大がかりであった。それは旅行者の数が少ないことのあらわれでもあった。新幹線が博多まで延長される直前の昭和五〇年はじめ頃の時刻表を見ると、山陽本線には約七〇往復もの特急、急行が走っているが、昭和一〇年当時は特急二往復、急行四往復だけであった。そのほかに急行券不要ながら食堂車や寝台車を連結し急行なみの速度で走る「準急」が三往復あるが、それらを加えても長距離旅行者用の輸送力は今日の一〇分の一ぐらいと推定してよいだろう。だから、旅行のできる恵まれたごく一部の人たちが、旅行できない親類や知人のために土産物を運んでいるような観もあった。

今日ではチッキや赤帽を利用する人は稀《まれ》であるが、当時は、持ちきれない荷物は発駅の手荷物窓口で乗車券を提示して別送し、着駅で受けとるという「チッキ」の制度は、旅行者にとって欠かせないものであった。それでもなお手回り品が多く、赤帽の世話になる人が多かったのである。

これは旅行者の荷物の多寡だけによるのではないかもしれない。昭和のはじめは労働力が余っていたし、荷物などを自分で持つのを潔しとしない人も多かったのだろう。

戦前の時刻表を見ると、赤帽がいることを示す「帽子マーク」のついた駅が非常に多い。東京―小田原間のごときは、ずらりと「帽子」が並んでいて（三五ページ参照）、ないのは辻堂《つじどう》と鴨宮《かものみや》だけである。二宮《にのみや》のような淋《さび》しい駅に赤帽のいる情景など想像もつかないし、どれほどの仕事があったのだろうか。

それとは逆なのが駅弁販売駅で、戦前の東京―小田原間で「弁」のマークがあるのは、品川、横浜、大船、国府津《こうづ》、小田原だけだが、現在は新橋と辻堂を除くすべての駅に駅弁のマークがついている。

岡山駅の跨線橋《こせんきょう》を赤帽のあとについて渡り、宇野線のホームに降りると、私たちが乗ってきた急行5列車下関行が機関車のつけ替えを終え、構内に煙をたなびかせながら発車して行った。優等列車が去ったあとの、あの独特の寂寥感《せきりょうかん》が岡山駅のホームを包んだ。

私は名残惜しかった。一四時間も乗ってきたからであろうが、あのまま乗っていれば下関まで行けるのにとも思った。関門トンネルが開通する以前の「下関」は特異な響きを持っていた。「富士」も「櫻」も下関行であり、「下関行」の行先標示板を見ると、子ども心にも、大陸へつながる西の果ての異国の香がしてくるのであった。私の父など、ときどき下関のことを「馬関《ばかん》」と呼んでいたし、私たち子どもも「李鴻章《りこうしょう》のハゲ頭……」という歌を唄ったことがあった。清国《しんこく》全権の李鴻章が来日し、日清講和条約が馬関で締結された頃に流行した手鞠唄《てまりうた》である。

私の関心は特急や急行に偏していたらしく、宇野線の記憶はほとんどない。わずかに途中駅「茶屋町《ちゃやまち》」の駅名標を見て、ずいぶん田舎へ来たような気がしたくらいである。宇野での連絡船への乗換えは通路が長く、ここでも赤帽にトランクを運んでもらった。

宇高《うこう》連絡船のことも、そのあと幾度となく乗ったので記憶が重なり合っている。ただ、桟橋にもタグボートにも緩衝用の古タイヤが一列にぶら下げられていて、廃物利用に感心したこと、高松に着岸して浮桟橋に立つと、ぷかぷか揺れていて目が回るような感じがしたことは覚えている。

高松桟橋からは高徳《こうとく》本線の徳島行に乗った。約一時間ほどのところに三本松《さんぼんまつ》という駅があり、そこから四キロばかり山側へ入ったところに父の生家がある。母の生家は三本松から二つ目の引田《ひけた》という漁港にあった。

高徳本線の列車は高松桟橋駅を発車すると、ゆるゆるとすこし走っただけで高松駅に停車した。時刻表には高松桟橋―高松間の「粁程《キロてい》」は掲載されておらず、どのくらい離れているのかわからなかったが、窓から首を出して振り返ると、すぐそこに高松桟橋駅があった。私は汽車の駅にもこんな近いのがあるのかと驚いた。四国は島だからかなとも思った。現在は高松駅が拡張され、高松桟橋駅を包含してしまったが、当時の人は「本《ほん》駅」「桟橋駅」と呼び分けていた。

三本松からは迎えに来た従兄《いとこ》、と言っても始めに述べたような事情によって親子ほど齢がちがうのだが、その人といっしょにタクシーに乗った。与田《よだ》川という細い流れに沿って走る道は母にとっては思い出の道であり、車のなかで母は昔話をした。

父と母とは写真を交わしただけで、見合いもせずに結婚した。父のほうは密かに母を見ていたらしいのだが、母は写真しか知らなかった。写真の父は軍服姿であった。日露戦争直後の戦勝気分のなかでの、しかも青年少尉の軍服姿は母の眼に好ましく映ったらしい。

けれども人力車に揺られて嫁入りした母を出迎えたのは紋付羽織に袴《はかま》姿の父だった。母は別人かと思ってがっかりしたそうである。

父の生家で泊り、翌日は引田の母の生家に行った。引田は徳島との県境に近く、つい最近まで高徳線の終着駅だったところである。私たちが訪れるわずか一週間前に徳島まで全通して線名通り高徳本線になったばかりであったから、「祝高徳線開通」の飾りつけが駅や街中に残っていた。当時はローカル線建設の全盛時代で、昭和一〇年の一年間だけで四〇区間もの新線が開通している。

祖母たちに頭を撫《な》でられたり、お菓子を買ってもらったりして毎日が楽しかったが、私の楽しみは、やはり帰りの汽車であった。まだ楽しみが半分残っていると思いながら四国での数日間を過した。

帰りは岡山発午後4時55分の急行であった。この列車は、来るときに私が乗りたがった7列車、つまり東京発午後11時00分が上り8列車となって折返してきたもので、一等寝台車と洋食堂車を連結していた。私は洋食堂車に行きたかったが、ここでも母は持参の弁当を開いた。東京駅には翌朝7時10分、定刻に着いた。

帰ってから一週間ほどすると、満洲国皇帝の溥儀《ふぎ》が来日した。両国国旗で飾られた東京駅のホームに軍服姿で直立する溥儀の写真が、新聞の第一面に大きく載った。

粁程	運賃 一等	運賃 二等	運賃 三等	驛名	釜山行 急行 1.2.3 2		大石橋行 126	奉天行 2.3 34	四平街行 150	文官屯行 146	大連行 特急 1.2.3 12	營口行 2.3 28	大連行 急行 1.2.3 14	四平街行 42
0.0	金留	金留	金留	哈爾濱發	…	…	…	…	…	…	…	…	…	…
240.0	14.20	7.10	4.70	新京着	…	…	…	…	…	…	…	…	…	…
0.0	圓錢	圓錢	圓錢	新京發	7 00	…	…	7 10	8 00	…	10 00	10 10	12 00	12 15
8.7	40	25	15	孟家屯〃	レ	…	…	7 25	8 18	…	レ	10 25	レ	12 31
19.8	90	55	30	大屯〃	レ	…	…	7 37	8 34	…	レ	10 37	レ	12 43
30.2	1.35	85	50	范家屯〃	レ	…	…	7 49	8 48	…	特急	10 50	レ	12 56
40.4	1.80	1.15	65	陶家屯〃	レ	…	…	8 03	9 05	…	レ	11 04	レ	13 10
51.2	2.30	1.45	80	劉房子〃	レ	…	…	8 17	9 22	…	(あじあ)	11 17	レ	13 24
62.0	2.75	1.75	95	公主嶺〃	8 01	…	…	8 31	9 40	…		11 32	13 01	13 40
69.9	3.10	1.95	1.10	大楡樹〃	急行	…	…	8 41	9 52	…		11 42	急行	13 50
78.4	3.50	2.20	1.20	蔡家〃	(ひかり)	…	…	8 53	10 06	…		11 54	(はと)	14 02
89.1	3.95	2.50	1.40	郭家店〃		…	…	9 08	10 23	…	レ	12 08		14 17
99.9	4.40	2.80	1.55	十家堡〃		…	…	9 21	10 39	…	レ	12 21		14 30
109.0	4.80	3.05	1.70	楊木林〃		…	…	9 33	10 53	…	レ	12 33	レ	14 42
115.5	5.10	3.25	1.80	四平街着	8 48	…	…	9 41	11 02	…	11 25	12 41	13 48	14 50
				四平街發	8 50	…	…	9 46	…	…	11 30	12 46	13 50	…
128.2	5.70	3.60	2.00	虻牛哨〃	レ	…	…	10 02	…	…	レ	13 03	レ	…
134.7	5.95	3.80	2.10	桓勾子〃	レ	…	…	10 12	…	…	レ	13 13	レ	…
143.8	6.35	4.05	2.25	雙廟子〃	1.2.3	…	…	10 25	…	…	レ	13 26	レ	…
154.4	6.80	4.35	2.40	泉頭〃	⊓	…	…	10 40	…	…	レ	13 41	✕	…
161.4	7.15	4.55	2.50	滿井〃	✕	…	…	10 50	…	…	✕	13 51	レ	…
168.8	7.45	4.75	2.60	昌圖〃	レ	…	…	11 02	…	…	レ	14 03	レ	…
179.0	7.90	5.00	2.75	馬仲河〃	レ	…	…	11 13	…	…	レ	14 14	レ	…
189.1	8.35	5.30	2.95	金溝子〃	レ	…	…	11 25	…	…	レ	14 26	レ	…
199.9	8.80	5.60	3.10	開原〃	9 59	…	…	11 38	…	…	レ	15 13	14 59	…
211.9	9.35	5.95	3.30	中固〃	レ	…	…	11 53	…	…	レ	15 28	レ	…
222.7	9.80	6.25	3.45	平頂堡〃	レ	…	…	12 05	…	…	レ	15 40	レ	…
233.4	10.30	6.55	3.65	鐵嶺〃	10 31	…	…	12 23	…	…	レ	15 59	15 31	…
242.9	10.70	6.80	3.75	得勝臺〃	レ	…	…	12 35	…	…	レ	16 09	レ	…
252.6	11.15	7.10	3.90	亂石山〃	レ	…	…	12 47	…	7 20	レ	16 21	レ	…
260.1	11.50	7.30	4.05	新臺子〃	レ	蘇	…	13 20	…	7 36	レ	16 31	レ	蘇
272.1	12.00	7.65	4.25	新城子〃	レ	家	…	13 34	鞍	7 50	レ	16 44	レ	家
284.2	12.55	8.00	4.40	虎石臺〃	レ	屯	…	13 48	山	8 12	レ	16 57	レ	屯
291.7	12.85	8.20	4.55	文官屯〃	レ	行	…	13 58	行	8 30	レ	17 06	レ	行
304.8	13.40	8.55	4.75	奉天着	11 28	160	…	14 13	132		13 38	17 20	16 28	162
				奉天發	11 40	8 45	11 20	…	12 00	…	13 43	17 35	16 34	16 00

満鉄の列車番号。ジャパン・ツーリスト・ビューロー版『汽車時間表』昭和9年11月号より抄録。昭和9年10月に新設された「あじあ」をはじめ「ひかり」「はと」などが広軌（標準軌）の利点を発揮して、満洲の曠野を快速で走っている。それにしても、新京から大連方面へ向う各列車の番号が「上り」を示す偶数であるとは逆ではないか。日本が経営する鉄道で、本社が大連にあるとはいえ、表向きは他国を走る鉄道である。首都の新京を中心として「上り」「下り」を設定するのが礼儀であろう。こんなところにも植民地国家の性格があらわれているように思われる

第4章　不定期231列車横浜港行——昭和12年

二・二六事件（昭和一一年）の朝、小学三年生の私はいつものように帝都電鉄（現在の京王帝都井《い》の頭《かしら》線）の池之上《いけのうえ》（現在は池ノ上）から渋谷行の電車に乗った。

その前年の六月に私の家は渋谷から池之上に引っ越していて、帝都電鉄と市電を乗継いで青山五丁目（現在の北青山三丁目）の学校まで通うようになっていた。

その朝はかなりの雪が積っていたので、長靴で出かけた。

帝都電鉄は昭和八年八月に開通したばかりの新しい郊外電車で、車両は鋼鉄製、ドアは自動式であった。当時の郊外電車はまだ手動式が多かったからであろう、ドアのガラスには、

「此扉は自動的に開閉致しますから注意して下さい」

と刷られたセロファン紙が貼《は》ってあった。漢字にはフリガナが付されていたが、「自動的」が「ひとりでに」、「開閉」が「あけたて」となっていた。

昭和一一年当時の帝都電鉄沿線は、まだ住宅が少なく、朝のラッシュ時でも二両連結が

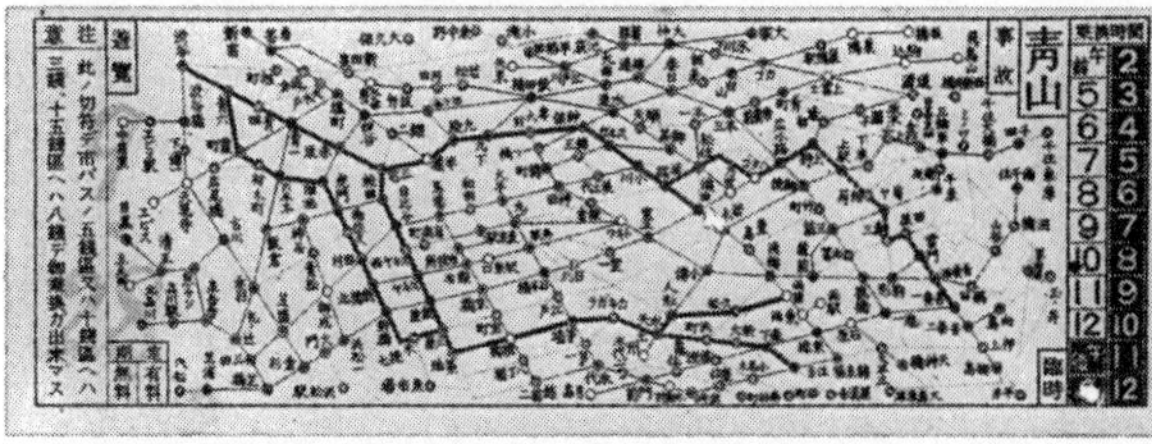

東京市電の「乗りかえ切符」。7銭で何回でも乗換えができ、そのたびにこの切符をくれた。揺れる車内で、乗車駅、乗換え駅、時刻などにハサミを入れるには熟練を要した。昭和14年9月、青山電車営業所発行。『都電――60年の生涯』（東京都交通局発行）より

五分間隔、昼間はたった一両が一〇分間隔で運転されていた。現在は常時五両編成が朝は二、三分ごと、昼間でも約五分ごとに運転されているから、輸送力は朝が五倍、昼間は一〇倍に増えた計算になる。それほど当時の沿線人口は少なかったのであるが、池之上は渋谷からわずか四つ目の駅であったから、ラッシュ時に乗るとすでに超満員で、現在よりもむしろ混雑していた。当時のサラリーマンはみんな中折れのソフト帽をかぶっていたので、それが触れ合って脱げ、私の頭の上に落ちてきたりした。

　ランドセルを背負っている私は、その圧迫で鳩胸のようになり、天井へ顔を向けてハアハアと息をしていると、大人が見下ろして、「なんだ、小学生のくせに電車で通っているのか」と言った。なかには、

「押すな押すな。子どもがつぶれるぞ」

と怒鳴る人もいた。

　戦前の乗客は、いまのように押し黙ってはいなかった。何かと他の乗客に指示を与える人が多かった。「押すな」

とか「もっと奥へつめろ」とか、すぐ大声を出した。学生が坐《すわ》り年寄りが立っていれば、かならず誰かが「きみ、席を譲り給え」と注意した。

満員の帝都電鉄に六、七分揉《も》まれて渋谷に着くと、こんどは市電に乗換える。

ハチ公は一年前に死んで、すでに銅像だけになった渋谷駅前から、「9」という運転系統番号を示す四角い札を下げた両国《りょうごく》行か、あるいは「10」の須田町《すだちょう》行に乗るのが私の日課であった。「6」の三原橋《みはらばし》行もあったが、これは青山六丁目で右に曲り、六本木《ろっぽんぎ》方面へ行くので、乗ってはならなかった。

私は市電の定期券も持っていた。帝都電鉄と市電と二枚もの定期券を持っていることが得意だった。市電は全区間が均一料金で、大人も子どもも七銭（ただし、午前六時以前に乗ると片道五銭、往復九銭という「早朝割引」があった）、乗換えは何度でも自由であったが、定期券の場合は乗車区間が指定され、クモの巣のようにこまかく刷られた全路線図に乗車できる区間だけが赤鉛筆でトレースされていた。私の通学定期は、渋谷—青山五丁目間であった。

ところが、二月二六日の朝は市電が止っていた。

永田町《ながたちょう》の首相官邸、四谷《よつや》の内大臣私邸、赤坂《あかさか》の大蔵大臣私邸などがいっせいに襲撃された直後の、しかも何年ぶりという大雪の朝に、渋谷から青山通りを通って赤坂《あかさか》見附《みつけ》、霞《かすみ》ヶ《が》関《せき》方面に向う路面電車が運転されるはずはなかった。私は雪の青山通りを二キロ近く歩いた。

学校に着くと、先生が深刻な面持《おもも》ちで、

「きょうは東京が騒がしいので、これからまっすぐ家に帰りなさい」

と言った。私たちは大喜びで雪を投げ合いながら帰った。

私が通っていた小学校は外房州《そとぼうしゅう》の千倉《ちくら》に海の家を持っていて、夏休みになると四年生以上の生徒が二班に分れて一週間ずつこの海の家へ行った。全生徒ではなく希望者だけであったが、私は毎年行っていた。昭和一一、一二、一三の三年間である。最初の年は、両国発7時01分の房総西《ぼうそうさい》線（現在の内房《うちぼう》線）安房《あわ》鴨川《かもがわ》行に乗った。なぜキリのよい7時00分発にせず01分発なのかと不審に思ったので覚えている。

この列車は夏期のみ運転する海水浴客用の臨時準急列車で、「さざなみ」という愛称名がつけられており、波をあしらった絵入りの行先標をさげていた。手書きのテール・マークもつけていたように思う。この愛称名は、当時のどの時刻表にも記載がないが、たしかに「さざなみ」号なのであった。当時は特急にしか愛称名は付されていなかったから、急行でもない臨時準急に愛称名があったのは奇妙だが、千葉管理部あたりが独自にやったことかもしれない。

両国駅のホームには、ほとんどの生徒の母親が見送りに来ていた。母親ばかりでなく、二人の姉さんまで見送りに来たのもいた。この姉さんたちは洋装であった。まだ洋装の女性が珍しい時代であったから私たちの注目を集めた。二人ともつばの広い帽子を深く斜めにかぶり、すこし離れた位置に立っていたが、一見してO君の姉さんだとわかる顔立ちだ

粁程	三等運賃	驛名	列車番號	下り 105	107	109	1101	111	1103
0.0	圓 錢	両國	發	…	…	6 05	7 01	8 07	8 50
36.6	58	千葉	〃	…	…	6 56	7 52	8 57	9 33
37.8	60	本千葉	〃	…	…	7 00	7 59	9 00	9 36
40.8	64	蘇我	〃	…	…	7 05	(不定期)	9 06	9 42
44.2	71	濱野	〃	…	…	7 11		9 11	9 50
46.4	74	八幡宿	〃	…	…	7 16		9 16	9 54
50.1	80	五井	〃	…	…	7 21	8 19	9 21	10 00
55.9	88	姉ヶ崎	〃	…	…	7 29	レ	9 29	10 10
65.2	1.03	楢葉	〃	…	…	7 40	レ	9 40	10 21
72.1	1.14	木更津	着	…	…	7 49	8 44	9 49	10 30
			發	…	5 40	7 53	8 47	9 56	10 34
79.1	1.25	周西	〃	…	5 50	8 03	レ	10 08	10 44
82.8	1.29	青堀	〃	…	5 55	8 09	レ	10 19	10 49
87.4	1.36	大貫	〃	…	6 02	8 15	9 06	10 25	10 56
91.5	1.41	佐貫町	〃	…	6 10	8 22	9 12	10 32	11 02
95.9	1.46	上總湊	〃	…	6 16	8 28	9 19	10 39	11 09
101.0	1.53	竹岡	〃	…	6 24	8 36	9 26	10 46	11 16
104.8	1.58	濱金谷	〃	…	6 30	8 42	9 32	10 53	11 22
108.3	1.63	保田	〃	…	6 36	8 48	9 40	11 00	11 29
111.6	1.67	安房勝山	〃	…	6 43	8 54	9 45	11 05	11 34
114.5	1.71	岩井	〃	…	6 49	8 59	9 51	11 11	11 41
120.6	1.79	富浦	〃	…	6 58	9 08	10 00	11 20	11 50
122.9	1.82	那古船形	〃	…	7 02	9 15	10 04	11 27	11 54
126.7	1.87	安房北條	〃	4 30	7 12	9 25	10 13	11 36	11 59
132.5	1.95	九重	〃	4 44	7 21	9 34	レ	11 45	
137.4	2.01	千倉	〃	4 58	7 29	9 42	10 28	11 53	(不定期)
139.4	2.04	千歳	〃	5 04	7 33	9 46	レ	11 57	
143.0	2.08	南三原	〃	5 12	7 39	9 52	10 36	0 02	
147.6	2.14	和田浦	〃	5 24	7 46	9 59	10 45	0 09	…
152.2	2.21	江見	〃	5 36	7 53	10 06	10 52	0 16	…
156.8	2.26	太海	〃	5 48	8 00	10 14	10 59	0 24	…
160.2	2.31	安房鴨川	着	5 56	8 06	10 20	11 05	0 30	…
0.0	…	(經由勝浦) 安房鴨川	發	6 05	8 12	10 25	…	0 37	…
93.6	…	千葉	着	8 55	10 55	1 11	…	3 21	…
130.2	…	両國	〃	9 44	11 42	1 58	…	4 10	…

房総西線の季節列車。両国7 01発には「さざなみ」の愛称名がついていた。ジャパン・ツーリスト・ビューロー版『汽車時間表』昭和11年9月号より

った。私たちはOの姉さんはシャンだなあ、とか、有閑マダムだとか、生意気なことを言いながら発車時刻を待った。もっとも私は「有閑」というむずかしい言葉は知らず「勇敢マダム」だとばかり思っていた。

昭和一二年の夏、父が世界一周に出かけることになった。当時の外国旅行、つまり「洋行」は大仰なことであった。一ヵ月ぐらい前から準備で家の中は騒然としていた。空でも私の手に負えないような大きくて革の厚いトランクなどが持ちこまれ、母の詰めた股引《ももひき》を、こんなものはいらん、と言いながら父が放っぽり出したりしていた。五七歳ではじめて洋行の機会に恵まれた父は、さすがに嬉《うれ》しいらしく、何かといっては冗談をとばした。そして、姉や私たちが好き勝手な土産物の注文をすると、よしよし、と言って手帖《てちょう》に書きとめた。盧溝橋《ろこうきょう》事件勃発《ぼっぱつ》直後の日本人の家庭としては陽気に過ぎたかもしれない。

当時の時刻表の東海道本線のページには、東京発午後0時30分発の「横濱港行」という不定期列車が載っており、横浜港着1時15分となっていて、

「日本郵船會社桑港航路汽船横濱港出帆日ニ限リ運轉」

という注記がしてある。上り列車のページにも同様の列車があって、横浜港発3時30分、東京着4時15分となっている。同じような不定期列車は関西にもあった。京都発午後0時

驛名	1007 急行 大阪行	1241 鳥羽行	1019 急行 大阪行	1005 急行 下關行	231 横濱港行	1009 急行 下關行	1011 特急 大阪行
東京	10 50	10 25	9 55	8 55	0 30	10 20	8 50
新橋	10 55	10 29	10 00	8 59	0 34	10 24	レ
品川	11 04	10 38	10 09	9 07	0 40	10 32	レ
横濱 着	11 24	10 58	10 29	9 27	横濱港着 1 15	10 52	9 16
横濱 発	11 27	11 00	10 31	9 29	（日本郵船會社桑港航路汽船横濱港出帆日ニ限リ運轉品川・横濱港間二十五粁八分、運賃東京・新橋・品川各驛ヨリ横濱港迄二等一圓、三等五十錢）	10 54	9 17
大船	11 47	11 19	10 50	9 48		11 13	レ
藤澤	レ	11 25	レ	レ		レ	レ
辻堂	レ	レ	レ	レ		レ	特別急行（つばめ）（不定期）
茅ヶ崎	2	レ	2・3	2		2	
平塚		レ					
大磯		レ					
二宮	レ	レ	レ	レ		レ	
國府津	レ	レ	レ	レ		レ	レ
鴨宮	レ	レ	レ	レ		レ	レ
小田原 着	レ	11 59	11 25	10 23		11 46	レ
小田原 発	レ	0 01	11 27	10 25		11 47	レ
早川	レ	レ	レ	レ		レ	レ
根府川	レ	レ	レ	レ		レ	
眞鶴	レ	レ	レ	レ		レ	レ
湯河原	レ	レ	レ	レ		レ	レ
熱海	1 00	0 31	11 50	10 52		0 10	レ
熱海	|	|	|	|		|	|
網代	|	|	|	|		|	|
熱海	1 08	0 33	11 52	10 54		0 11	レ
函南	レ	レ	レ	レ		レ	レ
三島	レ	レ	レ	レ		レ	レ
沼津 着	1 38	1 01	0 16	11 22		0 34	10 46
沼津 発	1 45	1 06	0 23	11 28		0 38	10 50
原	レ	レ	レ	レ		レ	レ
鈴川	レ	レ	レ	レ		レ	レ
富士	レ	レ	レ	レ		0 58	レ
岩淵	レ	レ	レ	レ		レ	レ
蒲原	レ	レ	レ	レ		レ	レ
由比	レ	レ	レ	レ		レ	レ
興津	レ	レ	レ	レ		レ	レ
袖師	レ	レ	レ	レ		レ	レ
清水	レ	レ	レ	レ		1 22	レ
草薙	レ	レ	レ	レ		レ	レ

注意…不定期列車ニ付キ乗車ノ際ハ豫メ驛ヘ問合セ下サイ

不定期列車横浜港行。ジャパン・ツーリスト・ビューロー版『汽車時間表』昭和12年7月号より

14分の347列車神戸港行で、「日本郵船欧洲航路汽船神戸港出帆日ニ限リ運轉」となっている。この列車も神戸港で二時間ばかり停車して3時30分発で戻ってきた。

外国航路との接続列車はこの他にもあった。東京から上海《シャンハイ》へ行くには、まず東京発午後11時00分の急行に乗る。二二時間乗り通し

て翌日午後9時00分に下関に着き、関門《かんもん》連絡船で門司《もじ》に渡り、門司発11時00分の107列車長崎港行に乗換える。この列車は鈍行ながら二等寝台が連結されていて、「日中聯絡船出帆當日ニ限リ長崎港まで運轉」との注記がしてある。長崎本線の列車はすべて長崎止りであるが、日本郵船上海航路の出港日に限りこの列車が長崎港まで乗入れていたのである。

二夜にわたる汽車旅を終え、午前7時35分に長崎港に着いた客は通関手続などをすませてから上海丸、長崎丸という五〇〇〇トン級の船に乗りこみ、午後1時に出帆する。上海着は翌日の午後3時となっているから、なかなかの快速船である。上海駐在のイギリス人たちが雲仙《うんぜん》に避暑にやってきたという話も肯《うなず》ける。雲仙には戦前に建てられた洋式ホテルが多い。

上海航路の場合は「入港當日ニ限リ運轉」という列車もあった。正午に入港した客を受けて長崎港発2時35分の急行門司行が運転されていた。

この長崎港駅には一時「富士」が乗入れたことがある。昭和一七年一一月に関門トンネルが開通すると「富士」の運転区間は東京―長崎間となり、上海航路船の入港日には長崎港発着となった。展望車にテール・マークをつけた「富士」が上海帰りの客を乗せて発車して行った頃が長崎港駅のもっとも花やいだ時代ではなかったろうか。けれども、それもわずか一年たらずで、翌昭和一八年一〇月のダイヤ改正によって「富士」は博多止りとな

線名	粁程	驛名＼行先・列車番號		早岐	東京	鳥栖	鳥栖	京都	諫早	早岐	東京
				502	36	328	3[illegible]4	236	707	506	2
長崎本線	0.0	長崎港	發	…	…	…	┌	─	┐	…	15 30
	1.1	長崎	〃	…	5 28	6 50	9 09	10 53	(第四三四列車ニ併結 肥前山口鳥栖間)	…	15 40
	2.7	浦上	〃	…	5 32	6 54	9 14	10 58		…	レ
	7.3	道ノ尾	〃	…	5 41	7 03	9 23	11 07		…	レ
	10.8	長與	〃	…	5 47	7 09	9 30	11 13		…	レ
	19.0	大草	〃	…	6 02	7 24	9 45	11 31		…	レ
	26.2	喜々津	〃	…	6 13	7 35	9 58	11 44		…	レ
	32.7	諫早	着	…	6 21	7 43	10 06	11 55		…	16 22
			發	…	6 26	7 55	10 13	12 05		…	16 26
	35.6	東諫早	〃	…	6 32	8 00	10 19	12 11		…	レ
	37.5	肥前長田	〃	…	6 36	8 04	10 23	12 15		…	1・2・3
	42.2	小江	〃	…	6 43	8 10	10 30	12 22	…	…	(富士 特別急行)
	45.5	湯江	〃	…	6 48	8 16	10 36	12 28	…	…	
	50.8	小長井	〃	…	6 57	8 24	10 44	12 37	…	…	
	57.5	肥前大浦	〃	…	7 09	8 33	10 54	12 47	…	…	
	65.4	多良	〃	…	7 21	8 46	11 09	13 04	…	…	
	69.5	肥前飯田	〃	…	7 29	8 53	11 17	13 11	…	…	レ
	71.6	肥前七浦	〃	…	7 34	8 57	11 22	13 16	…	…	レ
	75.5	肥前濱	〃	…	7 44	9 07	11 33	13 25	…	…	レ
	78.5	肥前鹿島	〃	…	7 52	9 12	11 39	13 31	…	…	レ
	83.7	肥前龍王	〃	…	7 59	9 19	11 46	13 38	…	…	レ
	88.4	肥前白石	〃	…	8 08	9 26	11 58	13 45	…	…	レ
	93.5	肥前山口	着	…	8 15	9 33	12 06	13 53	…	…	17 38
					504	428	434	436			
佐	0.0	佐世保	發	4 33	7 28	7 45	10 27	12 10	12 20	17 43	｜
	3.3	日宇	〃	4 40	7 38	7 52	10 34	12 17	12 27	17 52	｜
	8.9	早岐	着	4 52	7 49	8 03	10 43	12 26	12 38	18 02	｜
	8.9	早岐	發	…	｜	8 11	10 49	12 33	12 44	…	｜

長崎港駅と「富士」。東亜旅行社版『時刻表』昭和17年11月号（『復刻版時刻表　戦前・戦中篇』©JTBパブリッシング）より抄録

り、まもなく長崎港着発の列車はすべて消え、時刻表の長崎本線の欄から「長崎港」の駅名は抹消されてしまった。

もう一本敦賀《つるが》港《こう》行という列車もあった。戦前の時刻表には「敦賀・浦鹽斯徳間」の北日本汽船の時刻が載っており、昭和一二年七月号を例にとると、ウラジオストック行は毎月六日、一六日、二六日の三便で、いずれも午後2時00分敦賀出帆となっている。就航船は「さいべりあ丸」三四六二トンで、北部朝鮮の清津《せいしん》と雄基《ゆうき》に寄港して「浦鹽」には四日目の8時00分に着くのであった。

このウラジオストック便が出帆する前日の東京発午後10時00分の急行19列車神戸行には、敦賀港行の二等寝台車が増結された。時刻表の欄外にはその旨の注記があり、翌朝7時00

分に米原《まいばら》に着くと寝台車が切離され、7時30分発の北陸本線の鈍行に連結されて敦賀着8時50分、ここでふたたび切離され、寝台車だけが蒸気機関車に牽引《けんいん》されて二・七キロの臨《りん》港《こう》線を六分かかって走り、敦賀港まで行っていた。入港日にも同様の接続列車が運転されていた。

父が横浜から乗船した昭和一二年八月五日、私は母や兄姉とともに東京発午後0時30分の不定期列車横浜港行に乗った。当の父は私たちより早くトランクとともに車で家を出たので乗っていなかった。税関手続などに時間がかかるからであろう。

この横浜港行には他の列車とは異った雰囲気があった。編成は覚えていないが、二等車が三両ぐらい連結されていたように思う。太平洋航路の見送り客ともなると金持が多いのか、三等より二等のほうが混んでいて、通路にもたくさん人が立っていた。私も坐れなかった。あちこちに見覚えのある顔があり、ややあと挨拶《あいさつ》したり談笑したりしていて、結婚式場の控室にいるようであった。私は母に促されては帽子をとり、何人かにお辞儀をしたりせねばならなかった。

そんな雰囲気だったから私は気もそぞろで、列車がどこをどう走って臨港線に入ったかも記憶がない。実際は、品川から貨物列車用の品鶴《ひんかく》線を経由して鶴見から臨港線に入ったのであり、未電化の貨物線を走るため、東京駅から蒸気機関車で牽引するという珍重すべ

神戸・シアトル間 (非)（日本郵船會社）（米國線）

浬程	港名＼船名		平安丸	氷川丸	日枝丸	平安丸
			月 日	月 日	月 日	月 日
0	神戸	發	6.26	7.19	8. 2	8.16
232	名古屋	〃	6.27	7.20	8. 3	8.17
363	清水	〃	6.28	7.21	8. 4	8.18
473	横濱	著	6.28	7.21	8. 4	8.18
		發	6.29	7.22	8. 5	8.19
4763	バンクーバー	著	7.10	8. 2	8.16	8.30
4898	シアトル	〃	7.11	8. 3	8.17	8.31

浬程	港名＼船名		氷川丸	日枝丸	平安丸	氷川丸
			月 日	月 日	月 日	月 日
0	シアトル	發	6.18	7. 2	7.23	8.13
135	バンクーバー	〃	6.19	7. 3	7.24	8.14
4428	横濱	著	7. 2	7.16	8. 6	8.27
		發	7. 4	7.18	8. 8	8.29
4778	神戸	著	7. 5	7.19	8. 9	8.30

至＼自	横濱	神戸（大阪）	門司（長崎）	上海	香港	マニラ	等級
	G弗	G弗	G弗	G弗	G弗	G弗	
シアトル	250	260	270	290	310	330	キヤビンクラス
バンクーバー	130	135	140	150	155	170	ツーリストキヤビン
	60	62	64	…	…	…	三等（和食）

就航船名	總噸數	速度	定員 一等	定員 二等	定員 三等
		浬			
氷川丸	11,622	18	58	69	186
平安丸	11,615	18	58	69	185
日枝丸	11,621	19	58	69	186

日本郵船シアトル航路。横浜発８月５日の日枝丸が載っている。ジャパン・ツーリスト・ビューロー版『汽車時間表』昭和12年7月号より

き列車であったのに、いつのまにかガランとした横浜港駅に着いたことしか覚えていないのは残念である。

横浜港の岸壁には一万一六二一トンの日枝丸《ひえまる》が聳《そび》えるように碇泊《ていはく》していた。中段のデッキの手摺《てすり》に並んだ乗客のなかに父の姿があった。

私はテープの端を左手に握り、父へ向って投げた。けれども、まったく届かず、見送り人たちの頭を越えただけで海へころがり落ちた。距離の感覚がつかめないうえ、テープの端など持っているから、とても届かない。まわりの人たちを見ると、テープの巻物を丸ごと乗客へ向って投げ、それを拾った客が投げ返している。なるほど、と私は思い、さっそくやってみたが、それでも届かず舷側《げんそく》に当って岸壁の上に落ちてきた。

第5章　急行701列車新潟行――昭和12年

「サイタ　サイタ　サクラ　ガ　サイタ」にはじまる第四期『小學國語讀本』が使われはじめたのは昭和八年で、私の年代がその一期生である。私たちは、昭和一四年三月に卒業するまでの六年間、この新しい教科書全一二巻によって学び、かつ教えこまれたのであった。

　この、いわゆる「サクラ読本」には旅行記の類《たぐい》が数多く掲載されていた。また、鉄道に関する文章も少なくなかった。「キシャ」（巻二）、「電車」（巻五）、「清水トンネル」（巻八）、「京城へ」（巻九）、「汽車の發明」（巻十）、「『あじあ』に乗りて」（巻十）の六篇である。蒸気機関車を発明したのはトレビシックであり、スチーブンソンはそれを受けついでの体系確立者であると規定した「汽車の發明」など、評価されてよいと私は思う。

　戦前の国鉄の黄金時代は昭和一二年七月のダイヤ改正時にあると言われる。特急「鷗《かもめ》」の新設に象徴される優等列車増発のダイヤ改正である。

「燕」が登場した昭和五年頃から、この昭和一二年七月のダイヤ改正までは、従来の乗りたければ乗れ型から旅客誘致型へと姿勢を変えていった国鉄がつぎつぎと「新商品」を開発した時期であった。それが長期化した不況の乗切り策であり、あるいは台頭してきた私鉄や自動車への対抗策であるとしても、旅客サービスの面での進歩は顕著なものがあった。線路の増設、改良が積極的におこなわれ、ダイヤ改正ごとに列車は増発され、スピード・アップされた。急行券不要の準急列車の新設があいつぎ、三等寝台車の登場（昭和六年）に示されるように大衆へのサービスも目立ってきた。鉄道省内に国際観光局が設置されたのも、北海道・九州遊覧券が発売されたのもこの時期である。いっぽう、清水トンネルや丹那《たんな》トンネルの開通をはじめ、新線建設は三〇〇〇キロにも及んだ。国鉄が明るい話題をつぎつぎとまいた時期であった。

私たちが昭和八年四月から一四年三月までなじんだ第四期『小學國語讀本』に旅行記や鉄道を扱った文章が数多くとり上げられていたのも、そうした時代を反映したのではないかと思われる。まず「巻二」、つまり小学一年の後期の教科書に「キシャ」が載っていた。

「ゴウッ。」

ト、トホク　ノ　方デ、音　ガ　シマシタ。

「キシャダ。正チャン、見ニ　イカウ。」ト、ニイサン　ガ　イヒマシタ。

にはじまり、貨物列車の描写が八ページに及び、

「ボク　モ、キシャ　ニ　ノリタイナア。」
ト　オモヒマシタ。

で終る文章は平板であったが、文の上の色刷りの挿絵がたのしかった。D50と思われる四つの動輪をもった蒸気機関車と炭水車《テンダー》を先頭に、有蓋《ゆうがい》貨車一一両、牛を積んだ家畜車三両、材木を積んだ無蓋《むがい》貨車七両、石材を積んだ無蓋貨車五両、さらに有蓋貨車一二両の計三八両が六ページにわたって描かれていたのである。

脚光を浴びやすい特急列車などでなく、地味な貨物列車を第一にとり上げたのは、ひとつの見識であろう。

この「キシャ」は「巻二」のいちばん最後に載っていた。真打ちである。「キシャ」で一年生の国語が終り、二年生へと進んだのであった。

『小學國語讀本』に収められた「鉄道もの」のなかで、もっとも印象が強かったのは四年生の三学期に習った「清水トンネル」であった。これも「巻八」の最後を飾っていた。

各巻の最後に収められた題材を見ると、低学年では「モモタラウ」（巻一）、「浦島太郎」（巻三）、「羽衣」（巻四）、「二つの玉」（海彦山彦の話。巻五）、中学年では「東郷元帥」（巻六）、「乃木大将の幼年時代」（巻七）、高学年では「國語の力」（巻九）、「御民《みたみ》われ」（巻十）、「日本刀」（巻十一）など、それぞれ戦前らしい教育方針を打ち出したものが多く、ページ数を多く費した力作を揃《そろ》えているのだが、そのなかにあって「キシャ」（巻二）と「清水トンネル」（巻八）は異色に見える。

三月といへば春はまだ淺いが、汽車の窓には關東平野がうらゝかに晴れて居る。ところどころに梅が咲き、麥の綠があざやかに廣がる。雑木林《ざふきばやし》の梢《こずえ》が、ぼつと煙つたやうに見えるのも、何となく春らしい眺めである。

と、「清水トンネル」は、のどかに格調高くはじまっている。肝心のトンネルまで間遠く、待ち遠しい感じがしたのを覚えているが、これは雪国と対比するための伏線であろう。そのあと、赤城山《あかぎさん》や榛名山《はるなさん》が車窓に迫り、谷も深まって、雪に被《おお》われた県境の山々を望みながら残雪の水上《みなかみ》駅に着くまでがくわしく描かれる。「何だか春が逆もどりして行くやうな氣がする」という感想も加えられている。そして、いよいよ核心に入る。

此の驛で電氣機關車に取りかへられる。いよいよ日本一の長い清水トンネルにさしかゝるのである。

汽車は動き出した。山を分け、川を傳ひながら上ると、殘雪がだん〳〵深くなる。トンネルにはいつた。

此のトンネルを過ぎ、第二のトンネルを過ぎた所で、眞下を見た。すると、さつき上つて來た線路がずつと下の方に見えて、今通る線路と十文字に交つて居る。いはゆるループ線である。汽車は一驛を過ぎて、間もなく第三・第四のトンネルを通過した。第五のトンネルこそ、長さ九千七百二米の清水トンネルである。

中にはいれば、何の不思議もない。たゞ暗やみの中をごう〳〵と走るばかりだ。しかし今刻々と群馬《ぐんま》縣がつき、新潟《にひがた》縣が近寄りつゝある。頭上には、高さ二千米の茂倉嶽《しげくらだけ》が天にそびえて居るはずだ。汽車はやゝ速度が加つた。下りになつたのである。もう新潟縣にはいつたのであらう。


文はそのあと、約一二分かかって清水トンネルを抜けると二メートルもの積雪であったこと、もう一つループ線があること、石打《いしうち》駅で蒸気機関車につけ替えられたことなどを絵や写真や地図を挿入しつつ描き、吹雪《ふぶき》を突いて、汽車はたゞ越後《えちご》平野を北へ北へと進んで行つた。
で、一〇ページに及ぶ「清水トンネル」は終っていた。

この「清水トンネル」は私の気持をすっかり高揚させてしまった。丹那トンネルよりも長い日本一の清水トンネルが上越線にあり、その前後がループ線になっていることは知っていたが、真に迫った文章に地図や写真まで加えられては堪《た》まらなかった。清水トンネルが上野から急行で三時間余のところに常にあり、自分がこうしている今も電気機関車に牽《ひ》かれた客車と乗客が走り抜けているのかと思うと、いたたまれないような気がした。

当時の時刻表で運賃を計算すると、石打までの往復は、急行券を含めて子ども三円四〇銭である。私は一人でも行きたかったが、そんな小遣いはなかったし、母も許してはくれなかった。現在のように指定席があれば許してくれたかもしれないが、当時は寝台車と特急以外はすべて自由席であった。しかも、私が大きな駅に着くたびにホームに降りて機関車のつけ替えなどを見たがる子であることも母は知っていた。

しかし私は運がよかった。「清水トンネル」を習ったその年の春、つまり昭和一二年の春に、二番目の姉の嫁ぎ先が新潟へ転勤になった。そうした事情もあって、夏休みになると私の願いはかなえられ、母とともに新潟へ行くことになった。

すでに述べたように、昭和一二年は列車ダイヤの充実ぶりにおいて戦前の頂点を示した年と言われる。七月一日のダイヤ改正で、東京—神戸間に特急「鷗」が新設されたのをはじめ急行の新設や区間延長がおこなわれ、時刻表はますます多彩で賑《にぎ》やかになっていた。駅々には「鷗号運転」のポスターが貼《は》られ、ラジオからは「新鉄道唱歌」が流れていた。

「新鉄道唱歌」は「国民歌謡」の一つとして、この年の五月に発表された。

昭和一〇年前後に流行した歌といえば、「サーカスの唄」（昭和八年）、「島の娘」（八年）、「東京音頭」（八年）、「国境の町」（八年）、「うちの女房にゃ髭《ひげ》がある」（一〇年）、「忘れちゃいやよ」（一一年）、「ああそれなのに」（一一年）等々が代表的なものであろう。「女給の唄」（六年）、「酒は涙か溜《た》め息か」（六年）、「影を慕いて」（七年）も歌われつづけ、蓄音器とレコードの普及がそれを広めていた。

私は歌の好きな子どもではなかったが、それでも、歌というものは頻度高く耳から入ってくると、やがて口から出てくる。学校からの帰り道に何のはずみか「忘れちゃいやよ忘れないでね」と唱いだした自分に驚いたことがある。

国民がこんな歌ばかり唱っていたのではいかんとその筋が考えたのであろう、昭和一一年に「国民歌謡」なるものが制定され、レコードに対抗するかのようにラジオで音繁く放送されるようになった。その第一作が「椰子《やし》の実」（島崎藤村作詞・大中寅二作曲）で、詞も曲も良かったから、かなり流行した。こうして「国民歌謡」がつぎつぎにつくられていったのであるが、その一〇番目あたりに「新鉄道唱歌」（土岐善麿作詞・堀内敬三作曲）があった。

帝都をあとに颯爽《さっそう》と　東海道は特急の　流線一路　富士さくら　つばめの影もうららかに

というのが一番で、そのあと「横浜過ぎて野はみどり　松風ふくや鎌倉の……」とつづいた。「汽笛一声新橋を」にくらべると歌詞が臨場感に乏しく、曲にも「いまは山中いまは浜」の小学唱歌のような線路の響きがなく、スピード感だけを強調したような歌であったが、耳当りのよい軽快さが受けたのか、「椰子の実」のほかにはさしたる愛唱歌を生み出さなかった「国民歌謡」のなかでは、比較的長つづきしたほうだったと思う。

昭和一二年は、内務省がレコードにも出版法を適用して、雑誌や書籍と同じく事前検閲を開始し、また内閣情報部が国民歌を募集して「愛国行進曲」が当選作になった年である。「新鉄道唱歌」はそのような背景のなかで唱われたのであるが、いずれにせよ、鉄道が脚光を浴びた年ではあった。

けれども、新特急「鷗」が走り始めてからわずか六日後の七月七日に、盧溝橋《ろこうきょう》事件が起っている。その影響はまもなく列車ダイヤにも現われ、一二月にはガソリン節約のためガソリンカーの運転本数が削減され、また、新宿—沼津間、難波《なんば》—白浜口《しらはまぐち》間などに運転されていた週末温泉列車が廃止されている。

昭和一二年はかような年であったが、とにかく私は待望の清水トンネルを抜けて新潟へ行けることになった。

出発日は八月一二日、父が横浜を発ってから一週間後であった。日まで覚えているのは、よほど待ち遠しかったからであろう。

乗る列車は、上野発午前9時10分の急行701列車新潟行である。急行はこの一本だけであったから母も異存はなかった。けれども、食堂車が連結されているのに母は前夜からせっせと弁当をつくった。こういうとき、母はかならず太いノリ巻をつくるのであった。

急行701列車新潟行は上野駅の数多いホームのほぼ中央、現在の16番線あたりに停車していた。新しい鋼製車ばかりを連ねた編成は艶《つや》やかで、木造車の多い上野駅では際立って見え、それが優等列車であることを示していた。

戦前の黄金時代とはいえ、午前に上野から発車する急行列車は、この列車と10時00分発の青森行の二本しかなかった。だから急行に乗れるということは、この上なく豪華なことと私には思われた。東海道本線の場合は新設の「鷗」を加えて四本もの特急が走っていたから、急行にはそれほどの豪華さを感じなかったが、上野では急行が君臨していた。

新潟行は後部に秋田行の車両を併結していた。新潟のすぐ手前の新津《にいつ》で切離され、準急に格下げになって秋田まで行く車両である。

上野駅はヨーロッパの終着駅にならって設計されているから、行止りのホームが改札口に向って櫛《くし》の歯型に並ぶ「頭端《とうたん》式」になっている。したがって、改札口を通った客は後部から目的の列車に近づいていくことになる。車両の脇《わき》に掛けられた「秋田行」の行先標《サボ》を見て、母が「あら」と言う。大丈夫、この先に新潟行があるのだと私が教える。母を引率しているようで、ちょっと得意であった。

母と私は二等車の窓際に向い合って坐《すわ》った。隣には誰も坐らなかったような気がする。三等車を覗《のぞ》くと、立っている客はいなかったが座席はほとんどふさがっていた。三等車の天井は丸型で白く塗られ、明るく広々としており、座席は背にもモケットが張られていた。それまでの三等車の背もたれは板張りであったから、さすがは急行だと私は感心した。

考えてみると、夏休み中で、しかも旧盆のシーズンである。新潟行急行はこれ一本しかないのに、この程度の乗車率であったとは、今日からすると不思議な気がする。

実際、夏休みが終って学校へ行っても、休み中に旅行らしい旅行をした生徒はごくわずかだった。新潟まで行けた私など、よほど恵まれたほうだった。確かこの夏だったと思うが、十和田湖《とわだこ》へ行ったのが一人いて、クラスの羨望《せんぼう》を一身に集めた。大半の生徒は江の島か鎌倉へ日帰りで海水浴に行く程度だった。汽車、まして、急行列車で遠くへ行った子などごく少数だった。

汽車に乗るのに、坐れるかどうか、早目に駅へ行って並ばなければ、というふうになったのは、日中事変が始まって一年ぐらいしてからではなかったかと思う。もとより曖昧《あいまい》な記憶でしかないが、昭和一二年当時までは、汽車に乗って坐れない人はほとんどいなかったような気がする。私はしばしば東京駅や上野駅へ汽車を見に行っていたし、ときには新橋から品川まで乗ってみたりしていたが、つねに空席があった。

長距離の列車で通路まで立っているのを見た記憶は一回だけしかない。それは上野発10時00分の青森行急行であった。たしか昭和一一年の夏だったと思う。それだけが強く印象に残っている。もっとも、小学生の私が見たのはいずれも昼間で、概して空《す》いている時間帯でのことではある。

『小學國語讀本』の「清水トンネル」は早春の旅を描いているが、私が乗ったのは真夏である。天井には扇風機が首を振りながら回っていたが、たいして効き目がないので窓を開けると蒸気機関車の煤煙《ばいえん》が入ってくる。二等車の窓には目の細かい網戸が入っていたが、これを下ろすと窓外の景色がよく見えなくなるし、粒の大きい石炭滓《かす》は防げても砂のように小さいのや煙は容赦なく侵入してくる。

眼に石炭滓が入る。瞼《まぶた》の裏がゴロゴロする。汽車の思い出というと、眼に入った煤煙がつきまとう。私の眼はとくに大きくも出っ張ってもいないが、よく煤煙が飛びこんだ。進行方向に向って坐って外ばかり見ていたからであろう。

石炭滓が入ると、つい手で眼をこする。母が「目玉に傷がつく」と言ってその手を払う。ハンカチを取り出して端に唾液《だえき》をつけ、私の瞼を裏返して拭《ぬぐ》う。うまく取れることもあるが取れないときもある。すると「涙を出しなさい。そうすれば自然に取れる」と言う。とにかく教科書の「關東平野がうらゝかに……」とはだいぶちがった。

この急行新潟行の高崎着は10時50分であった。上野からの所要時間はちょうど一〇〇分である。上野―高崎間は一〇一・四キロだから一キロを一分弱、つまり時速六〇キロを少し上回っている。それが嬉《うれ》しい。

時刻表は一分単位で示され、駅間距離はキロで示されている。列車の速度を知ろうとする場合、駅間の所要時分で距離を割るわけだが、いちばん計算の簡単なのは、もちろん「一分の一」つまり時速六〇キロの場合である。

粁程	驛名＼列車番號＼行先	新潟行 秋田行 703	新潟行 709	長岡行 715	長岡行 717	長岡行 719	水上行 721	新潟行 秋田行 701	長岡行 723	新潟行 705	長岡行 725	新潟行 707	長岡行 727
0.0	上野 發 (184頁)	10 35	11 30	…	…	5 15	7 10	9 10	8 40	11 35	0 30	1 55	4 15
9.6	赤羽 〃	10 52	11 47	…	…	5 32	7 25	9 23	8 55	11 48	0 45	2 10	4 30
26.7	大宮 〃	11 14	0 09	…	…	5 52	7 45	9 42	9 15	0 07	1 05	2 30	4 53
101.4	高崎 著	1 04	1 58	…	…	7 36	9 29	10 50	11 12	1 27	2 49	4 14	6 37
101.4	高崎 發	1 10	2 04	(十日町發7 05第三二列車ヲ越後川口ヨリ併結)	6 10	7 42	9 35	10 57	11 18	1 33	2 55	4 20	6 44
108.7	新前橋 〃	1 21	レ		6 20	7 53	9 45	11 08	11 28	1 43	3 05	4 31	6 54
113.5	群馬總社 〃	2·3	レ		6 28	8 02	9 52	急行	11 35	1 51	3 13	4 39	7 02
119.1	八木原 〃		2 35		6 38	8 15	10 01	レ	11 44	2 01	3 23	4 49	7 10
122.5	澁川 〃	1 42	2 45		6 44	8 25	10 06	11 27	11 49	2 07	3 29	4 58	7 16
128.9	敷島 〃	レ	レ		6 55	8 38	10 16		11 59	2 18	3 43	5 12	7 26
137.7	岩本 〃	レ	レ		7 09	8 54	10 29		0 12	2 32	3 57	5 25	7 41
142.8	沼田 〃	2 18	3 23		7 19	9 09	10 39	11 57	0 22	2 42	4 10	5 34	7 51
148.0	後閑 〃	レ	レ		7 29	9 22	10 48	レ	0 31	2 52	4 21	5 48	8 06
155.1	上牧 〃	レ	レ		7 42	9 39	10 59	レ	0 42	3 05	4 36	6 01	8 11
160.5	水上 著	2 50	4 01		7 52	9 51	11 09	0 24	0 52	3 15	4 50	6 13	8 21
	水上 發	2 57	4 18	5 39	7 57	9 57	…	0 30	0 57	3 21	5 00	6 21	8 29
167.3	湯檜曽 〃	レ	4 32	5 51	8 11	10 12	…	レ	1 10	3 35	5 18	6 34	8 43
170.7	土合 〃	レ	4 39	レ	8 18	10 20	…	レ	1 18	レ	5 25	6 45	レ
…	土樽(信號場) 〃	レ	レ	レ	レ	レ	…	レ	レ	レ	レ	レ	レ
188.8	越後中里 〃	レ	5 04	6 22	8 42	10 46	…	レ	1 40	4 03	5 48	7 07	9 11
195.6	越後湯澤 〃	レ	5 13	6 31	8 51	10 55	…	レ	1 49	4 12	6 02	7 16	9 20
202.0	石打 〃	4 06	5 30	6 47	9 08	11 09	…	1 30	2 03	4 25	6 15	7 30	9 33
209.3	鹽澤 〃	レ	5 41	6 57	9 19	11 21	…	レ	2 13	4 35	6 24	7 39	9 42
213.2	六日町 〃 (十日町線一一九三頁)	レ	5 48	7 03	9 28	11 27	…	レ	2 20	4 42	6 30	7 45	9 48
219.9	五日町 〃	レ	6 00	7 12	9 38	11 36	…	レ	2 32	4 53	6 39	7 55	9 57
225.3	浦佐 〃	レ	6 11	7 20	9 46	11 44	…	レ	2 39	5 03	6 46	8 03	10 04
233.6	小出 〃	レ	6 24	7 31	9 57	11 55	…	レ	2 52	5 13	6 56	8 13	10 15
236.1	越後堀之内 〃	レ	6 30	7 35	10 02	0 01	…	レ	2 58	5 18	7 01	8 18	10 19
244.2	越後川口 〃	4 57	6 43	7 50	10 16	0 14	…	2 13	3 19	5 29	7 12	8 31	10 30
250.8	小千谷 〃	5 09	6 56	8 01	10 27	0 24	…	2 23	3 29	5 39	7 22	8 41	10 41
258.0	越後瀧谷 〃	5 20	7 07	8 11	10 37	0 33	…	レ	3 39	5 48	7 31	8 51	10 51
264.0	宮内 著	5 28	7 16	8 18	10 45	0 41	…	2 37	3 46	5 56	7 39	8 59	10 58
264.0	宮内 發 (信越本線一一八六頁上リ)	5 30	7 17	8 20	10 47	0 43	…	2 38	3 47	5 57	7 40	9 01	11 00
267.0	長岡 著 (信越線185頁)	5 35	7 22	8 25	10 52	0 48	…	2 43	3 52	6 02	7 45	9 06	11 05
290.2	東三條 〃	6 20	8 11				…	3 15		7 05		10 11	
315.1	新津 〃	6 58	8 51	…	…	…	…	3 43	…	7 45	…	10 54	…
332.1	新潟 〃	7 35	9 22	…	…	…	…	4 10	…	8 20	…	11 31	…
…	鶴岡 〃 (羽越線200頁)	10 20		…	…	…	…	6 31	…		…		…
…	秋田 〃	1 42	…	…	…	…	…	9 06	…	…	…	…	…

上越線と急行新潟行。ジャパン・ツーリスト・ビューロー版『汽車時間表』昭和12年7月号より

当時、日本でいちばん速く走っていたのは言うまでもなく「燕」で、東京—神戸間五八九・五キロを八時間三七分で走破していた。時速六八・四キロである。これを「表定速度」と言い、途中駅での停車時間まで含めてあるから実際に走っているときの速度は、これよりずっと速いわけで、「燕」の場合は最高九五キロまで出していたが、一応「表定速度」が列車の速度をあらわす基準になっている。

その列車が走る全区間の表定速度が六〇キロを超えていたのは、六八・四キロの「燕」と六五・七キロの「鷗」だけだった。「富士」や「櫻」は神戸までは「鷗」並みの高速で走ったが、単線区間の多い山陽本線に入るとめっきり速度が落ちて、終着下関までの全運転区間の表定速度は六〇キロをわずかに割ってしまっていた。そういうこともあって、表定速度が六〇キロを超えると、高速を象徴しているような気がして嬉しかったのである。もとより、その列車の「全区間」を平均しての表定速度の話であるから、部分的には六〇キロを超えることは珍しくなかった。

急行新潟行は高崎までの間に赤羽《あかばね》、大宮、熊谷《くまがや》に停車する。上野から赤羽まではゆっくり走ったし、駅の前後での減速もある。それらをすべて含めたのが「表定速度」であるから、関東平野のまっただなかを快走しているときの時速は表定速度を大きく上回る。時刻表少年の私としてはそれを知りたい。そのために秒針のついた父の懐中時計を借りてきていた。

列車速度の計測法は二つあった。一つは、線路際に五〇〇メートルごとに立っている「距離標」の通過時間を計る方法である。距離標と距離標との間の所要時間が三〇秒であれば時速六〇キロ、二五秒ならば七二キロとなる。この方法は現在でも通用するが、距離標は線路の片側、つまり下り列車の場合で言うと左側にしか立っていないので、右側に坐った場合は見えない。トンネル内で見つけるのは最後尾のデッキに立たないかぎり、まず不可能であったし、鉄橋上や駅の構内、電柱の陰にあるのなども見落しやすいという欠点があった。

もう一つの計測法は、線路の継目の音である。今日ではレールの長さがまちまちになり、ロングレールなども敷かれてこの方法は通用しなくなったが、当時のレールは一〇メートルに統一されていたのでぐあいがよかった。計測法は簡単で、三六秒間に継目の音がいくつ聞えたかを数えれば、その数が時速を示す。三六秒間に六〇ならば時速六〇キロである。三六秒は一時間の一〇〇分の一であり、一〇メートルのレールは一〇〇本で一キロだから換算の必要はなかった。

私は時速を計っては母に告げたが、母が相手では張合いがなかった。兄がいれば速度の当てっこができるのにと残念だった。

そのとき、どのくらいの速度で走っていたかは覚えていないが、時刻表から推定すると最高八五ないし九〇キロぐらいと思われる。現在の高崎線は最高一二〇キロであるから、相当に差があるが、スピード感はむしろ当時の九〇キロのほうがあったように思う。というのは、台車のバネ、レールや枕木《まくらぎ》などが今日とはちがうので震動がはげしく、開けた窓から吹きこむ風、そして蒸気機関車の響きも加わって、精一杯の全速力で走っているような感じをあたえたからだろう。とくに機関車のピストンからシュッシュッと吹き出す蒸気の音には、俺は速いんだぞと威張っているような響きがあり、それが速度感を盛り上げた。

　高崎では七分停車して機関車を交換する。ホームを駅弁売りが行き交う。高崎の駅弁では「鳥めし」が有名だったが、母のつくったノリ巻があるから買ってもらえない。しかし、よほど暑かったからであろう、母はアイスクリームを買った。

　それは駅弁のミニチュアのような薄い木の折に詰めたアイスクリームであった。舌ざわりはクリームではなくてシャリシャリしており、今日で言うシャーベットに近かった。味は澱粉質《でんぷんしつ》で、ジャガイモがおもな原料であるという噂《うわさ》もあったがさっぱりした感触は夏向きだった。駅売りのアイスクリームはすべてこれであった。

　アイスクリームは暑い季節だけしか売っていなかったと思う。すくなくとも、今日のように冬でもアイスクリーム売りが来ることはなかった。

高崎のつぎの新前橋を過ぎると列車の速度がめっきり遅くなった。高崎まで快速で飛ばしてきた列車とは思えないような鈍速になった。上り勾配《こうばい》にかかったからである。

　この列車は上野発午前9時10分、新潟着が午後4時10分、ちょうど七時間かかっている。上野―新潟間は三三二・一キロ、したがって表定速度は時速四七・四キロでしかない。高崎まで時速六〇・八キロで走りながら全区間の平均ではこんな低い数字になるのだから、高崎から先がいかに鈍速であるかがわかる。

　現在の特急「とき」の上野―新潟間の所要時間は四時間一〇分ないし一五分で、表定速度は約七八キロとなる。複線化にあたって、ループ線のない新清水トンネルの掘削をはじめとして、急カーブをなくすための線路のつけ替え、さらに全線の複線電化など、上越線の近代化が積極的におこなわれた結果とはいえ、四七キロと七八キロとでは格段の差がある。現在は各駅停車の鈍行電車でさえ、表定速度四七キロ前後で走っているのである。

　かように急行701列車新潟行は今日とは隔世の感のある鈍速急行なのだが、当時としては上越線を走る唯一の急行列車であり、食堂車を連結した優等列車であった。車両も新しい鋼鉄製で、木造車のようにギシギシと軋《きし》むこともなかった。

　渋川に停車した。鉄骨の片持ち屋根が堂々とホームに張り出した格式ありげな駅であった。二等車からは、いかにもお金持らしい家族連れが一組降りた。他の車両からも二、三組下車したのであろう、眼の前の改札口から一〇人ほどの客が出て行った。みんな身なりのよい人たちで、私と同い齢ぐらいの男の子はハンターのような厚手の長い靴下をはいていた。

たったこれっぽっちの客のために、わざわざ急行が停車するのか、と私は思った。また、渋川まで急行に乗るなんて贅沢《ぜいたく》な人たちだなあ、とも思った。当時の急行料金の区分は四〇〇キロまでが最短区間で、三等が六五銭、二等が一円三〇銭であった。したがって、上野からわずか一二二・五キロの渋川で降りても、三三二・一キロの新潟まで乗っても、急行料金は同額であった。当時、急行列車に乗るということは長途の旅行を意味していたし、東京からの場合、すくなくとも名古屋、長岡、新潟、福島、仙台あたりまで乗るのが常識だったと思う。

渋川で降りた贅沢な客たちは伊香保《いかほ》へ向ったのであろう。東北・上信越方面で高級な所といえば、避暑地は軽井沢、観光地は日光、温泉では伊香保であった。

渋川を過ぎると利根川の渓谷に沿いはじめた。まだ谷の幅は広いが、川が湾曲するところでは高い崖《がけ》ができていて、鉄橋を渡り終ったとたんにトンネルに入る。猛然と煙が入ってきて、もう窓を開けていられなかった。というより、近くの席にいた乗客が飛んできて、私の窓を手荒く閉めたような気がする。男の子なら誰でも覚えがあるだろうが、汽車の窓を開けていて他の乗客に叱《しか》られたり、有無を言わさず閉められた記憶は幾度もある。

　それでも私は、トンネルを出ると窓を開けたらしい。通過駅でのタブレット交換の様子が印象に残っている。窓から首を出して前方を眺めていると、機関車から丸い輪っぱが突き出てくる。それがホームのはしに立てられた螺旋《らせん》状のタブレット受けにひっかけられ、くるくると回る。つぎに、駅の助役が手にしたタブレットが機関士の腕にホイと掛けられる。タブレットの交換は単線区間独特の情景であるが、急行列車は走りながらおこなうので、面白い。機関士から駅へ渡すときも、タブレット受けではなく、直接助役へ渡すこともあり、腕にひっかかったタブレットの輪がくるりと回転するさまは恰好《かっこう》がよかった。

　もっとも、真鍮《しんちゅう》のタブレットの入った部分が背中にどんと当るので、肋膜炎《ろくまくえん》にかかる助役がいるという話をのちになって聞いた。

　つぎの停車駅沼田を過ぎると、谷が挟まった。勾配も急になり、速度はますます遅くなった。蒸機の音も、シュッシュッとヴォッヴォッとがはっきり聞き分けられるようになってきた。蒸気機関車が急勾配を登るときは「なんだ坂、こんな坂」をゆっくり唱えながら力むのだと誰からともなく教えられていたが、それによく似ていた。

　列車は、舐《な》めるようにのっそりと小駅を通過した。関東平野を疾走したときとは別の汽車のようであった。

左窓に水上峡を見下ろすうちに、谷を挟んで温泉旅館が立ち並びはじめ、午後0時24分、水上に着いた。「みなかみ」の駅名標を見たとき、とうとう来たなと私は思った。

水上では六分停車する。この間に蒸機をはずして電気機関車につけ替えるのである。機関車のつけ替えが終るまでは絶対に発車しないから大丈夫だと母に言って、私はホームに降りた。山峡《やまかい》の水上駅は涼しかった。

構内には架線が張りめぐらされ、前方には数台の電気機関車が待機していた。そのうちの一台が接近してきて先頭に連結される。にわかに急行新潟行は東海道本線のようなモダンな列車になった。電気機関車は鉄道の最先端を象徴する存在であった。

当時、国鉄の電化区間はごくわずかだった。「省線」と呼ばれていた現在の国電の走る区間、電車ではあるが列車並みの車両編成で格調の高かった横須賀線、東海道本線の沼津まで、中央本線の甲府まで、信越本線の横川―軽井沢間、そしてこの上越線の水上―石打間だけであった。発電所を爆撃されたらひとたまりもないと、軍が電化に反対していたからだという。

水上―石打間が電化されたのは、言うまでもなく清水トンネルのためであった。長大なトンネルを蒸気機関車で抜けようとすると、機関士が煙に巻かれて失神するなどの事故が起るからである。

電気機関車特有の甲高《かんだか》い警笛を山峡にひびかせて急行新潟行は水上を発車した。出足は蒸機にくらべて格段に速かった。

私たちが坐っていたのは右側の座席であった。もう煙は入らないので思いきり窓を開け、前方を凝視していると、まもなく右手前方の山肌の一段高い位置に電柱の列が見えてきた。これから通るループ線の出口である。けれども、その位置は思ったほど高くはなかった。ループ線でひと回りするのだからよほど高いところまで登るのだろうと想像していたが、意外に低かった。このくらいの高低差でもループ線にしなくては前へ進めないのか、と私は思った。

ループ・トンネルに入った。が、これも少し予想とちがった。ぐいぐいと右へ急カーブしながら急坂を登るのだろうと思っていたのだが、それほどでもない。右へ右へと曲って進んではいるが、さして急カーブではなく、勾配もきついとは思われない。こんな調子ではよほど大回りをするのだろう、ようやく三分の一くらい回ったかな、磁石を持ってくれば針が一回転するのが見られたのに、などと思ううちに早くもトンネルを出た。そして、もう一つ短いトンネルを抜けると、反対側の窓の下にいま通ってきた線路が見えていた。あっけなかったが、上から見下ろすと、かなり高い位置まで登ってきたように感じられた。

不思議な思いがしたのは、ループ線を一所懸命に眺めているのは私だけで、他の客は窓の外など熱心に眺めないことであった。そんなものかと私は思った。列車は土合《どあい》駅を通過すると、警笛を鳴らして勢いよくトンネルに突入した。待望の清水トンネルに入ったのである。けれども、『國語讀本』に書いてあったとおり「中にはいれば、何の不思議もない。たゞ暗やみの中をごう〳〵と走るばかり」であった。

第6章　御殿場線907列車――昭和14年

「軍隊の汽車の乗り方はちがうんだ。お前たちの修学旅行のように誰それ君といっしょの席に坐《すわ》りたい、なんてことは許されない」

と配属将校が言う。

そして、運動場の砂地の上に靴の先で座席の見取図を描き、坐り方を教える。まず先頭の者が入口に近い右側の座席の窓際、前向きに坐る。二人目はその向い側、三人目は一人目の隣、四人目はその向い側、五人目は反対側の四人掛けの窓際に前向き、という順序である。

中学一年生になったばかりの私たちは、配属将校に叱《しか》られながら、運動場の上で向い合って立ったり、背中合わせになったりしながら「汽車の乗り方」の練習をした。昭和一四年、富士の裾《すその》野での野外演習が迫った九月のことであった。

中学に入ると「教練」、つまり軍事教育の課目があり、週二回、カーキ色の教練服にゲートルを巻いて訓練を受けた。

まず運動場に二列横隊に並ぶ。最右翼に立った級長が「右へならえ！」と号令する。私たちは左手を腰に当て顔を右へ向けて隊伍《たいご》を整え、配属将校が現われるのを待つ。

配属将校が姿を見せると、「気をつけ！」の号令がかかる。私たちは音を立ててカカトを揃《そろ》え、直立不動になる。つぎは配属将校への敬礼である。右寄りにいるときは「カシラー、右！」、左寄りのときは「カシラー、左！」、中央の場合は「注目！」で、いっせいに顔を向けて配属将校の眼を見つめる。全員の動作が揃わないと、やり直しを命じられる。

ところが、右か左の場合は「カシラー」という序唱があるから「ヨーイ、ドン」のように揃うのだが「注目」だと序唱がないから揃いにくい。何回もやり直しをさせられる。私たちは、子ども心にも不合理だと思っていたが、のちに「カシラー、中《なか》」に改められた。

全員の敬礼が揃うと、配属将校は挙手の答礼をしながら隊列を見渡し、「休め！」と言う。私たちはパッと左足を前へ出す。

つぎに配属将校から精神訓話や今日の課目の説明がある。そんな話のなかで「畏《かしこ》くも……」という言葉があれば、つぎに出てくるのは「天皇陛下におかせられましては」であるから、号令をかけられなくても各自すばやく「気をつけ」の姿勢をとる。

その日の課目は野外演習に行くための汽車の乗り方であった。

野外演習は「教練」の規模を大きくしたようなもので、年に一回おこなわれていた。行先は富士の裾野、那須《なす》、習志野《ならしの》などで、廠舎《しょうしゃ》に三泊か四泊かして、ひたすら軍事教練を受けるのであった。

野外演習に連れて行かれるのは中学三年からが普通であったが、私の入った中学では一年生、二年生も参加させていた。もっとも、三八《さんぱち》式や村田《むらた》式の歩兵銃をかついで演習らしい恰好《かっこう》をするのは三年生以上で、私たちは背嚢《はいのう》代りのリュックザックに水筒だけ、という山登りにでも行くような恰好であった。

九月一六日、私たちは東京駅の表口、つまりいまの丸の内側に集合した。午前八時頃だったと思う。

何時の列車に乗ったか覚えていないが、国府津《こうづ》で御殿場線の列車を待つ間に下りの「燕」が通過して行ったから、東京発8時25分の伊東行に乗ったにちがいない。

御殿場線の列車は国府津発10時30分の沼津行907列車である。私たちは仕込まれたばかりの例の軍隊式乗車法で、板張りの背もたれの旧式な車両に乗りこんだ。丹那《たんな》トンネルが開通して東海道本線の座を熱海経由に譲っていらい、御殿場線はローカル線になり下っていた。

山北《やまきた》を過ぎると御殿場まで約二〇キロにわたって一〇〇〇分の二五の急勾配《こうばい》がつづく。速度はおそくなりトンネルが多くなる。しかも蒸気機関車は精一杯炭を焚《た》くから煙が車内に充満する。電車に慣れた私たちの眼に異物が入る。石炭の燃え滓《かす》である。眼をこする者、瞼《まぶた》をパチパチする者、窓を閉めろと怒鳴る者、賑《にぎ》やかだった車内はますます騒がしくなった。

私はいくらか汽車に乗り慣れているほうだから、トンネルに入ると薄目にする。こうするとマツ毛に石炭滓が当っても眼には入らない。それに、滓の除去法も経験がある。眼をこすったりしても取れない。それどころか目玉に傷がつく。こすっちゃ駄目だと注意し、相手の瞼をひっくり返して石炭滓を探す。見つかるとハンカチの端にツバをつけて取ってやる。そのうち、あいつのところへ行くと煤煙《ばいえん》をとってくれるぞ、というので、私は眼医者のようになった。

そうしていると、滓が眼に入りやすい者とそうでない者とのいることがわかってきた。メガネをかけている者は、まず入らない。それはそうであろう。しかし、アダ名が「出目《でめ》金《きん》」であっても入りやすいとはかぎらない。細目の奴でも結構入るのである。反射神経の良し悪しと関係があるらしい。それに、何人もの瞼をいじくっていると、マツ毛の長さや密度にも差異がある。

当時の時刻表によれば907列車の御殿場発は11時32分となっている。着時刻は載っていない。

私たちは駅から隊伍を組んで歩き、町はずれの浅間《せんげん》神社の境内で持参の弁当を開いた。

十一年十二月十一日訂補　**國府津・御殿場・沼津間**（御殿場線）　東海道 二・三

沼津行

粁程	驛名		901	903	905	907	909	911	913	815		915
0.0	國府津	發	5 30	7 05	8 50	10 30	0 25	1 58	4 00	5 35	東京發 4 00	7 15
3.8	下曾我	〃	5 37	7 12	8 57	10 37	0 32	2 05	4 07	5 42		7 22
10.2	松田	〃	5 46	7 21	9 06	10 46	0 41	2 14	4 16	5 51		7 31
15.9	山北	〃	5 57	7 32	9 17	10 57	0 52	2.25	4 27	6 02		7 42
24.6	駿河	〃	6 12	7 47	9 32	11 12	1 07	2 40	4 42	6 17	…	7 57
35.5	御殿場	〃	6 32	8 07	9 52	11 32	1 27	3 00	5 02	6 37	…	8 17
50.7	裾野	〃	6 51	8 26	10 11	11 51	1 46	3 19	5 21	6 56	…	8 36
55.6	下土狩	〃	6 58	8 33	10 18	11 58	1 53	3 26	5 28	7 03	…	8 43
60.2	沼津	〃	7 05	8 40	10 25	0 05	2 00	3 33	5 35	7 10	…	8 50

國府津行

粁程	驛名		808	902	904	906	908	910	912	914	916	918
0.0	沼津	發	5 27	7 50	9 40	11 40	1 26	3 10	4 53	6 20	7 50	9 20
4.5	下土狩	〃	5 34	7 57	9 47	11 47	1 33	3 17	5 00	6 27	7 57	9 27
9.5	裾野	〃	5 44	8 07	9 57	11 57	1 43	3 27	5 10	6 37	8 07	9 37
24.7	御殿場	〃	6 13	8 37	10 27	0 27	2 12	3 57	5 39	7 07	8 37	10 07
35.6	駿河	〃	6 27	8 51	10 41	0 41	2 26	4 11	5 53	7 21	8 51	10 21
44.3	山北	〃	6 39	9 03	10 53	0 53	2 38	4 23	6 05	7 33	9 03	10 33
50.0	松田	〃	6 48	9 12	11 02	1 02	2 47	4 32	6 14	7 42	9 12	10 42
56.4	下曾我	〃	6 56	9 20	11 10	1 10	2 55	4 40	6 22	7 50	9 20	10 50
60.2	國府津	著	7 02	9 26	11 16	1 16	3 01	4 46	6 28	7 56	9 26	10 56

御殿場線。ジャパン・ツーリスト・ビューロー版『鉄道省編纂時間表』昭和14年9月号より。下りは最終までの3本、上りは昼間帯の3本を除いて抄録。この年の4月から『汽車時間表』は『鉄道省編纂時間表』と改題され、同時に、用紙節約のため従来の大型判からA5判に縮小された

富士の裾野の演習場は広大で、そのあちこちに廠舎がある。今回の宿舎は駒門《こまかど》廠舎で、駅から真南へ約四キロほどの地点にあった。沼津へ向う御殿場線も富士と箱根の裾が接する黄瀬《きせ》川の浅い谷に沿って南下しているので、私たちは線路に並行する街道を砂塵《さじん》を巻き上げて歩いた。いまの国道二四六号線である。

当時の御殿場線は駅が少なく、とくに御殿場からつぎの裾野駅までは一五・二キロもの駅間距離があった。現在はこの区間に南御殿場、富士岡、岩波の三駅が設置されており、富士岡で下車すれば駒門まではすぐである。

一時間ばかり歩くと「歩調とれえ」の号令がかかる。私たちは砂ぼこりを蹴《け》たてて廠舎の門を入った。本物の兵隊が入

口に立っていた。

門のなかには木造カマボコ型の長大な平屋が幾棟も並んでいた。その二棟で二四〇人もの生徒を収容してしまうのだから大きな建物である。ただし、住居としては最低のもので、中央に通路があり、その両側に一段高く板張りの寝床が並んでいるだけであった。ここで三泊した。

午前六時に起床ラッパが鳴る。起きろよ起きろよ、みんな起きろー、起きないと班長さんに叱られるー、と聞えるあの起床ラッパである。

これが吹かれるまでは絶対に起きてはならぬ代りに、ラッパが鳴ったら一瞬たりとも寝ていてはならない。ガバとはね起きて大急ぎで毛布をたたみ、服を着てゲートルを巻き、洗面所でひしめき合いながら顔を洗い、表に整列する。整列競争なのである。解けたゲートルを引きずって走ってくる者もいる。これはちゃんと巻きなおさないと整列したことにならない。

組ごとに整列が終ると、級長が「何年何組全員集合！」と先を争って配属将校に報告する。一番になった組は得意であり、ビリの組はしょんぼりした。この整列競争は案外面白かった。起床ラッパが鳴ってから全員の整列が終るまで五分とはかからなかったと思う。

それから食堂で朝食。凸凹《でこぼこ》のアルミ碗《わん》に手荒く盛られた一飯一汁で、卓のところどころに沢庵《たくあん》が山盛りにされていた。

演習、といっても兵隊ごっこの規模を大きくしたようなもので、これが午前と午後の二回おこなわれた。二軍に分れて別行動をとり、一、二時間後に遭遇して突撃したりするのであるが、同じ学校の生徒同士であっても遠くの稜線《りょうせん》にちらほら姿が隠見すると「敵」に見え、緊張した。

三日目の九月一八日は大雨であった。私たちは合羽《かっぱ》を着て整列し、北白川台《きたしらかわだい》とか梧郎塚《ごろうづか》とか名付けられた丘をめぐって攻防戦を展開した。

「非常呼集」というのもあった。一回だけだが真夜中に起されるのである。敵の夜襲を受けたという想定での非常呼集だからいつかはわからない。勝手を知った上級生たちが「今晩あたりだぞ」と予想する。それがはずれているうちに最後の晩になり「非常呼集」がかかった。午前三時であったが、だいたいこの時間と決っているのだそうだ。というのは、そのあと「払暁戦《ふつぎょうせん》」もやるので、この時間に起すのが適当なのである。

三泊のうち一回だけで、しかも午前三時と決っていれば「非常呼集」と言えるほどのものではないが、とにかく全員いっせいに飛び起き、枕元に置いてあった懐中電灯をたよりにゲートルを巻き、暗い戸外に整列する。それから二軍に分れて富士の裾野をさまよう。星しか見えない荒蕪地《こうぶち》を進むので、どこをどう歩いているのかわからなくなる。もちろん両軍の指揮官、つまり二人の配属将校は何時頃にどこで落ち合うかは示し合わせているのだろうが、それまでの時間つぶしにあちこち引き回される私たちは皆目わからない。

そのうちに空が白みはじめ、箱根、愛鷹《あしたか》山、そして富士の稜線がおぼろに見えてくる。

敵軍との遭遇が近づいたのであろう、いっさいの私語を禁じられる。

「夜明け前は一日のうちでいちばん静かな時なんだ。ささやき声でも一キロ先の敵に聞かれてしまうのだぞ」

と配属将校が言う。私たちは鞭声粛々《べんせいしゅくしゅく》、黙々と歩いた。富士の頂きだけに日がさし、あたりが薄明るくなった頃、敵と遭遇し、鬨《とき》の声をあげて突撃した。そして二メートルぐらいの間隔をおいて互いに立ち止ると演習は終った。これが払暁戦であった。

隊伍を整え、配属将校の講評を聞くうちに、朝日を浴びた富士がぐんぐん下へ広がって、あたりが明るくなった。

蒸気機関車の音が南の方からかすかに聞えてくる。力強いが速度の遅いことを示す、あの独特の刻むような音である。上りの一番列車であろう。

当時の時刻表によれば、裾野発5時44分、御殿場発6時13分となっているから駅間距離が一五・二キロもあるとはいえ、相当な鈍速である。下り列車の場合はこの区間を一九分で走るから一〇分もの差がある。一〇〇分の二五の急勾配のせいである。

朝霧の富士の裾野の果てから地鳴りのようにかすかに伝わってくる蒸気機関車の音は、

いっこうに近づいてこない。停ったまま音だけ発しているかのようにさえ思われた。

それでも、しだいに音は近づいてくる。列車の姿は見えないが、富士と箱根の二つの裾が接する黄瀬川の浅い谷の間から、黒煙が現われた。機関車の一息ごとに一列に仕掛けた地雷が破裂するかのごとく、灌木《かんぼく》の茂みから煙が一歩一歩刻むように吹き出し、接近してきた。

演習中、上り列車の音は幾度も聞いた。しかし、下り列車の記憶はない。下り勾配を楽々と走り去ってしまうからであろう。

午後九時が近づくと就寝の準備である。備えつけの毛布を敷きつめ、その上に持参のノミ取り粉を撒《ま》く。ノミ取り粉を持参せよとの学校からの指示はなかったが、ほとんどの生徒が円盤状の缶を持ってきていた。円盤の両面を押さえるとペコッという音がして側面の小さな穴からキナ臭い粉が吹き出す。吸いこんで噎《む》せる者もいる。

このノミ取り粉の効果については疑わしかった。撒かなければもっとノミに食われたのかもしれないけれど、どんなにたっぷり撒いてもノミは確実に現われた。

ノミは内股《うちまた》あたりの皮膚のやわらかいところを好むようであった。朝起きるとそのあたりに針で刺したような赤い点々が無数に見られた。

また、ノミに食われやすい体質の者と、そうでない者とがあった。色白で皮膚の薄そうな者がかならずしも好餌《こうじ》となるわけではなく、人間の眼から見ると、どうしてこんな不味《まず》そうな奴がと思われる者でも散々にやられた。どういうタイプがノミに好かれるのかは判《わか》りがたかったが、食われやすい生徒の両隣に寝た者は被害が少ないようであった。

午後九時ちょうど、消灯ラッパが鳴る。家が恋しくなるような物哀しい調べが闇《やみ》を伝ってくる。私たちは電灯を消し、ノミの待機する毛布のなかへといっせいにもぐりこむ。一日じゅう山野を駆けめぐった疲れで、すぐあちこちから鼾《いびき》が聞えはじめる。けれども、わずか二、三分でも眠りそびれると、もう腋《わき》の下や内股のあたりが痒《かゆ》くなる。ボリボリと体を掻《か》く音、チクショウとつぶやく声、あらためてノミ取り粉を撒いているのであろう。ペコペコという缶の音もする。ガラス窓に顔を寄せて月明りの外を眺める者もいた。そうしていると、沼津からの終列車が上ってくる。裾野発9時37分の918列車である。地の底を掘り進むような重い終列車の音は、今日のことはすべて終ったのだ、早く眠れと言うかのようであった。

第7章　急行601列車信越本線経由大阪行——昭和16年

昭和一二年七月にはじまった日中事変とその拡大は、せっかく築き上げた旅客サービス・ダイヤを、徐々に、やがて急激に突き崩していった。

大正末期の不況いらい、スピード・アップ、優等列車の増発、車両の改良、三等寝台車の新設や急行券不要の準急列車の運転など大衆客へのサービス、さらには遊覧券の発売など観光客誘致にまで手を染めた鉄道省であったが、日中事変の拡大による軍事輸送や大陸への交通量の増大、貨物や軍需工場への通勤客の激増等々に対処するため、それまでの「旅客誘致型」から「国策輸送型」へと態勢を変えさせられることになった。

このことは当然、時刻表に反映した。

まず、昭和一二年一二月一日にはガソリン節約のため省営自動車とガソリンカーの運転回数が削減された。

同じ月の一五日には、白浜口《しらはまぐち》行、高山行、日光行など、遊楽用準急列車が廃止となった。

時刻表に現われない転換も数多いが、貨物列車用として設計され、昭和一一年に一号機の完成を見たＤ51（デゴイチ）形蒸機は、貨物輸送の激増とともに量産に移され、昭和二〇年までに実に一一一六台もつくられた。同一形式の蒸機で千台以上も製造されたのはＤ51だけである。

　昭和一三年四月一日に公布された国家総動員法は、戦時体制に対応するため人や物資の統制権、動員権を政府に与えようとするものであった。これによって発動されたものとしては「国民徴用令」をはじめ「国民職業能力申告令」「価格等統制令」など数多く、鉄道もこれらの「新体制」に副《そ》うべく変化を余儀なくされた。「陸上交通事業統制法」は国家総動員法公布の翌日、すなわち昭和一三年四月二日の公布となっている。

　昭和一四年一一月一五日のダイヤ改正では、急行列車と通勤列車の増発がおこなわれた。大陸への往来をはじめとする長距離客や軍需工場への通勤客が増加したためである。

　大陸との往来が頻繁になったことは私など少年にも身近かに感じられた。小学五年から六年にかけて、級友のうち二人が北京《ペキン》や朝鮮へ転校して行ったし、中学一年の夏休みには父親の仕事の関係で満洲へ行ってきたという者も現われた。

　軍需工場への通勤客の増加は、いっそうはっきりしていた。

　昭和一四年の四月に私が入学した中学校は東京の西郊吉祥寺《きちじょうじ》駅から徒歩一五分、五日《いつか》市《いち》街道に沿う閑静な地にあった。入学試験を受けに行ったときは、なんたる田舎の学校か

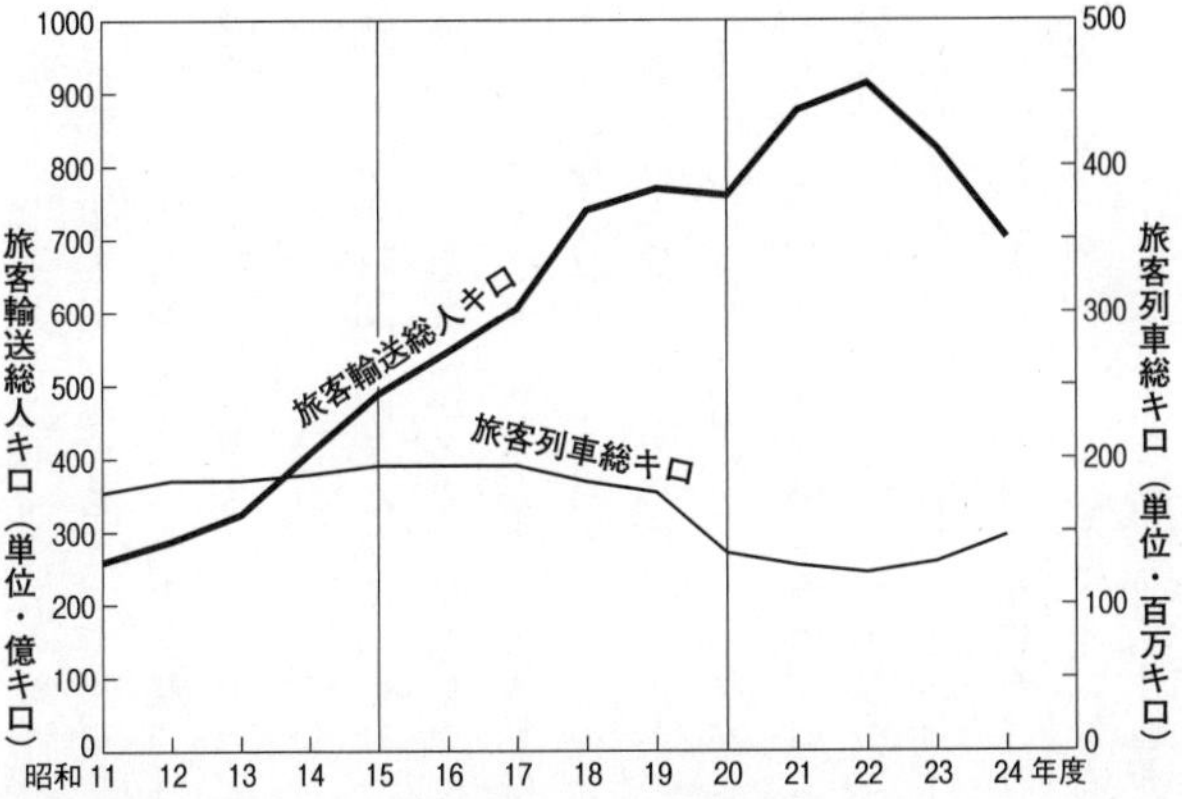

旅客の激増ぶり。とくに戦後の3年間は大混雑であった

と思ったし、校歌の歌い出しも「土のはぐくむ武蔵原野の林」であった。一般に校歌の文句は自然環境のよさを強調したものが多いけれど、私の中学校の場合は、それがさして誇張とは感じられなかった。

ところが、学校のすこし先にあった中島飛行機の工場が拡張されると、通勤する工員がにわかに増えた。朝のラッシュ時になると、それまでは走って渡れた吉祥寺駅の跨線橋《こせんきょう》が工員たちでひしめくようになり、遅刻しないためには一電車早いのに乗るか、駅から学校まで走るかしなければならなくなった。

このような長距離客や通勤客の増加に対応した昭和一四年一一月のダイヤ改正は、東海道本線の上り夜行急行のスピード・ダウンという結果をもたらした。というのは、湘南地方からの通勤列車を増発したため沼津―大船間の運転頻度が過密になり、急行が各駅停車の通勤列車を追い越すことができなくなったからである。

一本の線路の上に速い列車と遅い列車とを共存させるには、その速度差の分だけ運転間隔のゆとりを必要とする。したがって列車の増発により運転間隔が狭まれば、その分だけ速度差を少なくしなければならないわけである。それの極限が「並行ダイヤ」で、急行も鈍行も所要時間が同じになる。今日、大都市近郊の私鉄は朝のラッシュ時に並行ダイヤで運転しているものが多く、特急や急行に乗っても鈍行に踵《きびす》を接してノロノロ運転をするのでイライラさせられるが、この最初の形が昭和一四年一一月のダイヤ改正によって東海道本線に現われたのであった。

東海道本線の上り夜行急行の何本かが沼津―大船間でノロノロ運転をし、所要時間が一五分ないし三五分増えたぐらいは大したことではないだろう。けれども、明治五年いらい、ひたすらスピード・アップをつづけてきた国鉄としては異例のことであった。時刻表の愛読者であった私は淋《さび》しい気持がした。

その翌年、昭和一五年一〇月一〇日のダイヤ改正は、この傾向をさらにおし進めたものであった。急行や通勤列車が増発された反面、観光地行き準急の廃止や鈍行への格下げ、東京発下り急行のスピード・ダウンなどがおこなわれた。これらは、限られた線路や車両をやりくりして急激な旅客増に対処するためであり、同時に遊楽旅行の抑制をともなうも

粁程	驛名												
964.3	原 〃		レ	…	レ	レ	…	レ	…	…	レ	レ	…
	沼津 著		5 10	…	5 33	5 52	…	6 01	…	…	6 26	6 50	…
970.9	沼津 發	…	5 15	…	5 38	5 56	5 22	6 05	…	6 20	6 31	6 55	…
976.4	三島 〃	…	レ	…	レ	レ	‖	レ	…	6 29	レ	レ	…
982.6	函南 〃	…	レ	…	レ	レ	‖	レ	…	6 38	レ	レ	…
992.5	熱海 著	…	5 45	…	6 06	6 25	‖	6 36	…	6 50	6 56	7 25	…
	伊東線 38頁						御殿場線經由	102					
0.0	伊東 發	…		…				6 00	…				
16.9	熱海 著	…		…				*6 32	…				
992.5	熱海 發	5 40	5 46	6 00	6 07	6 26	‖	6 38	6 45	7 00	6 56	7 26	…
998.0	湯河原 〃	5 47	レ	6 07	レ	レ	‖	レ	6 52	7 07	レ	レ	…
1,001.3	眞鶴 〃	5 52	レ	6 12	レ	レ	‖	レ	6 57	7 12	レ	レ	…
1,006.7	根府川 〃	5 59	レ	6 19	レ	レ	‖	レ	7 04	7 19	レ	レ	…
1,011.1	早川 〃	6 05	レ	6 25	レ	レ	‖	レ	7 10	7 25	レ	レ	…
	小田原 著	6 08	6 12	6 28	6 33	6 52	‖	7 04	7 14	7 28	7 20	7 52	…
1,013.2	小田原 發	6 09	6 14	6 29	6 34	6 53	‖	7 05	7 15	7 29	7 21	7 53	8 00
1,016.3	鴨宮 〃	6 14	レ	6 34	レ	レ	‖	レ	7 20	7 34	レ	レ	8 05
1,019.4	國府津 〃	6 19	レ	6 38	レ	レ	7 07	レ	7 24	7 39	レ	レ	8 09
1,024.0	二宮 〃	6 25	レ	6 44	レ	レ	7 13	レ	7 30	7 45	レ	レ	8 15
1,029.3	大磯 〃	6 32	レ	6 51	レ	レ	7 20	レ	7 37	7 51	レ	レ	8 22
1,033.3	平塚 〃	6 37	レ	6 56	レ	レ	7 25	レ	7 42	7 56	レ	レ	8 27
1,038.5	茅ヶ崎 〃	6 44	レ	7 02	レ	レ	7 32	レ	7 48	8 03	レ	レ	8 33
1,042.3	辻堂 〃	6 50	レ	7 08	レ	レ	7 38	レ	7 54	8 08	レ	レ	8 39
1,046.0	藤澤 〃	6 56	レ	7 13	レ	レ	7 44	レ	7 59	8 14	レ	レ	8 44
1,050.6	大船 〃	7 02	7 07	7 19	7 23	7 38	7 50	7 55	8 05	8 20	8 09	8 36	8 50
	横濱 著	7 20	7 25	7 37	7 41	7 56	8 07	8 13	8 23	8 37	8 27	8 54	9 07
1,068.3	横濱 發	7 22	7 27	7 38	7 43	7 58	8 08	8 16	8 24	8 38	8 29	8 56	9 08
1,090.3	品川 著	7 42	7 46	7 59	8 02	8 17	8 29	レ	8 44	8 59	8 48	9 16	9 29
1,095.2	新橋 〃	7 50	7 54	8 06	8 10	8 25	8 36	レ	8 51	9 06	8 55	9 24	9 36
1,097.1	東京 〃	7 55	8 00	8 10	8 15	8 30	8 40	8 45	8 55	9 10	9 00	9 30	9 40

並行ダイヤ。急行列車も鈍行列車に歩調を合わせてノロノロ運転をし、追い抜かない。ジャパン・ツーリスト・ビューロー版『鉄道省編纂時間表』昭和15年10月号（『復刻版時刻表　戦前・戦中篇』©JTBパブリッシング）より

のであった。この月『鐵道省編纂時間表』の表紙には「時間大改正」の文字とともに「國策輸送に協力」「遊樂旅行廢止」の標語が見られる。

このように、昭和一二年七月の盧《ろ》溝橋《こうきょう》事件以降、鉄道も戦時型の体制へと切り換えられていったのであった。

鉄道史の流れを大ざっぱに概観するかぎり、たしかにそうである。けれども、それは概観であって、実態を見ると、旅客の急激な増加には「国策輸送」とは無縁なものも含んでいた。つまり、「軍需景気」に恵まれた人たちが、いっせ

いに温泉場や観光地に繰り出したのである。

ところが、非常時だ、新体制だとの掛け声のもとに観光地行きの準急がつぎつぎと廃止されたから、適当な列車がない。しかし、この人たちは景気がよいから、東京から熱海へ行くのに平然と急行列車に乗った。当時の急行列車の利用のされ方は今日とはちがっていて、すくなくとも三〇〇キロ以上、東京からであれば名古屋以遠へ行く旅行者がほとんどであった。急行券の距離区分は、今日では「一〇〇キロまで」「二〇〇キロまで」と細かく刻まれているが、当時は「四〇〇キロまで」が最短区分となっており、急行に乗るということは長途の旅行を意味した。

そういう急行列車に、東京からわずか一〇〇キロの熱海あたりでひと騒ぎしようという景気のいい人たちが、惜し気もなく「四百粁迄《まで》三等六十五銭」の急行券を買って乗りこんだ。このため、ほんらいの急行利用客が乗れないという事態になった。昭和一四年一〇月には「旅客及荷物運送取扱規則」の一部が改正され「急行券は混雑時には一五〇キロ以上でなければ発売しない」こととなった。

体制の切換え時には、旧体制と新体制とが対立しながら併存すると同時に、両者の間《あい》の子も生れる。昭和一四年四月に実施された「観光報国週間」などは名称からして典型的なもので、主旨は「観光事業中における精神的方面を特に強調し、日本精神の顕揚確立を期し、観光事業を通じて奉公の誠をいたさむとするにあり」となっている。要するに、国策にそえるよう心を清める、あるいは、伊勢神宮に参拝して皇軍の武運長久を祈るといった

巻末広告。ジャパン・ツーリスト・ビューロー版『鉄道省編纂時間表』昭和16年10月号より。この広告は17年10月号まで掲載されている

建前さえあれば、内実は遊山《ゆさん》旅行であっても大手を振って通れたのである。

「國策輸送に協力」「遊樂旅行廢止」の標語が表紙に刷りこまれた昭和一五年一〇月号の『鐵道省編纂時間表』にしても、裏表紙には「聖地參拜」の見出しで伊勢神宮、橿原《かしはら》神宮、熱田《あつた》神宮へ誘う「大軌參急電鐵」（現在の近鉄）の広告が三色刷りで載っている。

　この号の巻末には相変らずたくさんの広告が載っており、四八ページにも及んでいる。旅館の広告が多く、「大宴會場新築落成」を謳《うた》った温泉旅館などが目につく。「大陸国《(ママ)》策を現地に看よ！　満鐵鐵道總局」という一ページ広告もある。

「中支那の旅　華中鐵道」には姑娘《クーニャン》の絵が配され、「臺灣へ　臺灣鐵道部」には台湾の観光地図とともに「新高《にひたか》の峰は　明るく晴れた空にそびえる　椰子《やし》の梢《こずゑ》は陽《ひ》に輝き、水牛《すいぎう》は流れにねてゐる。遠い祭の音楽　パパイヤの甘い香りは　いつしか夢を誘ふ　夜　月の蕃社《ばんしゃ》の杵歌《きねうた》に赤い櫻《さくら》がはらとちる」というのどかな詩も付されている。昭和一五年一〇月といえば、賃金統制令や米穀管理規制令が公布され、大政翼賛会が発足して文化思想団体の政治活動を禁止した月である。

　ところで、私はといえば、一人で汽車に乗ることにも慣れて、あちこちに出かけていた。といっても小学五年から中学二年にかけての頃であるから、まだ旅館に泊れる年齢ではなく、日曜日の日帰りばかりであった。

　日曜日の列車はひときわ混雑していた。軍需景気で観光客の層が広がったせいであろう、行儀のわるい集団が多く、飲み食い散らし、女の客に声をかけたりするのであった。大陸では毎日戦闘をしている兵隊さんがいるのに内地の人はこうして遊んでいる、これでいいのか、と私は思った。もっとも、その私も、学校では「戦地の兵隊さんのご苦労を思うと、すこしぐらいの苦しいことなんか何でもありません。一生けんめいがんばっていますから、心配なくお国のために戦って下さい」などと慰問文を書きながら、用もないのに汽車や電車に乗りに出かけていたのである。

「不急不要の旅行はやめよう」のポスターが駅々に貼《は》られるようになったのは、昭和一五年の夏頃からだったと思う。それは「不急不要の旅行」者が多いことの証左でもあった。

このような戦時型輸送体制と行楽客との共存という奇妙な状態が、いつまでもつづくはずはなかった。

昭和一六年の夏休みに入る直前であった。全校生徒を集めての朝礼の際、教頭が厳しい面持ちで、こう言った。

「文部省から、今年の夏休みはいっさい旅行をしてはならない、対校試合のための旅行もしてはならない、との通達があった。したがってインター・ハイも中止である。夏休みは返上し、勤労奉仕をおこなう」

理由の説明はなかった。いったんは中止するが秋に延期する、というのでもなかった。インター・ハイ中止、代りに勤労奉仕と言い切ったあとは、「非常時」とか「重大な時局」とかいった聞き飽きた言葉が繰り返されただけだった。

インター・ハイ、つまり全国高校スポーツ大会の中止が中学生の私たちにまで知らされたのは、この学校が高等科（旧制高校、三年制）と尋常科（中学に相当、四年制）とがセットになった七年制高校で、高校生と中学生とが一つの講堂で毎日いっしょに朝礼をおこなっていたからであった。

それぞれに夏休みを楽しみにしていた生徒たちは声もなかった。とくに、インター・ハイを目指して練習を重ねてきた高校生の落胆ぶりは覆うべくもなかった。教頭の話が終ると、いっせいに吐息がもれた。

　昭和一六年夏といえば、収拾のつかない日中事変、逼迫《ひっぱく》した日米関係、召集令状がきてつぎつぎと出征して行く近親者や学校の先生、米の配給制、代用食、生活物資の不足、等々、日本人の経験したことのない全国民的規模での戦時体制へと急速に突き進んでいった時期であり、そのことは誰もが感じていた。私たち中学生でさえ、日中事変の膠着《こうちゃく》状態に焦燥感を抱き、「アメリカと戦争しなきゃダメだ」「勝てるか」「日本は絶対勝つさ」「空襲で毒ガスを撒《ま》かれるぞ」などと話し合っていたし、教練の時間では防毒マスクをかぶって突撃したり、スポイト状のものを鼻に当てては、これはイペリットだ、いやルイサイトだと、毒ガスの臭いを嗅《か》ぎ分ける訓練を受けたりしていたのである。

　だから、学校の夏休みがどうなろうと、もはや大きな問題ではなくなっていたはずなのであるが、インター・ハイの中止でがっかりしてしまうような暢気《のんき》な空気も併存していたのであった。

　私たちは、「いよいよアメリカと戦争だ」「しかし、どうして旅行しちゃいけないんだろう」「軍用列車を走らせるためだ」などと囁《ささや》き、夏休みが色褪《いろあ》せた理由を探り合った。この推測は適中していたことになる。

夏休みを返上しての勤労奉仕は大したことはなかった。一〇日か二週間、学校の敷地内の雑草を刈ったり、空地を開墾したりしただけで終った。残りの一ヵ月は休みであった。けれども、旅行してはならぬというお達しがあった以上、旅行に出かけるわけにはいかなかった。しかたがないので、小田急《おだきゅう》を利用して日帰りの箱根ハイキングをしたりしていた。

そんなある日、父が、どこかに連れて行ってやろうと言った。日帰りならどこでも行ける私に向って、連れて行ってやろうということは、遠くへの旅行を意味する。

「旅行しちゃいけないと学校で言われてるんだよ」

と、私は臍《ほぞ》を嚙《か》む思いで答えた。

「旅行に行ったことを、黙っておればいいのだ」

と父は言った。

私は意外だった。学校の言いつけを守らなくてもよい、黙っていればいいのだ、というような言い方を父がしたことはなかった。だいたい私はあまり父と話をしたことがなかったし、相撲好きの父にときどき国技館へ連れて行ってもらう以外にはほとんど接触がなかった。父が夕食を家でとることは稀《まれ》であり、父といえば、応接間で大声を張りあげるいっぽう、末っ子の私に対してひどく優しい、ぐらいの印象しかなかった。不出来な通信簿を持って帰っても、もっと勉強しろとは一言も言わなかった。もちろん父といっしょに旅行したこともなかった。

その父が突然、私を旅行に連れて行ってやると言い出したのである。

もっとも、当時の父はひと頃ほどには忙しくなくなっていた。来客なども減っていた。機嫌も悪くなっていた。

私の父は宮脇長吉といい、昭和三年の第一回普通選挙いらい郷里の香川県から代議士に出ていた。所属は政友会であった。軍部が政治に関与することに批判的な立場をとっていたので、時代と合わなかった。昭和一三年の第七十三通常議会に提出された「国家総動員法案」の審議で、こんなことがあった。少し長くなるが、中央公論社の『日本の歴史』第25巻（林茂著、昭和四二年刊）の記述をかりると、

> さすがに議会では抵抗が生じた。とくに政民両党に属するオールド・リベラリストたちの反対は強く、広範な委任命令は違憲だとして政府を追及した。こうした審議過程で二つの事件がおこった。一つは佐藤賢了中佐の「黙れ」事件であり、もう一つは西尾末広議員の除名事件である。
>
> 三月三日の衆議院総動員法案委員会で、説明員の佐藤中佐が、法の精神から自分の確信まで説いて討論を三十分にわたって行なった。これにたいし委員から、あれは何だ、

討論はいかん、止めたほうが穏やかだ、など制止のヤジが飛んだ。そのとき佐藤は「黙れ」とどなったのである。その直前のヤジが宮脇長吉議員のものだったので佐藤は、「黙れ、長吉」といおうとしたが、さすがに「長吉」はのどで呑《の》み込んだと回顧している。

佐藤中佐は陸軍でかねてから議会制度を検討してきた人物であり、議会軽視の立場をとっていた。国家総動員法案の成立に積極的な陸軍の現役軍人が、それに批判的な議員を議場で一喝したというこの事件は、この法案のもつ意味と、それの成立を急ぐ政治情勢の動きからして、あまりにも象徴的であった。

翌日、杉山陸相が陳謝したが、佐藤はなんの処分も受けなかった。政民両党も党内内紛から法案反対の態度が貫かれず、けっきょくは条件つきで賛成した。

となっている。

まだ私は中学三年であったから、くわしいことはわからなかったが、その頃から父の羽振りがだんだん悪くなってきたことは感じていた。来客も減り、年賀状なども激減した。学校でも配属将校がことさら私に辛く当るようなこともあった。そのことを何気なく話すと、父は激怒した。父の怒り方は、いつもそうなのだが、話を伝えた者に対して怒りをぶつけるので、まるで私が叱《しか》られているみたいだった。私は、父が怒りそうなことは伝えないようになった。

きょとんとしている私に向って、

「どこでもいい、お前の好きなところへ連れて行ってやる」

と父は言った。

「黒部《くろべ》峡谷へ行きたいんだ」と私は答えた。日本電力の軽便《けいべん》鉄道に乗りたいと思っていたからである。

父は予定表を眺めてから、二日間の日程をとり、

「ただし、寝台券を買ってこい。買えなかったら行かないぞ」

と言った。

当時、寝台券の入手は非常に困難であった。旅客の増加に備え、この年の七月一六日には三等寝台車が全廃されたばかりだった。夜行列車は通路にまで客が坐《すわ》りこむほどであったから、三等寝台車とでは格差がありすぎ、輸送力の面でも効率が悪くなっていたからであろう。一等寝台、二等寝台は温存されていたが、これらの寝台券は軍公務などの重要人物が優先的に入手してしまうので、一般旅客用として窓口で売られる枚数は少なかった。父もふだんは誰かに頼んで入手していたようであったが、観光旅行で、しかも中学生の息子の分まで頼むわけにはいかなかったのであろう。

寝台券の発売は三日前の正午からであった。私は朝早く起きて上野駅へ行った。すでに行列ができていたが、さして長くはなかった。「行列」は戦時生活によって日本人が身につけた習慣で、統制物資を買うために並ぶようになったのがはじまりであるが、この頃には、駅の窓口や列車に乗るときも行列する習慣ができ上っていた。以前のように窓口で押し合うことはなくなっていた。

私は五時間ぐらい窓口に並んだ。その間、行列はあまり長くはならなかった。当時、上野発の夜行列車で寝台車が連結されていたのは、八本しかなく、連結両数も一両だったはずである。しかも窓口で売られるのは偉い人たちに回した残りであったから、たくさんの人が並んでも買えないのであった。四、五時間は並ぶ覚悟でないと寝台券は入手できないようであった。

それでも、午後7時00分発の青森行急行などは私の前で売り切れてしまった。この列車は、函館から稚内桟橋《わっかないさんばし》行急行、さらに樺太《からふと》への連絡船に接続する重要な列車であった。

私が目指した午後9時00分発の信越本線経由大阪行急行は、それにくらべると買いやすかったのであろう、私は二等寝台の上段と下段を一枚ずつ入手し、内ポケットに大切に仕舞って意気揚々と帰ってきた。

八月二〇日頃だったと思う。六一歳の父と一四歳の私とは上野駅へ行った。改札口にはいくつかの行列ができていたが、父は空《す》いた口を見つけると「パス」と言っただけで通り抜けた。今日でもそうであるが代議士には国鉄全線パスが支給されていた。それは知っていたし、現物を見せてもらったこともあるけれど、見せずに改札口を通り、改札係もそれをとがめないのには驚いた。いつもそうなのかと私は訊《たず》ねた。そうだと父は言った。どうして改札係はパスを見せろと言わないのだろう、と言うと、「持ってるかどうかは態度でわかるのだ」と父は平然としていた。

上野発午後9時00分の急行601列車信越本線経由大阪行は、すでに座席がふさがっていた。大きな荷物をさげて通路を行き来しながら空席を探している客が窓越しに見えた。通路にトランクを置き、その上に腰を下ろしている人もいた。けれども、二等寝台車だけは別天地だった。白い上着に、「給仕」の腕章をつけた係が、ホテルのボーイのような鄭重《ていちょう》な物腰で客の面倒を見ていた。客もそれにふさわしい恰幅《かっぷく》の人たちで、中学生など他にいるはずもなかった。私は気恥しかった。しかも、父は私に「贅沢《ぜいたく》な奴だな」と他人事《ひとごと》のように言うのであった。父との旅行は神経が疲れると私は思った。

父は下段、私は上段に寝た。当時の上段は覗《のぞ》き窓がなく、まったく外が見えなかった。しかし私は碓氷《うすい》峠のアプト式を通過するまでは起きているつもりでいた。枕元《まくらもと》の小さなランプをつけて本を読んでいると、父がカーテンを開けて、早く寝ろと言った。

粁程	驛名		331	1601	641	601	603	1703	703	301	1309	709	605
	行先		横川行	不定期 金澤行	伊勢崎行	急行 大阪行	大阪行	不定期 新潟行	秋田 新潟行	新潟行	不定期 直江津	新潟行	米原行
0.0	上野	發	7 20	8 30	8 45	9 00	9 45	10 30	10 35	10 55	11 15	11 30	11 50
2.2	日暮里	〃	レ	レ	レ	レ	レ	レ	②	レ	レ	レ	レ
7.2	尾久	〃	7 26	急行	8 53	急行	9 53	レ		11 04	11 24	11 39	11 59
9.6	赤羽	〃	7 35	8 43	9 00	9 13	10 00	10 43	10 49	11 12	11 32	11 47	0 07
26.7	大宮	著	7 53	9 00	9 18	9 31	10 18	11 01	11 08	11 32	11 52	0 07	0 27
	大宮（東北本線一七六頁）	發	7 55	9 02	9 20	9 33	10 20	11 04	11 10	11 34	11 54	0 09	0 30
34.9	上尾	〃	8 05	レ	9 30	レ	10 30	レ	11 21	11 46	レ	レ	0 42
38.5	桶川	〃	8 11	②	9 39	レ	10 36	(不定期列車)	11 27	11 52	(不定期列車)	レ	0 48
43.1	北本宿	〃	8 17		9 53	②	10 42		11 34	12 00		レ	0 56
46.7	鴻巣	〃	8 23	レ	9 59		10 48		11 40	0 07		レ	1 03
54.0	吹上	〃	8 32	レ	10 08	レ	10 57		11 50	0 17		レ	1 13
61.1	熊谷	〃	8 41	9 36	10 17	10 06	11 06	11 37	12 00	0 28	0 43	0 59	1 24
67.7	籠原	〃	8 50	レ	10 25	レ	11 15	レ	0 09	レ	レ	レ	1 32
72.5	深谷	〃	8 56	(不定期列車)	10 32	レ	11 21	レ	0 16	レ	レ	レ	1 39
76.8	岡部	〃	9 04		10 39	レ	11 29	レ	0 23	レ	レ	レ	1 47
82.4	本庄	〃	9 11		10 46	レ	11 36	レ	0 31	レ	レ	レ	1 55
86.4	神保原	〃	9 17		10 53	レ	11 42	レ	0 38	レ	レ	レ	2 01
90.9	新町	〃	9 24	レ	10 59	レ	11 49	レ	0 45	レ	レ	レ	2 08
97.0	倉賀野（八高線二六二頁）	〃	9 33	レ	11 08	レ	11 57	レ	0 54	レ	レ	レ	2 17
101.4	高崎	著	9 39	10 15	11 14	10 43	0 04	0 19	1 00	1 22	1 38	1 56	2 24
	兩毛線連絡 202頁		639						② 上野新潟間				
101.4	高崎	發	*9 52		11 20	伊勢崎著 11 54							
111.2	前橋	著	10 06		11 36								
140.2	桐生	〃	10 49										
193.1	小山	〃											
	上越線連絡 208頁												
101.4	高崎	發			…			0 25	1 06			2 03	
122.5	澁川	著			…			0 53	1 39			2 40	
160.5	水上	〃			…			1 52	2 43			4 01	
267.0	長岡	〃			…			4 50	5 35			7 21	
332.1	新潟	〃			…			6 48	7 35			9 22	
101.4	高崎	發	9 47	10 21	…	10 49	0 10	…	秋田著 1 45	1 28	1 44	…	2 32
103.8	北高崎	〃	9 51	レ	…	レ	0 15	…		レ	レ	…	2 37
107.8	群馬八幡	〃	9 57	レ	…	レ	0 21	…	…	レ	レ	…	2 43
112.0	安中	〃	10 04	レ	…	レ	0 28	…	…	レ	レ	…	2 50
119.0	磯部	〃	10 14	レ	…	レ	0 39	…	…	レ	2 14	…	3 01
125.6	松井田	〃	10 32	レ	…	レ	0 53	…	…	レ	2 26	…	3 16
131.1	横川	〃	10 42	11 08	…	11 38	1 16	…	…	2 16	2 58	…	3 39
137.2	熊ノ平	〃		11 33	…	0 04	1 44	…	…	2 45	3 26	…	4 07
142.3	輕井澤	著	…	11 54	…	0 25	2 05	…	…	3 06	3 47	…	4 28
	輕井澤	發	…	11 59	…	0 30	2 11	…	…	3 11	3 53	…	4 33
146.3	沓掛	〃	…	レ	…	レ	2 17	…	…	3 17	4 00	…	4 39
149.4	信濃追分	〃	(自十二月二十一日至三[月]…　自七月二十日至八[月]…)	レ	(二月二十日ヨリ三月…　田口驛ニ八七月二十…)	レ	レ	…	…	3 23	4 11	…	4 45
155.3	御代田	〃		レ		0 52	レ	…	…	3 31	4 19	…	4 54
164.7	小諸	〃		0 32		1 10	2 44	…	…	3 51	4 32	長野行	5 07
170.6	滋野	〃		レ		レ	レ	…	…	3 59	4 41		5 16
174.0	田中	〃		レ		レ	レ	…	新潟行	4 05	4 46		5 21
177.5	大屋	〃		レ		レ	3 05	…		4 11	4 52	801	5 27
182.7	上田	著		0 54		1 33	3 13	…		4 18	4 59	名古屋發 11 27	5 34
	上田	發		0 55		1 37	3 14	…	303	4 20	5 00		5 35
187.1	北鹽尻（篠ノ井線二六七頁）	〃		レ		レ	レ	…	名古…53	4 27	5 07		5 42
193.1	坂城	〃		レ		レ	レ	…		4 36	5 15		5 50

急行大阪行601列車。ジャパン・ツーリスト・ビューロー版『鉄道省編纂時間表』昭和16年10月号より抄録

黒部峡谷への旅行が嬉《うれ》しくて前の晩はよく眠れなかったにちがいない。私は父に言われるまでもなく、眠ってしまった。碓氷峠も長野も直江津《なおえつ》も気づかず、糸魚川《いといがわ》で眼が覚めた。すでに五時を過ぎており、デッキへ出てみると外は明るくなっていた。朝まで知らずに過したのがもったいないような気がした。

列車は親不知《おやしらず》を走った。現在の北陸本線は線路がつけ替えられて地勢の嶮《けわ》しい箇所は長いトンネルで抜けてしまうが、当時は短いトンネルの合間から親不知の嶮《けん》がわずかながら見えた。

親不知を過ぎて富山県に入り、杉皮葺《ぶ》きの屋根に石をのせた家々が見えはじめると泊《とまり》に停車し、寝台係が、つぎが三日市《みっかいち》ですと知らせに来た。三日市はいまの黒部である。

三日市には定刻6時08分に着いた。ここから黒部峡谷の入口宇奈月《うなづき》温泉まで黒部鉄道が出ている。しかし、観光客らしい姿はなく、地方の私鉄らしい鄙《ひな》びた車内は閑散としていた。

宇奈月に着くと、父は旅館を物色し、黒部川の崖《がけ》のふちにある大きな旅館の玄関に立った。出てきた女中は愛想なく「お米はお持ちですか」と言った。米が配給制になっていらい、米を持たない客は泊めない旅館が多くなっていたのである。しかし、米を出さなければ泊めないと決っていたわけではなく、金を余計に出すとほのめかせば泊める場合もあり、そのへんは虚々実々であるらしかった。よく覚えていないが、父は曖昧《あいまい》な返事をしたらしい。女中は思案顔で、どうぞとも泊められませんとも言わず立っていた。私は、父が何をモタモタしているのだろうと思った。私のリュックザックには米が入っているのである。だから「お米は持ってきたよ」と私は言った。それで、私たちは無事招じ入れられることになった。

黒部川を見下ろす立派な部屋に通され、二人だけになると、父は「お前、ダメじゃないか。この旅館は米を出さなくても泊めたかもしれんのだ」と言った。米を持っては来たが、できればその米は渡さずに持ち帰りたい、というのである。すでに米はそこまで貴重になっていた。

女中が宿帳と一合升を持って現われ、私がリュックから取り出した米を丁寧に量った。今晩とあすの朝との二食二人分であるから四合ぐらいであったと思う。父は升の上面から一粒たりとも盛り上げたら許さないぞという顔つきで監視していた。

いよいよ待望の黒部峡谷の軽便鉄道に乗れる時がきた。私は一刻も早く乗りたかったが、父は風呂《ふろ》に入ろうと言った。どうして朝から風呂に入らなければならないのかと私は思った。けれども、谷を見下ろすガラス張りの浴場は広くて気持がよかった。そこだけが時代離れしていた。手《て》拭《ぬぐい》で鼻の穴をほじると真っ黒になった。窓のない上段寝台でも蒸気機関車の煤煙《ばいえん》はどこからともなく侵入していたのであった。

風呂を出てから、父と私は持参の握りめしを食べた。

軽便鉄道は、無蓋《むがい》貨車の上に細い鉄骨を渡して布をかけ、座席は木のベンチという簡素なものであった。そのような「客車」が二、三両、他に幾台かの貨車が連結され、小さな電気機関車が牽引《けんいん》した。

切符の裏には、生命を保証せずと印刷されていると聞いていたが、私が手にした切符では、事故の場合責任は負いません、という表現になっていたように思う。

この鉄道は昭和四六年に黒部峡谷鉄道株式会社として独立し、宇奈月から終点欅平《けやきだいら》までの二〇・二キロを約一時間三〇分で走る観光路線となっているが、当時はダムや発電所建設用の資材を運ぶための日本電力の専用軌道で、乗客はあくまでも「便乗者」であった。速度も遅く、遊園地の豆汽車程度で、乗り遅れても走れば追いつけそうであった。

便乗客は少なかった。夏のシーズンとはいえ、昭和一六年ともなれば明らかな観光旅行はさし控えるようになっていたのであろう。しかし、乗っている客に関するかぎり、私たちを含めて遊山客ばかりと思われた。

宇奈月を発車すると、軽便鉄道は高く長い鉄橋で黒部川の本流を渡り、右岸に沿って谷を遡《さかのぼ》りはじめた。

黒部の谷は、私がこれまでに見た箱根の早川や塩原《しおばら》の箒川《ほうきがわ》よりもはるかに嶮しく奥深かった。両岸の傾斜が急なので、細い支流は滝となって合流していた。

七六二ミリという狭い軌間の細いレールが崖に沿って敷かれ、その上を軽便鉄道はゆっくり走り、トンネルに入ったり、高い鉄橋を渡ったりした。私が体を乗り出して谷底を眺めようとすると、危ないと言って父が肩を押さえた。そう言いながらも父は、下を見ろとか、あの岩を見ろとか、いちいち私に指示するのであった。父は楽しそうだった。こういう父を見るのははじめてであった。

二時間余り乗り、小屋平《こやのたいら》で降りた。当時、すでに欅平まで開通していたのに、なぜ一つ手前で下車したのか記憶がない。客扱いは小屋平までだったのかもしれない。

黒部の本流が、岩壁に挟まれていちじるしく狭まり、猿が対岸へ飛びこして行くという猿飛峡《さるとびきょう》を見てから、四キロほど下流にある鐘釣《かねつり》温泉まで歩いて引き返した。道がないので線路の上を歩いた。私は楽しくてはしゃいでいたし、父もすっかり機嫌がよくなっていたので、歩いてみようということになったのであろう。軽便鉄道の線路を見るとその上を歩いてみたくなるものである。

鐘釣までの線路は左岸の急斜面につけられていて、ときどき高い鉄橋で支流を渡った。枕木《まくらぎ》の間から何十メートルも下の流れが見え、つかまるものもないので怖かった。いくつかのトンネルも抜けたが、そのたびに列車がやってきはしまいかとハラハラした。トンネルのなかには照明もなく、しかもカーブしているので真っ暗だった。さいわい父が傘を持ってきていたので、それでレールをたどり、私は父のシャツにつかまって歩いた。出口の明りが見えてくるとホッとして、思わず急ぎ足になった。

そのうち、とうとうトンネルのなかで列車と出遭った。はじめはかすかな地鳴りのような響きだったが、近づくにつれて紛れもない機関車の接近音となり、生きた心地がしなくなった。現在の黒部峡谷鉄道のトンネルの内壁はコンクリートで巻かれているが、当時は掘抜きのままで岩が凸凹《でこぼこ》していた。父と私は声をかけ合いながら、それぞれ凹《くぼ》みを手探りで見つけ、岩に背を当ててのけぞった。ヘッドライトが怪獣のように近づき、岩々の先端を照らしながらゆっくりと過ぎて行った。珍しくもないのか、機関士は警笛も鳴らさず、私たちを無視して通り過ぎた。

鐘釣温泉は崖の中腹に小さな旅館が一軒あるだけの所で、湯は谷底の狭い河原に湧《わ》いていた。脱衣場もなく、人影もなく、自然のままの露天風呂であった。さっそく入ってみるとぬるい。黒部の急流が源泉のすぐ脇《わき》を流れているので、冷たい川の水がわずかながら流入するのである。私たちは石を拾って水を堰《せ》いた。そうすると、こんどは熱くなりすぎる。石を置いたり取り除いたりして湯加減を調節しながら、ながいこと谷底で遊んだ。こんな面白い風呂のことを、夏休みが終って学校に行っても友だちに話してはならないのかと私は思った。

その晩、宇奈月の土産物屋を物色したが、売っているのは郷土玩具《がんぐ》や絵葉書ばかりで、羊羹《ようかん》などはなかった。すでに地方でも甘いもの、腹のたしになるものは店頭から姿を消していた。ただ、ちょうど収穫期であったためか、ラグビーのボールを大きくしたような独特の形をした黒部西瓜《すいか》だけはどの店先にもあった。私たちは思案したが、持ってみるとあまりに重いので断念した。

翌日は東京へ帰る日である。

当時の時刻表によると、宇奈月発7時42分の電車で三日市着8時23分、8時33分発の鈍行列車で直江津へ向ったと思われる。日本海に面した家々のつくりは貧しく、丈も低かった。出征兵士を送る旗の波がそれらと重なり、発車の汽笛とともに万歳の声が上ったような気もするが、はたしてこの時のことかどうかはわからない。そのような光景はどの駅でも見られたことであり、当時の汽車の思い出にはホームを埋めた日の丸と万歳とがつねに重なっている。

直江津には10時43分に着いた。北陸本線と信越本線とが接する主要駅なので、さぞかし大きな駅、たとえば東海道本線の米原《まいばら》くらいの規模を想像していた私は、意外に貧弱な駅なので驚いた。ホームは細く短く、駅舎も小さくて、東海道本線の小駅のほうが立派なくらいであった。家のつくりの貧しさよりも直江津駅の貧弱さで私は太平洋側と日本海側のちがいを知った思いがした。

つぎに乗る信越本線の上野行は11時25分発で、約四〇分の待ち時間があった。改札口を出て駅付近の店を覗いていると、小さな菓子屋のガラス・ケースのなかにアンコロ餅《もち》がすこしばかり並んでいるのを見つけた。すでに東京あたりでは絶対に見かけないものであった。獲物を発見した狩人《かりゅうど》のように私たちは顔を見合わせた。二〇個ぐらい並んでいたろうか。

それを全部くれ、と父は言った。しかし、店番をしていたお婆さんは、

「都会の人が、こうやってすぐ買《こ》うてしまうんじゃ」

と渋い顔をした。半分だけ売ってもらうのがやっとだった。けれども、これで母や姉たちへの土産ができたと私は思った。

直江津発11時25分の上野行は新潟始発であった。つまり、最短経路の上越線を通らず、ひたすら信越本線に忠実に西へ南へ東へと迂回《うかい》して高崎へ出るという、清水トンネル開通以前を偲《しの》ばせる遠回り列車である。

現在は信越本線の全線を通しで走る迂回列車など一本も運転されていないが、当時はそういうのんびりした列車が、このほかにも何本もあったのである。一般に戦前は線路名称

粁程	驛名＼列車番號＼行先	下り列車										
		直江津行	直江津行	青森行	魚津行	新潟行	直江津行		直江津行		軽井沢行	上野行
米原ヨリ		767	767	503	131	509	507		105		608	604
	70頁 大阪発	…	…	8 40		10 20	11 10		…		—	7 00
0.0	米原〃	…	…	11 23	姫路発 8 14	1 00	2 00	2	5 19	池田発 6 26	7 30	9 47
109.8	福井〃	…	…	2 21		4 06	5 14		8 53		10 58	1 00
186.6	金沢〃	…	…	4 18		6 10	7 33	…	11 03		1 14	3 09
246.3	富山着	…	…	5 51	…	7 41	9 12	…	0 36	…	2 41	4 38
246.3	〒富山発	…	…	6 02	6 58	7 48	9 27	…	0 42	…	2 49	4 47
252.9	〒東岩瀬〃	…	…	6 11	7 07	7 56	9 38	…	0 51	…	2 57	4 58
255.5	浜黒崎〃	…	…	レ	レ	レ	レ	…	レ	…	レ	レ
257.8	〒水橋〃	…	…	6 18	7 17	8 06	9 49	…	1 00	…	3 10	5 05
263.3	〒滑川〃	…	…	6 27	7 25	8 14	9 59	…	1 07	…	3 18	5 13
271.7	〒魚津〃	四月一日ヨリ十一月末日迄運轉	…	6 38	7 35	8 24	10 12	…	1 18	…	3 29	5 24
278.1	〒三日市〃		十二月一日ヨリ三月末日迄運轉	6 46		8 33	10 27	…	1 26	…	3 38	5 33
282.1	〒生地〃			6 53		8 39	10 42	…	1 32	…	3 46	5 39
290.2	〒入善〃			7 02	2	8 48	10 52	…	1 42	…	3 55	5 49
295.4	〒泊〃			7 10		8 56	11 00	…	1 49	…	4 03	5 56
304.9	〒市振〃			7 20	…	9 06	11 17	…	2 01	…	4 13	6 06
313.3	親不知〃			7 31	…	9 17	11 32	…	2 12	…	4 24	6 17
318.6	〒青海〃			7 40	…	9 25	11 44	…	2 20	…	4 32	6 26
325.3	〒糸魚川着			7 49	…	9 33	11 56	…	2 28	…	4 40	6 34
	糸魚川発（大糸北線 七六頁）	5 14	6 08	7 55	…	9 40	0 02	…	2 33	…	4 45	6 39
329.6	梶屋敷〃	5 25	6 21	8 01	…	9 46	0 10	…	2 41	…	4 52	6 45
338.7	能生〃	5 46	6 40	8 13	…	9 57	0 21	…	2 55	…	5 05	7 18
345.1	筒石〃	6 01	6 55	8 22	…	10 07	0 31	…	3 05	…	5 15	7 28
351.7	名立〃	6 17	7 10	8 31	…	10 20	0 40	…	3 15	…	5 25	7 37
359.6	〒谷浜〃	6 35	7 27	8 42	…	10 31	0 51	…	3 26	…	5 36	7 48
362.0	〒郷津〃	6 44	7 36	8 49	…	10 36	0 56	…	3 31	…	5 42	7 54
366.5	〒直江津着	6 55	7 47	8 56	…	10 43	1 03	…	3 38	…	5 50	8 02
							317		305		321	
366.5	202頁 直江津発	…	…	9 03	青森着 11 45	10 53	*1 55	…	*4 00	高崎着 軽井沢着	*6 03	
439.5	長岡着	…	…	11 03		0 57	4 04	…	6 08		8 01	
504.6	新潟〃	…	…	└	┘	3 25	5 56	…	8 22		10 00	
				328		306	308		336			
366.5	204頁 直江津発	…	上田着 0 10	*9 03	…	11*25	*1 16	…	*4 46	11 19 11 25	6 13	8 38
441.5	長野着	…		11 05	…	1 40	3 15	…	6 49		3 51	10 49
658.7	上野〃	…	└	┘	…	6 58	9 22	…	└	┘ └	┘	5 21

北陸本線上り富山一直江津間。ジャパン・ツーリスト・ビューロー版『鉄道省編纂時間表』昭和16年10月号より抄録

と列車の運転系統とが一致している場合が多く、今日のように旅客の流れに応じて本線から支線へ気軽に乗入れる列車は少なかった。電車やディーゼルカーが少なく、小回りの利かない蒸気機関車が主体だったからではあるが、国鉄の考え方にも融通性に乏しいところがあったのであろう。放っておいても客が乗ってきてくれる時代でもあった。私鉄への乗入れなど今日では珍しくないが、戦前は紀《き》勢《せい》西《さい》線と阪《はん》和《わ》電鉄・

南海電鉄のみであった。

新潟始発上野行の列車は直江津では空いていた。といっても当時の列車であるから通路に立つ客がいなければ「空いている」のであった。二等車なら空いているという時代も終っていた。物価が上って運賃が相対的に下っていたし、軍需景気で金を手にしても買う品物がなく、使いみちがなくなってきたからである。父と私は入口の脇に空席を見つけ、並んで坐った。途中駅から乗車して並んで坐れるとは、迂回列車だからではあろうが、幸運なことであった。

反対側の車窓には妙高《みょうこう》や黒姫《くろひめ》の山々が望まれ、列車はスイッチ・バックを繰り返しながら高原を登っていった。

長野に着くと通路に客が並びはじめ、私の肘掛《ひじか》けの上に客がお尻《しり》をのせた。上田までくると通路が埋まり、反対側の景色はまったく見えなくなった。上野が近づくにつれて、父の機嫌も悪くなっていった。

第8章　急行1列車稚内桟橋《わっかないさんばし》行——昭和17年

昭和一七年は戦勝気分に満ちて明けた。真珠湾攻撃をはじめとする戦果は、中国との泥沼戦争へのいら立ちやアメリカ、イギリスに対する劣等感などを一気に吹き飛ばした。陸軍の専横、大政翼賛会をはじめ数々の報国会の時局便乗、愛国婦人会や隣組による私生活干渉などを苦々しく思っていた知識人や自由人でさえも、暗雲の晴れる思いだったといった感想を数多く残した。アメリカと戦争をしたら負けると心配していた人たちも、それを口にしなくなった。私は居間の壁に大きな東南アジアの地図を掛け、「皇軍」が占領した町々に日の丸を描いた小さな紙を貼《は》っていった。二月一五日にはシンガポールが陥落した。南方からの砂糖が特配され、主婦や子どもを喜ばせたのもこの頃だった。

この年の五月、私は夏場所大相撲を観に行った。まだ双葉山《ふたばやま》が健在の頃であった。野球は敵性スポーツということで弾圧されかかっていたが、「国技」の相撲は隆盛で、国技館はいつものように満員だった。私は二階席で見物していたのだが、中入りが過ぎ、幕内の中盤にさしかかった頃、東の花道から裁着袴《たっつけばかま》の茶屋びとに案内された陸軍の将官が副官を従えて入ってきて、正面の前から三番目の桝《ます》に坐《すわ》った。最良の席だから眼についた。桝にあぐらをかいた将官は軍帽を脱いだ。シャモジ型の見覚えのある禿《は》げ頭が現われた。東条首相であった。

「東条さーん」という掛け声が、あちこちからいっせいにかかり、拍手が湧《わ》いた。それが合唱のようになり、手拍子になった。土俵はそっちのけになり、しばらくそれがつづいた。東条首相は左右を見回し、あるいは天井桟敷を見上げながら、あの独特の、肯《うなず》くような会釈をくりかえしていた。

このような戦勝気分がいつまでつづいたかは、人によってちがうだろう。早い人は六月五日のミッドウェイ海戦で酔いがさめたはずである。大本営発表は「敵空母二隻撃沈、敵機一二〇機撃墜、我が方の損害、空母一隻喪失、一隻大破、未帰還機三五機」で、それまでの一方的な大戦果発表と異っていた。差引きの計算をしたうえですこしばかり勝ったのだなとわかるような厳しいものであった。たしか、発表のあとに「皮を切らせて肉を切る」という海軍報道部長の解説があったと思う。しかも、二、三日もすると、大本営発表はウソで、日本の空母は四隻も撃沈され、アメリカはたった一隻だったという噂《うわさ》が私たちの学校内で広まった。家に帰ってその話をすると、父は人差指を口に当て「そういうことは絶対に外でしゃべってはいかん」と怖い顔をした。そして「中学生まで知っているのか」とも言った。

けれども、政府は開戦いらい高揚した国民の気分を温存したかったのであろう、余裕のあるところを見せるような態度を何かにつけて示した。その一つが夏休みにおこなわれた全国的規模での学生スポーツ大会であり、私たちの学校にとってはインター・ハイの復活であった。あるいは、この先どうなるかわからない学生たちに鍛練をかねて青春を思いきり発散させてやろうとの配慮があったのかもしれない。

ミッドウェイ敗戦の噂が流れてしばらくした頃であった。今年はインター・ハイを盛大にやる、中止になった去年の分まで頑張れ、尋常科の生徒もふるって応援に行くように、と朝礼で教頭が言った。また、この夏は山や海で大いに体を鍛えてこいとも言った。講堂は喜色に溢《あふ》れた。

夏休みになると、帽子に二本の白線を巻いた弊衣破帽の旧制高校生たちが東京へ集まってきた。期日はよく覚えていないが、七月末か八月はじめではなかったかと思う。

私はまず自分が所属している硬式庭球部の応援に行った。第一回戦の相手は佐賀高校であった。東京の坊っちゃん学校である成蹊《せいけい》は、白の長ズボンに白シューズというテニスらしい服装であったが、佐賀は汚れた半ズボンに手拭《てぬぐい》を下げ、額に鉢巻、しかもハダシだった。それが「オッス」と気合をかけてラケットを正眼に構えるからテニスというよりは剣道を思わせた。

試合は一方的で、ダブルス二試合、シングルス三試合とも歯が立たず、五対〇で完敗するのに二時間ぐらいしかかからなかった。恰好《かっこう》のいいわがチームはミス・ショットが多く、佐賀はどんな球でも拾ってしまうからであった。

待望のインター・ハイは呆気《あっけ》なく終ってしまったが、試合が終ると両チームが肩を組んで円陣をつくり、私たちも加えてもらってデカンショをうたった。

この夏休みに、私は北海道に行った。所用で富良野《ふらの》に行くという父について行ったのである。

級友たちも、この夏は晴れて旅行に出かけたようであった。けれども、北海道行という贅沢《ぜいたく》に恵まれたのは私だけだった。私は級友たちに羨《うらやま》しがられた。青函《せいかん》連絡船がアメリカの潜水艦に撃沈されるぞと脅かす者もいた。

その頃の北海道は遠い遠い所だった。その「遠さ」と北海道への憧《あこが》れの感情をどう表現したらよいだろう。時刻表を眺めていても北海道のページにくると異国の香がした。長《おしゃ》万部《まんべ》、倶知安《くっちゃん》、音威子府《おといねっぷ》などアイヌ語の発音を漢字であらわした駅名が眩《まぶ》しかった。本当にそういう所があるのだろうかと思うほどだった。

北海道への旅行者は、言うまでもなく、今日とは比較にならぬほど少なかった。私の周辺を見回しても、北海道へ行ったことのある人間は父のほかにはいなかった。

異国のように霞《かすみ》の奥にあった北海道へ本当に行けるのかと思うと、私は嬉《うれ》しくて夢心地であった。待ちわびた出発日の八月七日の夕方、父とともに家を出たときは足が地につかない思いがした。私は昭和三六年の一月に初めて外国へ行ったが、家を出るとき、一九年前の北海道行と同じ思いがしたものである。もはや今日では地球上のどこへ行こうと、この思いを経験することはないだろう。

父の所用とは富良野の近くにある石綿《アスベスト》の鉱山を見ることであった。父は鉱山に関係することで生活費や政治資金を捻出《ねんしゅつ》していたようで、今回の旅行目的も富良野だけにかぎられていた。富良野は北海道のちょうど中央にあり、函館から急行で一二時間ほどかかる。近すぎはしないが遠くもない。中途半端な位置にある。案内書を見ても、あまり特色のないところらしい。私は、せっかく北海道まで行くのなら阿寒《あかん》か大雪山《だいせつざん》まで足を延ばしたいと言ったが、父はウンとは言わなかった。その代り、帰途に登別《のぼりべつ》と洞爺湖《とうやこ》に立ち寄ることになった。

八月七日、父と私は上野発午後7時00分の常磐《じょうばん》線回り青森行急行の二等寝台に乗った。

今回は父も寝台券ばかりでなく乗車券、急行券も買わねばならなかった。選挙に落選して優待パスを失っていたからである。

この年の四月三〇日におこなわれた総選挙は「推薦選挙」と呼ばれる。翼賛政治体制協議会が立候補者のうち政府に都合のよい者だけを推薦するという憲政史上例を見ない干渉をおこなったからである。新聞の立候補者一覧表などでも、推薦候補者の名前の上には〇印がつけられ、非推薦候補には投票するなといった意味のことが明らさまに書きたてられた。もとより父は推薦候補ではなかった。ポスターは剝《は》がされ、演説会は妨害された。選挙の結果は推薦候補の圧勝に終り、父はそれまでの選挙の半数しか票がとれず落選した。一四年間使い慣れた国鉄パスも失った。しかも、この年の四月には国鉄運賃の大幅な値上げがおこなわれ、寝台料金などは一挙に二倍になっていた。それまでの「職工定期」が「工員定期」に名称が変えられたのもこの時である。

だから息子まで二等寝台に乗せての旅行は相当な出費であったにちがいない。まして落選によってますます羽振りが悪くなっていたから、家計も厳しくなっていたようであった。けれども、父としては、いまさら三等に乗る惨《みじ》めさを味わいたくはなかったのであろう。すでに中学四年になっていた私は、そうした父の心境をおもんぱからないわけではなかったが、それよりも北海道に行けることが嬉しく、うきうきしていた。

上野発午後7時00分の青森行急行201列車は、上野駅に発着する列車のなかでは最優等列車であった。普通急行であり、愛称名もないが、二等寝台車の一部に「特別室」という一等寝台並みの二人室が備えられ、もちろん食堂車も連結されていた。速度も速く、上野―青森間を一二時間四五分、表定時速五八・八キロで走った。これは「富士」や「櫻」に匹敵する速度で、「東北特急」と言ってよかった。青森から先の接続もよく、札幌には翌日の午後7時55分、樺太《からふと》の大泊《おおどまり》港には翌々日の午後4時50分に着けるという、北海道、樺太へ最短時間で到着できる列車であった。

　したがって寝台券の入手は非常に困難であったが、今回は鉱山会社に父が頼んだらしく、私は早朝から上野駅に行列せずにすんだ。しかも私も下段であった。

　指定された寝台に落ち着くと、私は特別室を見たくなった。しかし室内に客が入っているので、開けて覗《のぞ》くわけにはいかない。扉の前でうろうろしていると扉が開いて、陸軍の軍服姿が顔を出した。意外にも若い将校であった。そのことを話すと、父は舌打ちをし、不機嫌な顔になった。

　翌朝、5時15分着の一戸《いちのへ》で眼をさました。夏の夜はとっくに明けていて、窓を開けると鳥の鳴き声が入ってきた。

　古間木《ふるまき》（現在の三沢）を過ぎると右窓に小川原沼《おがわらぬま》の寒々とした眺めが展開した。小川原沼にかぎらず、窓外の景色は荒涼としていた。ほとんど民家もないような所に駅があり、急行列車は煙を吹きつけて通過した。父が起きてきて、「どうだ、青森県は淋《さび》しいところだろう」と言った。北への旅の実感がこみ上げてきた。

定刻7時45分、青森に着いた。

つぎに乗るのは青函連絡船であるが、時刻表には時刻が掲載されておらず、

「連絡船時刻ハ省略」

となっていた。開戦いらい潜水艦対策として伏せられていたのである。もっとも、青森と函館で接続する列車の時刻は記載されているし、連絡船の所要時間が四時間三〇分であることは開戦以前の時刻表でわかることだから、秘密にしたところでさして効果があったとは思われない。私は古い時刻表を参照して、8時20分出航だろうと推定していたが、実際の出航は8時15分であった。

このように連絡船の時刻を伏せてみても、あまり効果はなかったと思われるのであるが、それは時刻表の上での感想であって、実際に乗船して海の上へ出てみると、やはり薄気味がわるい。時刻を伏せるのも当然だという気がしてきた。敵の潜水艦に発見されにくい夜の便にすればよかったとも思った。私は救命胴衣の在りかを確認し、着用法の掲示を真剣に眺めた。

青森を出航して二時間ほどすると、左舷《さげん》につづいていた津軽半島が切れて海峡にかかる。

粁程	驛名	着發	小樽 59	岩見澤 31	札幌 43	南小樽 59	小樽 71	網走 急行 3	長萬部 255	室蘭 206	名寄 13	旭川 17	森 31	稚内棧橋 1
							405	103	503				501	201
0.0	160頁 上野	發	…	…	…	…	11 00	10*00			…	大阪發 10 07		7 00
734.4	162頁 青森	着	…	…	…	…	*9 02	11 45	11*45	大阪發 8 40	…		*7 35	*7 45
0.0	青森	發	…	(連絡船時刻ハ省略)				…	…		…	…	…	…
113.0	函館	着	…	…	…	…	…	…	…	…	…	…	3	…
0.0	〒函館	發	…	…	…	…	…	*5 55	…	…	7 00	9 25	11 25	*1 25
3.4	〒五稜郭	着		…	…	…	…	レ	…	…	7 06	9 31	11 31	レ
	〒五稜郭	發	(江差線二〇八頁)	…	…	…	…	急行	…	…	7 07	9 32	11 34	
8.3	桔梗	〃		…	…	…	…		…	…	7 15	9 40	11 42	
13.8	〒七飯	〃		…	…	…	…		…	…	7 23	9 49	11 51	1 45
17.9	〒渡島大野	〃		…	…	…	…	レ	…	…	7 29	9 56	11 58	レ
27.0	軍川	〃		…	…	…	…	レ	…	…	7 51	10 17	0 25	レ
28.0	〒大沼	〃	…	…	…	…	…	レ	…	…	7 55	10 21	0 30	2 07
31.7	〒赤井川	〃	…	…	…	…	…	レ	…	…	8 01	10 28	0 41	レ
36.5	〒駒ヶ嶽	〃	…	…	…	…	…	レ	…	…	8 10	10 39	0 52	レ
49.5	〒森	着	…	…	…	…	…	6 56	3	…	8 28	10 55	1 18	2 34
	〒森	發	…	…	…	…	…	7 00	6 10	…	8 33	11 01	…	2 38
…	石谷(信號場)	〃	…	…	…	…	…	レ	6 22	…	8 43	11 11	…	レ
62.1	〒石倉	〃	…	…	…	…	…	レ	6 36	…	8 52	11 21	…	急行
66.1	〒落部	〃	…	…	…	…	…	レ	6 48	…	9 00	11 29	…	2
71.4	〒野田追	〃	(瀬棚線二二一頁)	…	…	…	…	レ	7 04	…	9 10	11 39	…	
76.0	山越	〃		…	…	…	…	レ	7 13	…	9 16	11 47	…	レ
81.1	〒八雲	〃		…	…	…	…	7 41	7 27	…	9 25	11 55	…	3 18
88.3	〒山崎	〃		…	…	…	…	レ	8 01	…	9 35	0 09	…	レ
94.4	〒黒岩	〃		…	…	…	…	レ	8 12	…	9 43	0 18	…	レ
102.8	〒國縫	〃		…	…	…	…	レ	8 30	…	9 54	0 30	…	レ
107.7	〒中ノ澤	〃	…	…	…	…	…	レ	8 41	…	10 01	0 40	…	レ
112.3	〒長萬部	着	…	…	…	…	3	8 17	8 49	…	10 08	0 48	…	3 54
	〒長萬部	發	(室蘭線二六、二七頁)	…	…	…	5 32	8 25	…	…	10 15	0 58	…	4 02
120.9	〒二股	〃		…	…	…	5 50	レ	…	…	10 26	1 12	…	レ
126.9	〒蕨岱	〃		…	…	…	6 04	レ	…	…	10 37	1 28	…	レ
132.3	〒黒松内	〃		…	…	…	6 21	レ	…	…	10 46	1 48	…	レ
140.4	熱郛	〃		…	…	…	6 36	レ	…	…	11 04	2 05	…	レ
147.6	〒上目名	〃		…	…	…	6 59	レ	…	…	11 30	2 25	…	レ
155.8	目名	〃	(京極線二二一頁)	…	…	(自十一月一日至三月末日運休)	7 17	レ	…	…	11 42	2 38	…	レ
163.4	〒蘭越	〃		…	…		7 37	レ	…	…	11 52	2 49	小澤行 773	レ
170.3	〒昆布	〃		…	…		7 53	レ	…	…	0 02	2 58		レ
179.6	〒狩太	〃		…	…		8 17	レ	…	…	0 17	3 14		レ
186.6	〒比羅夫	〃		…	…		8 33	レ	…	…	0 33	3 27		レ
193.3	〒倶知安	着		…	…		8 43	10 07	…	…	0 43	3 37	3	5 44
	〒倶知安	發	…	…	…		9 04	10 11	…	…	0 48	3 43	4 30	5 48
203.6	〒小澤	着	…	…	…		9 20	レ	…	…	1 03	3 59	4 45	レ
	〒小澤	發	…	…	…		9 47	レ	…	…	1 06	4 05	…	レ
213.4	(岩内線二二一頁) 〒銀山	〃	3	…	…	3	10 14	レ	…	…	1 28	4 27	…	レ
224.1	〒然別	〃	6 12	…	…	6 51	10 33	レ	…	…	1 42	4 44	…	レ
228.2	〒仁木	〃	6 22	…	…	7 00	10 48	レ	…	…	1 49	4 51	…	レ
232.6	〒余市	〃	6 43	…	…	7 23	11 21	11 03	旭川行	…	1 56	4 59	…	6 40
237.9	〒蘭島	〃	6 52	…	…	7 31	11 34	11 13		…	2 04	5 08	…	レ
244.8	〒鹽谷	〃	7 06	…	…	7 45	11 53	レ		…	2 17	5 21	…	レ
252.5	〒小樽	着	7 19	…	…	7 58	0 06	11 33	23	…	2 30	5 34	…	7 05
	〒小樽	發		7 30	…	8 18	…	11 38	11 47	0 58	2 36	5 42	…	7 10

時刻を省略された青函連絡船と稚内桟橋行急行。ジャパン・ツーリスト・ビューロー版『鉄道省編纂時間表』昭和17年9月号より抄録。紙質も印刷も悪くなっている

敵の潜水艦が現われるとすれば、このあたりからであろう。

船が揺れはじめた。現在の連絡船は五三〇〇トン級であるが、当時は三四〇〇トン級であった。小さな船ではないが、東京湾と瀬戸内海の船しか乗ったことのなかった私には相当な揺れのように感じられた。便所へ行くにも壁に手を当てなければ歩けなかった。

津軽海峡には白波が立ち、魚雷が近づいてきても、発見できそうには思われなかった。

前方に函館山が見えはじめ、接近するにつれて波も静まった。はじめて見る北海道の地に私は連絡船での怖さを忘れた。

午後12時45分、函館港に着岸すると、乗客たちは係員の制止をきかず、いっせいに駆けだした。接続列車の発車時刻までは四〇分もあるが、坐るためには走らなければならなかった。六二歳の父は速くは走れなかった。私だけ先に走って席を確保すればよかったのに、父に付き添っていたために長い連絡橋を渡り終ってホームに降りたときは、ほとんどビリ近かった。

函館発1時25分の稚内《わっかない》桟橋《さんばし》行急行1列車は、二等車でも空席がなかった。立っている人もいないのだが、空いた席もなかった。父と私は隣の二等寝台車へ行った。夜になって寝台がセットされるまでは一般の客でも寝台車に坐ってよいことになっていたからである。私たちは午後7時55分着の札幌で下車する予定であった。

窓を背にソファー・ベッドを並べたような昼間の二等寝台は、普通二等車に坐れなかった人たちがすでに流れこんでいて、ここも空席がなかった。私たちは奥の特別室を覗いた。昨夜乗った青森までの急行に接続する列車だからであろう、この二等寝台車にも特別室が備えられていた。

特別室のなかには、きのう見かけた若い陸軍将校と、中年の少佐とが軍刀を股《また》の間に立てて柄の上に肘《ひじ》を置き、ゆったりと坐っていた。侵しがたい雰囲気であったが、父は容赦なく中に入って、「すこし詰めてください」と言った。寝台であるから四人までは坐れるのである。

「ここは特別室ですぞ」

と若い将校が言った。

「夜になるまでは誰のものでもない」

と父は言い返した。

それから言合いになった。そのうちに父は大声で、

「ちかごろの軍人は増長しとる」

と怒鳴った。

私は大変なことになったと身も縮む思いだったが、それまで黙っていた少佐が若い将校の肩を叩《たた》いて、なだめるように何か言った。若い将校が渋々と席を詰め、父も私も坐った。

私が遠慮がちに尻《しり》を半分だけ載せていると、父は「もっと深く坐れ」と言った。

それにしても、狭い室内の空気はトゲトゲしく重々しい。将校たちも父も押し黙ったままである。せっかくの北海道旅行の気分も台なしである。こんなにまでして坐っているよりも通路に立って外を眺めているほうがよっぽどよかった。

「ぼくは外に出ているよ」と私は言った。

「ここに坐っておれ」と父は私の膝《ひざ》を強く押さえた。

定刻午後1時25分に函館を発車すると、二人の将校は席を立って食堂車へ行った。若い将校は睨《ね》めつけるように父を見下ろしてから扉を手荒く閉めた。

特別室の窓は進行方向の右側にあった。

ポプラの並木が見え、小さな島々をちりばめた大沼が車窓をかすめ、駒ヶ岳《こまがたけ》の長く裾《すそ》を引いた秀麗な山容が車窓いっぱいに広がった。美しい山であった。それは荒《すさ》んだ室内の空気とまったく対照的であった。私は北海道の山では駒ヶ岳をいちばん美しいと思っているが、このときの印象が強かったためかもしれない。

駒ヶ岳が後方に去り、森を過ぎると列車は内浦《うちうら》湾の淋しい海岸を走った。駅に近づくとサイロが現われた。

将校たちはなかなか戻ってこなかった。偏屈な爺《じじい》のいる部屋より食堂車のほうが居心地がよいからであろう。このまま札幌まで戻ってこなければいいんだがな、と私は思った。

長万部が近づくと二人の将校が戻ってきた。いまでもそうであるが、大きな駅に近づくと食堂車は空き、それを過ぎるとふたたび混みはじめる。棚に残した荷物が心配だからであろうが、物資不足の戦争中ではなおのことであった。

ふたたび室内の空気が重苦しくなった。二人で坐っていたのが四人になったので、窮屈でもあった。長万部を発車するのを待って、私たちも食堂車へ行った。

当時の食堂車のメニューが一般にどんなものであったかは経験に乏しいのでわからないが、代用食主体の貧弱なものであったにちがいない。ところが、メニューを開いた父は、ほう、と声を出し、「これだこれだ、これにしよう」と指さした。見ると「鮭《さけ》フライ定食」と書かれた小さな紙片がクリップでとめてあった。

鮭フライは切身も厚く、ひじょうにうまかった。以後今日まで、あんなにうまい鮭フライを食べたことはないと私は思っているが、これは比較の問題ではない。主食はもちろん米ではなく、トウモロコシを混ぜたパン状のものだったように思う。とにかく父はすっかり機嫌がよくなり、「まだ北海道は余裕があるな」などと言った。窓外には蝦夷《えぞ》富士の羊《よう》蹄《てい》山が間近かに迫っていて、線路がカーブするにつれて急にうしろへ去ったり前に戻ったりしていた。

ご馳走《ちそう》で腹がくちくなると心が和らぐのか、お互いに疲れたのか、特別室のトゲトゲしさもいくらかおさまった。小樽《おたる》を過ぎると長かった夏の日が暮れ、7時55分、札幌に着いた。

翌日、富良野へ行った。

列車の時刻は覚えていないが、当時の時刻表によれば、午前7時55分発の釧路行鈍行に乗ったにちがいない。というのは、食堂車に行った記憶があり、札幌から富良野へ向う昼間の列車で食堂車のマークのついた列車はこれしかないからである。

特急でさえ食堂車を連結しない列車が多くなった今日から見ると、食堂車つきの鈍行列車など想像もつかないが、戦前は山陽、鹿児島、日豊《にっぽう》、参宮《さんぐう》、日光、東北、常磐、奥羽、函館、根室、石北《せきほく》等の各線に走っていたのである。これらは昭和一六年七月の食堂車削減によって消えたが、わずかにこの札幌発7時55分の釧路行だけは残ったのである。

もっとも、鈍行列車とはいっても、この列車は前夜11時15分に函館を発ち、翌日の午後7時40分に釧路に着くという長距離列車であったから、今日ならブルー・トレイン級である。しかし、あくまでも鈍行列車であるから、函館から札幌までの夜行区間では急行なみに小駅を通過するが、札幌から先は釧路まで完全に各駅停車になる。ちょこちょこ停車しては地元の客が乗り降りする列車の食堂車の乗心地は妙なものであった。

十五年十月十日改正　瀧川・根室間（根室本線）　特ニ示シタルモノノ他二・三等車

下り列車

粁程	驛名		根室 急行 7	釧路 407	釧路 401	下富良野 463	根室 409	下富良野 423	釧路 405	釧路 465	池田 415 15	落合 467 23	下富良野 417 11
0.0	下り210頁 函館	發	4 22	…	1 45	…	…	…	11 15			…	…
252.5	小樽	〃	10 15	…	10 25	…	…	…	7 01	長萬部發 406	9 19	11 47	4 55
286.3	札幌	〃	10 57	…	11 37	…	…	…	7 55		10 27	0 54	5 40
369.8	瀧川	着	0 51	…	2 04	3	…	3	10 12		*0 45	*3 11	*7 17
0.0	瀧川	發	1 06	…	2 18	5 51	…	8 22	10 25		1 00	3 30	7 25
7.2	幌倉	〃	レ		2 30	6 06	…	8 35	10 36	2	1 16	3 47	7 39
13.7	赤平	〃	レ	2	2 42	6 27	…	8 46	10 48		1 33	4 08	7 48
17.2	茂尻	〃	急行		2 50	6 38	…	8 54	10 56		1 44	4 25	7 57
20.7	平岸	〃	2	…	2 58	6 48	…	9 01	11 03		1 53	4 40	8 04
26.6	蘆別	〃		…	3 14	7 00	…	9 15	11 15	…	2 07	5 02	8 15
30.5	上蘆別	〃	レ	…	3 22	7 08	…	9 24	11 23	…	2 17	5 23	8 23
35.2	野花南	〃	レ	…	3 30	7 16	旭川發 5 50	9 33	11 31	…	2 27	5 37	8 31
42.6	奔茂尻	〃	レ	…	3 42	7 28		9 46	11 43	…	2 40	5 54	8 43
52.1	島ノ下	〃	レ	…	3 56	7 42		10 00	11 57	…	2 57	6 14	8 57
57.6	富良野	著	2 22	…	4 04	7 50	7 44	10 08	0 05	…	3 07	6 24	9 05
		發	2 29	…	4 22	…	8 07	…	0 15	…	3 22	7 00	…
63.9	布部	〃	レ	…	4 40	…	8 19	…	0 25	…	3 34	7 26	…
69.7	山部	〃	レ	…	4 53	…	8 32	…	0 36	…	3 47	7 47	…
77.7	下金山	〃	レ	…	5 07	…	8 47	…	0 48	…	4 06	8 13	…
84.6	金山	〃	レ	…	5 24	…	9 02	池田行 461	1 01	…	4 21	8 40	…
94.2	鹿越	〃	レ	…	5 40	池田行 419	9 18		1 17	…	4 37	9 05	…
101.8	幾寅	〃	レ	…	5 59		9 37		1 31	…	4 56	9 30	…
111.2	落合	〃	4 00	…	6 22		9 59		1 51	…	5 32	9 49	…
128.0	新内	〃	レ	…	6 55		10 37	3	2 30	…	6 21		…
139.1	新得	〃	4 56	…	7 20	6 00	11 10	8 39	2 55	…	6 49	3	…
148.2	十勝清水	〃	レ	…	7 34	6 18	11 25	9 02	3 09	…	7 09	…	…
158.7	御影	〃	レ	…	7 50	6 38	11 41	9 27	3 25	…	7 29	…	釧路行 621
169.3	芽室	〃	レ	…	8 05	6 57	11 57	9 59	3 39	…	7 46	…	
176.2	伏古	〃	レ	…	8 15	7 09	0 07	10 12	3 49	…	7 58	…	
182.9	帯廣	著	6 00	…	8 24	7 18	0 16	10 23	3 58	3	8 09	…	
		發	6 07	…	8 33	7 40	0 39	10 40	4 03	5 30	8 25	…	6 22

富良野線二一八頁　士幌線・廣尾線二三〇頁

食堂車を連結した普通列車と狩勝峠越え。ジャパン・ツーリスト・ビューロー版『鉄道省編纂時間表』昭和17年9月号よりこの列車の富良野着は午後0時05分である。それまでに食事を終えるとなると昼食としてはちょっと早い。もちろん朝食は宿ですましてある。にもかかわらず私たちが食堂車へ行ったのは、当時すでに、食事時間であろうとなかろうと食べるチャンスがあればとにかく食べるという習慣が身についていたからである。それは空腹であるかどうかとも無関係であった。

それと、もうひとつ、きのうの「鮭フライ」で味をしめたということもあった。けれども、期待ははずれた。何か食べたはずだが、何を食べたかは覚えていない。

富良野では二泊した。目的の石綿鉱山は一駅先の布部《ぬのべ》から東へすこし登ったところにあった。眼下の富良野盆地の中央を空知《そらち》川が蛇行し、その向うに芦別岳《あしべつだけ》の嶮《けわ》しい山容が望まれ、わるい眺めではなかったが、水田が広がっているので北海道らしくはなかった。

着いた日の午後と翌日の二度、私たちは坑内に入って白く細い石綿の鉱脈をカンテラで照らしたり、精錬所を覗いたりした。精錬所といっても、モンペ姿に手拭で頰《ほお》かぶりをした地元の女性たちが並び、金槌《かなづち》で鉱石を叩き割って石綿の部分を選《よ》り分けているだけであった。建物もバラックで、そこに「聖戦必勝」「増産邁進《まいしん》」と大書された板が打ちつけられていた。

父は鉱業所の人たちの説明を聞いたり帳簿にちょっと眼を通したりしていたが、とくに突っこんだ質問をする風もなかった。通りいっぺんの視察といった観があった。二日目になると、することがないので空知川の河原を散歩してから早目に富良野の宿へ引き揚げた。これだけのためにわざわざ北海道へ来る必要があるのだろうかと私は思った。

ただ、食糧には恵まれた。昼は鉱業所で、朝と夜は宿で白い御飯を食べた。私のリュックザックには七分搗《づ》きか五分搗きの茶っぽい米が入っていたが、旅館は米を要求しなかった。鉱業所が持ちこんでくれたのであろう。

　宿での夕食には鉱業所の人たちが何人か集まり、時局談義を交わした。酒も持ちこまれ、未成年の私もお相伴をした。石綿は断熱材として軍需産業に欠かせないものであったから、生産奨励の酒が特配されていたのである。

　富良野での三日目に狩勝《かりかち》峠を往復した。私は一人で行くつもりであったが、父もいっしょに行くことになった。

　狩勝峠は、急勾配《こうばい》緩和のため昭和四一年九月に線路変更がおこなわれるまで、国鉄の車窓随一の雄大な景観として知られた峠であった。

　たとえば大正期の紀行作家谷口梨花の『汽車の窓から—東北部』（大正八年刊、博文館）にはこう記されている。

車窓から眼を放つと、翠黛描けるが如き佐幌嶽《さほろだけ》は右に在るかと思へば左に在り、左に見ゆるかと思へば又右に見ゆ（ママ）、見下《みおろ》せば十勝の高原は茫々として際涯《さいがい》を知らず、展望開豁、風光秀麗、身は雲上畫中《うんじやうぐわちう》に在りて、別に一幅の畫を望むが如く、線路羊腸として旋轉曲折、次第に平野に下り行く處、丁度天《ちやうどてん》から降下《あまくだ》りする様な感じを起させる。

このほか、私が中学二年頃に習った国語の教科書にも狩勝峠のことが載っていた。いずれも美文で正体がつかみにくかったが、展望が雄大で雲上を行く感のすることはたしかと思われた。それに、五万分の一の「新得《しんとく》」を買ってみると、正に「線路羊腸」で、狩勝峠から十勝平野北端の新得へ下る間はS字を二つ継いだようになっていた。

狩勝峠までは富良野から根室本線で二時間余であった。富良野まで来て訪れずに帰れるところではなかった。

父と私は富良野発8時07分の根室行に乗った。進むにつれて空知川はしだいに細くなり、9時55分ごろ、石狩側最後の駅、落合に着いた。いよいよ狩勝峠越えである。

落合を発車した列車は一〇〇〇分の二五という急勾配を登っていった。蒸気機関車は精一杯蒸気を吹かせているのだが、速度は遅かった。喘《あえ》ぎながら登るという表現そのままであった。あたりは原生林で、うす暗い下草の上を蒸機の濃い煙が匍《は》った。

約一五分ほど急勾配を登ると、狩勝信号場がある。蒸機が最後の息を引き取るように停止すると、物音がしなくなった。

富良野からずうっと晴れていたが、うすい雲が十勝の側から広がってきていた。

信号場で息を吹き返した列車は、スイッチ・バックをしてから、煉瓦《れんが》を巻いた古びたトンネルにゆっくりと進入した。長さ九一七メートルの狩勝トンネルで、これを抜ければ十勝平野の大展望が開けるのである。

トンネルは左にカーブしていて列車の速度は依然として遅かった。煙が車内に充満した。乗心地はまことにわるかったが、いよいよ待望の狩勝峠の展望に接しられるのだと思うと、煙と期待とで息もつまる思いだった。

前方に明るみが差し、列車はトンネルを抜けた。

濃い霧で何も見えなかった。乳白色にかすんだ防雪林が窓の下を通り過ぎて行くだけであった。

曲りくねりながら十勝平野へ下る途中に新内《にいない》という駅があった。列車のすれちがいと保線係のために設けられた信号場のような駅で、付近に人家はなかった。私たちはここで下車した。

こんな駅で下車する客は珍しいのであろう、駅長が駅舎のなかへ招じ入れてくれた。八月一日というのに、ダルマストーブに薪が燃えていた。

富良野へ戻る上り列車は11時46分発であった。約一時間の待ち時間があるが、見物するところなどあるはずもなく、霧も濃いのでストーブにあたりながら待った。駅長は人恋しいのか、私たちに茶をすすめ、父と雑談を交わしていた。

三、四〇分そうしていると、汽車の音が聞えてきた。私は思わず腰をあげた。すると駅長は、

「まあごゆっくり、あと二〇分はかかりますよ」

と言った。線路が大きく曲りくねっているうえに急勾配で列車の速度が遅く、しかもあたりが静寂だからである。

濃い霧のなかから聞えてくる上り列車の蒸気機関車の音は、左へ遠ざかり、あるいは右へ遠ざかりして、なかなか近づいてこなかった。

第9章　第1種急行1列車博多行——昭和19年

時刻表ファンにとって、ダイヤ改正は楽しみなものである。

せっかく覚えた時刻がご破算になってしまうのだから、賽《さい》の河原の石積みのようなものだが、趣味の世界にも退屈があり、新鮮な刺激をつねに求めているのだ。

とくに、「白紙改正」といって、ダイヤが全面的に組み替えられるときは、時刻表の発売日が待ち遠しくてしようがない。そういった大改正は、幹線の開通、電化や複線化、新型車両の完成などを機におこなわれるのであるが、私の胸をときめかした大改正の主なものを列挙してみると、

昭和　九年一二月　一日　丹那《たんな》トンネル開通による。
一七年一一月一五日　関門《かんもん》トンネル開通による。
二四年　九月一五日　特急の復活（「へいわ」号）など。
二五年一〇月　一日　「つばめ」の東京―大阪間八時間運転など、ほぼ戦前の水準

を回復。

三一年一一月一九日　東海道本線全線電化完成による。

三三年一一月　一日　ビジネス特急「こだま」の登場。

三六年一〇月　一日　全国にディーゼル特急が走り始める。

三九年一〇月　一日　東海道新幹線開通による。

四三年一〇月　一日　東北本線全線電化複線完成による。

などである。

いずれも、より速く便利に快適に、を追い求めてのダイヤ改正であるが、関門トンネル開通の場合だけは異質である。というのは、このトンネルは、割り切って言えば、旅客よりは貨物、とくに石炭輸送のために掘られたからである。

九州と本州を海底トンネルによって「陸続き」にしようとする着想は、すでに明治二九年、博多商業会議所が採り上げ、伊藤博文内閣に持ちこんだ時にはじまると言われる。その後、後藤新平の鉄道院総裁時代に研究が開始され、大正八年には、予算一八一六万円、工事期間一〇年間で掘ることが決ったが、不況のあおりからか金策がつかず中止になった。しかし、昭和八年頃から景気も上向きになり、派手好みの船成金内田信也が鉄道大臣に就任したこともあって、昭和一〇年に関門トンネル計画が発表され、翌一一年一〇月に着工したのであった。

この頃までは、より速く便利に快適に、を目指しての関門トンネル計画であったかもしれない。けれども、もしそれだけならば、昭和一七年という時期に開通することはなかったであろう。他の新線計画と同様、工事中止になっていたにちがいない。関門トンネルは、日中事変から太平洋戦争へと進むにつれて、その目的を平時型から戦時型へと変えつつ掘り進まれ、最後は突貫工事となって昭和一七年に開通したのである。貨物列車が走り始めたのは、ミッドウェイ海戦直後の六月一一日、旅客列車の運転開始は、ガダルカナル島の死闘が終局に近づいた一一月一五日であった。この、貨物列車と旅客列車の運転開始時に五カ月の差があることは、関門トンネルの性格をよくあらわしているように思う。

けれども、昭和一二年の日中事変勃発《ぼっぱつ》いらい、ダイヤ改正のたびごとに列車の削減やスピード・ダウンが繰り返され、時刻表の誌面が寒々としてきた昭和一七年末にあって、関門トンネル開通によるダイヤ改正は、ひときわ華やかに見えた。下関行だった「富士」が長崎行になったのをはじめ、東京から九州へ直通する列車が八本も出現したからである。このうち、15時25分発の鈍行長崎行と23時00分発の急行鹿児島行とは二晩走りつづけて翌々日の朝に終着駅に着くという空前の長時間・長距離運転の列車であったから、日本の

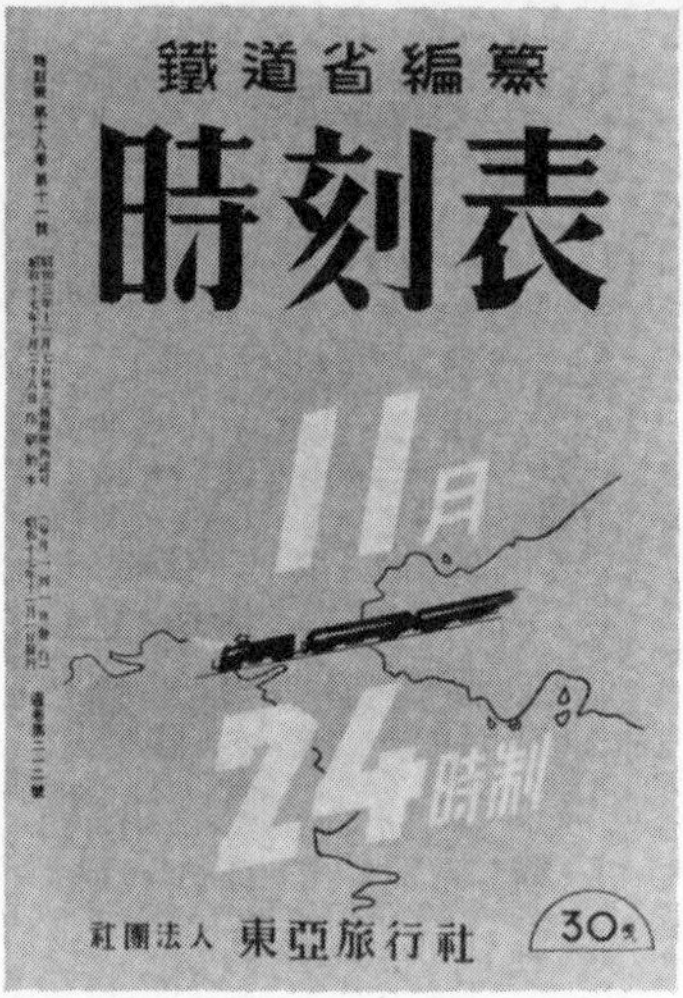

関門トンネル開通時の時刻表。東亜旅行社版『時刻表』昭和17年11月号（『復刻版時刻表　戦前・戦中篇』©JTBパブリッシング）。「24時制」の文字が見られ、誌名も「時間表」から「時刻表」に改められている

国土が大きくなったような感さえあたえた。関門トンネル開通を機に国鉄の発着時刻の表記が大陸なみの二四時制に変えられたのも、納得できるような気がした。

当然ながら私は関門トンネルを通ってみたくてたまらない。けれども、さすがにそれは無理だった。この年の四月には運賃が二八パーセントも値上げされ、東京から門司《もじ》を往復すれば乗車券だけでも学割で二〇円もかかるのである。小遣いを貯めても、とうてい及ばぬ額であった。

父も母も、私の汽車好き旅行好きには理解があった。方眼紙に時刻表を書き写してダイヤグラムをつくったり、五万分の一の地図を眺めたり、そんなことばかりしていて学校の成績のわるい息子を叱《しか》りもせず、むしろ私を旅行に連れだしてくれさえした。私が行きたいと言えば、近いところなら一人で行かせてくれたし、遠い場合はいっしょに行ってもく

れた。しかし、こんどばかりは駄目であった。いくつもの悪条件が重なっていたからである。

北九州を往復するとなれば、最低二昼夜はかかる。鉄道の混雑はますますひどくなっていたし、食糧事情も悪化していた。往きはよいとしても、帰りは予定した列車に乗れないかもしれない。駅弁が買えるかどうか覚束ないから、握り飯を三日分ぐらい用意していかねばならぬが、日程が延びれば腐るかもしれない。九州に親戚《しんせき》か知人がいればよいのだが、あいにくいなかった。

要するに、中学四年生が一人で九州を往復するのは無理だというのが父や母の判断であった。私はそうは思わなかったけれど、親が許してくれなければ旅費が出なかった。

末っ子の私は駄々をこねて我を通す術を身につけていたから、いろいろなことを言ったにちがいない。けれども、母はもとより父も頑《がん》として取り合わなかった。

「八幡製鉄所はいつ爆撃されるかわからんのだ」と父は言った。

「用もないのに北九州など旅行しているとスパイ扱いされるぞ。憲兵に引っ張られても知らんぞ」

「炭鉱は坑夫が足りんで困っているから、攫《さら》われて炭鉱に売りとばされるぞ」

とも言って私を脅かした。中学生のスパイなんてあるものかと思いながらも、私は多少気味がわるかった。たしかに、アメリカの爆撃機が大型化して航続距離が延び、中国大陸の基地から北九州往復が可能になったと伝えられていたし、八幡製鉄所を中心とする北九州工業地帯は軍需工業の中枢部であった。

「旅行者は不時の空襲に備へ、荷物の中に頭巾、三角巾、巻脚絆《まききゃはん》、モンペ、ズボン、運動靴、藥品を入れて、空襲時の用意と心構へを忘れてはならない。手廻品《てまはりひん》は出來るだけ少なく、婦人は小さい子供を多人數連れて行かぬやう、愛兒のために心がけてほしい。要は旅先で空襲をうけた場合、避難の整然敏捷《びんせう》は勿論《もちろん》、進んでその他の防空防火に直ちに協力出來るやう各自が考へて旅立つことである」

これは、不急不要誌として紙の配給を断たれ、昭和一七年の八月号を最後に休刊となった雑誌『旅』の終刊号に載った注意書きである。

関門トンネルのように遠くて物騒なところへの旅行はまかりならぬが、近くて安全なところならば自由に行かしてやろうということにでもなったのであろうか、昭和一七年の末から一八年の夏休みにかけて、私は近距離・中距離旅行にしばしば出かけている。

まず、一二月には上野発21時25分の信越本線回り大阪行に乗って翌朝6時13分に直江津《なおえつ》に着き、長岡へ出て、上越線経由で夕方には上野に戻った。直江津と柏崎《かしわざき》の間に青海川《おうみがわ》という日本海岸の波打際に設けられた駅があり、波の荒い日にはホームにしぶきがかかると聞いていたのが、こんなコースをとった理由だったと思う。ぐるりとひと回りしただけで、どこも見物しなかった。

　翌一八年の一月末か二月はじめには、土曜日の上野発22時00分の奥羽本線回り青森行で山形に行き、仙山《せんざん》線で仙台へ抜け、常磐《じょうばん》線経由で日曜日の夜に上野へ帰り着いた。昭和一二年に全通した仙山線には、長さ五三六一メートル、清水《しみず》、丹那に次ぐ日本第三位の仙山トンネルがある。それでこんなコースを選んだにちがいない。どうも私は、トンネル志向がひときわ強いようである。

　関門トンネルに行けないかわりに、かような中距離汽車旅行で気をまぎらしていたのであるが、そのいっぽう、学校の友だちと誘い合わせての山歩きにもしばしば出かけた。

　この山歩きは、現在のそれとはようすがちがっていた。バスがほとんど使えず、バス道をてくてく歩くことが多かったからである。

　開戦前の昭和一六年八月、アメリカはガソリンの対日輸出を禁止した。石油資源をほとんど有しない日本は、それ以前からガソリンの統制をおこなっていたが、これを機に乗用車やバスへの配給が停止された。「ガソリンの一滴は血の一滴」という標語がつくられた。自動車を走らすには代用燃料の木炭を使うしかなかった。これは木炭を燃やしてガスを発生させ、エンジンを動かそうとするもので、トラックは荷台の左前角、バスは後部に丸い筒型の釜《かま》を積むことになった。

木炭燃料の出力はガソリンにくらべると各段に弱かった。道路が平坦《へいたん》な場合はそれほどでもなかったが、坂道にかかるとめっきり速度が落ち、人が歩くのと同じぐらいの速度になった。客が多いと登れないこともしばしばで、そういうときは坂の下でいったん客を降ろし、坂道を登りつめたところでふたたび乗せるという方法もとられた。急勾配《こうばい》のつづく区間では客を乗せて登ることは不可能であったから、日光のいろは坂などのバス路線は廃止になった。

飛驒《ひだ》山脈の展望地として知られる美《うつくし》ヶ原《がはら》は、現在は二〇〇〇メートルの山頂までバスが登るが、昭和一七年一〇月に行ったときは松本駅から一日かかって歩いた。一八年の三月には鬼怒川《きぬがわ》から塩原《しおばら》まで歩き、箱根の乙女《おとめ》峠へは御殿場から歩いた。七月には富士山に登ったが、このときは富士吉田から歩きはじめた。八月に上高地へ行ったときは沢渡《さわんど》から歩いた。

「歩け歩け」という軍歌調の国民歌謡があったが、とにかくよく歩いた。

歩いたり勤労奉仕に駆り出されたりしている間に、太平洋戦争の戦況はますます不利になっていった。大本営が苦しまぎれに「転進」という新語で発表したガダルカナル島撤退は昭和一八年二月、山本五十六《いそろく》連合艦隊司令長官の戦死が四月、アッツ島守備隊の玉砕が五月というように、悪いニュースがつづいた。

都会の食糧不足は、ますますひどくなっていた。米の配給は一人一日二合三勺、発育盛

18. 10. 1改正　小田原・沼津・湖尻間　㊜

湖尻・沼津方面

粁程	運賃	停車場名												
0.1	圓銭	小田原(省)發	7 20	7 50	8 30	9 05	9 50	10 45	11 35	12 40	13 20	13 50	15 00	15 50
…	20	箱根湯本〃	7 34	8 04	8 44	9 19	10 04	10 59	11 49	12 54	13 34	14 04	15 14	16 04
		△箱根宮之下著	8 10	8 40	9 20	9 55	10 40	11 35	12 25	13 30	14 10	14 40	15 50	16 40
13.8	80	△箱根宮之下發	7*25	8 45	｜	*9 55	11*10	｜	12*30	13*35	…	14*45	15*55	16*45
21.0	1.30	△仙石〃	8 00	9 20	｜	10 30	11 45	｜	13 05	14 10	…	15 20	16 30	17 20
27.5	1.60	湖尻著			｜	11 05		｜		14 45	…			
13.8	80	△箱根宮之下發	8 15	…	9 25	10 00	…	11 40	…	13 35	…	14 45	15 55	…
17.2	1.05	△箱根小涌谷〃	8 35	…	9 45	10 20	…	12 00	…	13 55	…	15 05	16 15	…
21.7	1.50	△箱根蘆ノ湯〃	9 05	…	10 15	10 50	…	12 30	…	14 25	…	15 35	16 45	…
25.4	1.80	△元箱根〃	9 20	…	10 30	11 05	…	12 45	…	14 40	…	15 50	17 00	…
27.0	1.60	△箱根町〃	9 25	9 45	10 35	11 10	…	12 50	13 00	14 45	14 50	15 55	17 05	16 40
47.3	3.30	三島〃		10 35			…		13 50		15 40			17 30
54.0	3.40	沼津(省)著	…	10 50	…	…	…	…	14 05	…	15 55	…	…	17 45

小田原方面

粁程	運賃	停車場名												
0.0	圓銭	沼津(省)發	…	…	…	7 30	…	…	…	10 15	…	12 30	…	14 15
6.7	20	三島〃	…	…	…	7 45	…	…	…	10 30	…	12 45	…	14 30
27.0	1.50	△箱根町〃	…	…	8 15	8 35	9 55	11 00	11 45	12 20	13 25	14 35	15 15	16 20
28.6	1.60	△元箱根〃	…	…	8 20		10 00	11 05	11 50		13 30		15 20	
32.3	1.60	△箱根蘆ノ湯〃	…	…	8 35	…	10 15	11 20	12 05	…	13 45	…	15 35	…
36.8	2.30	△箱根小涌谷〃	…	…	8 50	…	10 30	11 35	12 20	…	14 00	…	15 50	…
40.2	2.60	△箱根宮之下著	…	…	9 05	…	10 45	11 50	12 35	…	14 15	…	16 05	…
0.0	圓銭	湖尻發	…	…	｜	…	｜	11 05	…	…	…	14 50	…	…
6.5	60	△仙石〃	7 10	8 05	｜	…	｜	11 30	11 50	…	13 10	15 15	15 45	…
13.7	1.10	△箱根宮之下著	7 30	8 25	｜	…	｜	11*50	12*10	…	13*30	15*35	16*05	…
40.2	2.60	△箱根宮之下發	7 35	8 30	9 10	9 50	10 50	11 55	12 40	…	14 20	15 40	16 10	16 40
…	3.00	箱根湯本〃	7 52	8 47	9 27	10 07	11 07	12 12	12 57	…	14 37	15 57	16 27	16 57
54.0	3.40	小田原(省)著	8 05	9 00	9 40	10 20	11 20	12 25	13 10	…	14 50	16 10	16 40	17 10

木炭バスの登坂力。箱根湯本―箱根宮之下、三島―箱根町などの急勾配区間では、登りが下りの2倍以上の時間を要している。なお、沼津発7時30分の上り便の「箱根町835」は9時35分の誤植であろう。東亜交通公社版『時刻表』昭和19年3号（6月発行）より

りの青少年は二合七勺であった。いまの私はパン食の分なども換算してせいぜい二合程度しか食べていないが、副食物やおやつ類が貧弱で腹のたしになるもののなかった当時は、二合三勺や七勺ではとうてい足りるものではなかった。五合か六合食べないと腹がすいた。

食べものをめぐってのトラブルも多くなった。米屋の升の計り方がけしからん、親指を升の中に突っこんで計っている、親指分だけ米をごまかしてヤミに回しているのだ、といった口論が配給所の店頭で聞かれるようになった。空腹は人びとの気持

を荒《すさ》んだものにしていた。学校では、他人の弁当を失敬して食べる者も現われ、たちまち取っ組み合いの喧嘩《けんか》になった。

私がしばしば近距離・中距離の旅行に出かけたのは、汽車に乗ることや山を歩くのが目的ではあったが、同時に、田舎に行けば何かしら腹のたしになるものが手に入るからでもあった。つまり買出しを兼ねていたのである。大きな荷物を背負った買出し部隊で、汽車はますます混雑するようになった。

これに対して「鐵道は兵器だ」「決戰輸送の邪魔は買出し部隊…」といった標語が駅に貼《は》られたりしたが、効果はほとんどなかったと言ってよかった。

こうした状況のなかで、昭和一八年二月一五日には「戦時陸運非常体制」による列車ダイヤの改正がおこなわれ、旅客列車が大幅に削減された。

戦時陸運非常体制は、一七年一〇月六日の閣議で決定されたもので、その目的は「内地沿岸海上輸送ノ貨物ハ極力コレヲ陸上輸送ニ轉移セシ」めることにあった。日中事変から太平洋戦争へと戦域が拡大するにつれ、船舶の需要は急激に増大したが、アメリカの潜水艦攻撃を警戒しての航路迂回《うかい》や船団編成などで効率は低下し、撃沈による絶対数の減少もあって、海運事情は逼迫《ひっぱく》していた。そこで北九州や北海道からの石炭輸送を船から鉄道へと移行させることになったのである。一見華やかに見えた関門トンネルの開通も、こうした切実な事情によるものであった。鉄道による石炭輸送量は急増し、昭和一八年度は前年度の二・五倍となった。

限られた線路の上に大量の貨物列車を走らそうとすれば、旅客列車を削減するほかはない。軍需工場へ通う「産業戦士」用の列車は削れないから、どうしても長距離列車を間引くことになる。とくに特急や急行などの高速列車は、削減の対象の筆頭に挙げられた。交通量の多い道路に救急車や消防車が進入してくると一般車が道路脇《わき》にいったん停車して待避させられるように、特急や急行は他の列車の障害になるからであった。

情報局主催による移動展より。年月、筆者不詳

昭和一八年二月一五日のダイヤ改正では、東京—神戸間の特急「鷗」をはじめ、多数の急行・準急が廃止され、また運転区間を短縮された。

こうした実質的なこととは別に、観念的と思われる改訂もおこなわれた。この年の七月一日から「特別急行」を「第1種急行」、「普通急行」を「第2種急行」と呼ぶことになったのである。これは従来、四〇〇キロを境に急行料金が二段階になっていたのを撤廃し、東京から名古屋までの客でも広島や博多までと同額の急行料金を支払わせるという、急行旅客の抑制を兼ねた実質的値上げと同時におこなわれたのであるが、関門トンネルへは「特急・富士」で、と夢見ていた私は淋《さび》しい気がした。日中事変いらい「贅沢《ぜいたく》は敵だ」とされてきたが、「特別急行」には贅沢に通う語感があるからだろうか。

さらにこの年、昭和一八年の一〇月一日には「決戦ダイヤ」と銘打たれたダイヤ改正があり、またまた急行列車の削減とスピード・ダウンがおこなわれた。昭和五年いらい国鉄の看板列車として走りつづけてきた「燕」が消えたのもこの時であった。

急行列車のスピード・ダウンは、普通列車や貨物列車との速度差を縮小することによって運転本数の密度を濃くしようとするものである。唯一の第1種急行として生き残った「富士」も長崎行から博多行に区間短縮され、東京—博多間の所要時間は二〇時間から二一時間三〇分に延長された。一時間半余計にかかるようになった分だけ東京発の時刻が繰り上げられ、従来の15時00分発が13時30分発となった。

このような切迫した鉄道事情を尻目《しりめ》に、昭和一八年四月から旧制高校に進学した私は、すっかり大人になったつもりで学割を使ってはしばしば「不急不要の旅行」に出かけていたのである。

けれども、それまで特別扱いを受けていた学生という身分にも、戦争は容赦なく侵入してきた。一〇月二日には文科系学生の徴兵猶予が撤廃され、一〇月二一日には雨の明治神宮外苑で出陣学徒の壮行会がおこなわれた。

私たち高校一年生は徴兵年齢にはまだ一、二年の間があったが、しばしば勤労奉仕に駆り出されていた。立川飛行場の拡張工事、防空壕《ぼうくうごう》掘り、開墾などいろいろであった。昭和一九年三月には、埼玉県の農村の小学校に二週間ほど泊りこみ、暗渠《あんきょ》工事をやった。これは水田の中央に二メートルぐらいの深い溝を掘り、排水をよくするという作業である。農村だから食糧事情はよかろうと期待していたが、そうではなかった。東京に近いために買出し部隊や親類知人に吸いとられてしまったのであろう。おやつに出されたジャガイモがいちばんのご馳走《ちそう》であった。

埼玉県の小学校に泊っているあいだ、私は時刻表を見ていた。この勤労奉仕が終れば一週間の春休みがある、これを逸しては関門トンネルを通る機会はないだろう、絶対に行くぞと心に決めていたからである。

姉の夫をはじめ親類、学校の先生などがつぎつぎと出征していった。戦死者も出ていた。いずれは自分たちにも順番が回ってくると私たちは思っていた。空襲でやられるかもしれなかった。いずれにせよ、戦争の結末を見ずに死ぬような気がしていた。しかも、四月からは旅行が全面的に禁止されると報じられていた。どうしても三月中に関門トンネルへ行かねばならなかった。

級友たちも、この一週間を最後の青春として受けとっていたのであろう。農村での勤労奉仕から解放されると、いっせいに、そして思い思いに遊んだ。山へ出かける者が多かったが、学校のグラウンドで野球をする者、映画館に入りびたって古い洋画を繰り返し観る者などいろいろだった。なかには女学生との交際に全力を挙げた者もいた。

昭和一九年三月二四日だったと思う、私は東京発13時30分の第1種急行1列車博多行に乗った。

父も母もこんどは反対しなかった。東京駅の窓口に長時間並んだのに指定急行券が買えず、しょんぼり帰ってきた私を見た父は鉄道省に勤めていた女婿《じょせい》に無理に頼んで乗車券と指定券を入手してくれさえした。第1種急行の指定券は一般の手に入りにくいものであった。母は小遣いをたくさんくれた。すでに旅費分の小遣いを貯めこみ、普通列車の通路に三〇時間坐《すわ》りこんでも行こうと腹を決めていた私は、拍子抜けがした。

第1種急行1列車は全車指定席で、通路に立つ人はなかった。長距離列車で通路に立つ客のない列車など珍しかったから、ホームの人びとがまぶしそうに車内を眺めた。

粁程	驛名		101	11		3		1	5	105	7	107	13	109	15
	行先		大阪	下關		鹿兒島		博多	長崎	大阪	門司	大阪	下關	大阪	下關
				2		2		123 特急	2	2	2	2	2	2	2
0.0	東京	發	9 00	10 00	…	11 00	…	13 30	14 30	19 30	20 30	21 00	21 30	22 00	22 30
0.9	新橋	〃	9 05	10 05	…	11 05	…	ふ	14 35	19 35	20 35	21 05	21 35	22 05	22 35
2.6	品川	〃	9 13	10 13	…	11 13	…	じ	14 43	19 43	20 43	21 13	21 43	22 13	22 43
24.6	横濱	〃	9 35	10 35	…	11 35	…	14 00	15 05	20 05	21 05	21 35	22 05	22 35	23 05
42.3	大船	〃	9 54	10 54	…	11 54	…	レ	15 24	20 24	21 24	21 54	22 24	22 54	23 24
79.7	小田原	〃	10 32	11 32	…	12 32	…	1 2	16 02	21 16	22 16	レ	レ	レ	レ
100.4	熱海	〃	10 56	11 56	…	12 56	…		16 26	21 42	22 42	レ	レ	レ	レ
122.0	沼津	〃	11 24	12 24	…	13 24	…	15 37	16 54	22 14	23 14	23 44	0 14	0 44	1 14
176.0	靜岡	〃	12 28	13 24	…	14 28	…	16 28	17 58	23 19	0 14	0 46	1 13	1 46	2 16
252.9	濱松	〃	13 55	14 53	…	15 55	…	17 42	19 25	0 52	1 46	2 20	2 50	3 21	3 47
361.8	名古屋	着	15 53	16 50	…	17 50	…	19 16	21 25	2 48	3 42	4 16	4 46	5 16	5 51
		發	15 59	16 56	…	17 56	…	19 22	21 31	2 54	3 48	4 22	4 52	5 22	5 57
392.1	岐阜	〃	16 36	17 31	…	18 33	…	19 49	22 08	レ	レ	レ	レ	5 56	6 34
405.8	大垣	〃	16 54	17 49	…	18 51	…	20 04	22 26	3 44	4 39	5 14	5 44	6 14	6 52
441.7	米原	着	17 40	18 35	…	19 37	…	20 42	23 12	4 37	5 32	6 07	6 37	7 07	7 45
		發	17 45	18 40	…	19 42	…	20 47	23 17	4 42	5 37	6 12	6 42	7 12	7 50
509.4	京都	着	18 51	19 50	…	20 48	…	21 45	0 28	6 10	6 50	7 29	8 00	8 30	9 00
		發	18 56	19 56	…	20 52	…	21 50	0 35	6 16	6 56	7 36	8 06	8 36	9 06
552.2	大阪	着	19 41	20 41	…	21 34	…	22 31	1 15	7 01	7 41	8 21	8 51	9 21	9 51
		發	…	20 50	…	21 40	…	22 40	1 20	…	7 50	…	9 00	…	10 00
582.8	三ノ宮	〃	…	21 21	…	22 12	…	23 10	レ	…	8 22	…	9 32	…	10 32
585.3	神戸	〃	…	21 28	…	22 20	…	23 18	2 05	…	8 30	…	9 40	…	10 40
640.1	姫路	〃	…	22 29	…	23 23	…	0 15	3 10	…	9 33	…	10 43	…	11 50
728.7	岡山	〃	…	0 10	…	1 07	…	1 53	4 52	…	11 14	…	12 23	…	13 24
787.0	福山	〃	…	1 10	…	レ	…	レ	5 54	…	12 15	…	13 25	…	14 24
807.1	尾道	〃	…	1 36	…	レ	…	レ	6 19	…	12 39	…	13 49	…	14 50
890.6	廣島	着	…	3 41	…	4 28	…	5 04	8 46	…	14 42	…	15 53	…	16 46
		發	…	3 48	…	4 35	…	5 11	8 53	…	14 48	…	15 59	…	16 53
932.0	岩國	〃	…	レ	…	5 21	…	レ	9 39	…	15 42	…	16 48	…	17 40
979.1	徳山	〃	…	5 38	…	6 25	…	6 56	10 58	…	16 57	…	17 50	…	18 40
1023.4	小郡	〃	…	6 36	227	7 21	…	7 47	11 53	…	17 53	…	18 50	…	19 34
1092.3	下關	着	…	8 05	8 44	8 44	…	9 00	13 10	…	19 10	…	20 15	…	20 45
1098.6	門司	着	…		8 53	9 03	…	9 23	13 30	…	19 30	103		…	
		發	…	…	9 03	9 15	…	9 32	13 42	…	…	19 55	…	…	…
1104.8	小倉	發	…	…	9 16	9 27	…	9 44	13 55	…	…	20 13	…	…	…
1124.2	折尾	〃	…	…	10 00	9 53	…	10 09	14 22	…	…	20 48	…	…	…
1172.1	博多	着	…	…	11 26	10 45	…	11 00	15 15	…	…	22 04	…	…	…
		發	…	…	11 36	10 50	325	(第一種)	15 20	133	…	22 12	…	…	…
1201.4	鳥栖	〃	…	…	12 46	11 29	11 32		16 00	16 17	…	23 11	…	…	…
1226.4	佐賀	〃	…	…	13 33	｜	12 16		16 32	｜	…	｜	…	…	…
1289.9	佐世保	着	…	…	16 10	｜	15 00		‖	｜	…	｜	…	…	…
1333.5	長崎	〃	…	…		｜	15 40	…	19 50	｜	…	｜	…	…	…
1208.5	久留米	發	…	…	…	11 41	…	…	…	16 31	…	23 24	…	…	…
1242.1	大牟田	〃	…	…	…	12 20	…	…	…	17 35	…	0 14	…	…	…
1291.2	熊本	着	…	…	…	13 20	…	…	…	19 02	…	1 28	…	…	…
		發	…	…	…	13 30	…	…	…	19 09	…	1 30	…	…	…
1326.9	八代	〃	…	…	…	14 10	…	…	…	20 14	…	2 31	…	…	…
1443.6	川内	着	…	…	…	16 35	…	…	…	出水着 22 10	…	5 16	…	…	…
1472.0	伊集院	〃	…	…	…	17 17	…	…	…		…	6 15	…	…	…
1493.1	鹿兒島	〃	…	…	…	17 50	…	…	…		…	6 50	…	…	…

第１種急行１列車。「第１種」の呼称とともに、なぜかこの時刻表では「特急」が依然として使われ、愛称名の「ふじ」も残っている。寝台車や食堂車も連結されているが、この直後の４月１日から廃止された。東亜交通公社版『時刻表』昭和 19 年１号（１月発行）の急行列車欄より

客は男ばかりで、軍人が三分の一ぐらいを占めていた。「軍公用優先」という言葉がよく使われていたが、そういった人たちばかりに思われた。学生服姿など見当らなかった。しかも私の席は右側の前向きの窓際であった。日はさしこまず、前方の景色がよく見える最上の席である。私は晴れがましく、居づらい思いさえした。この学生奴《め》、どんな重要な公務があって乗っておるのか、と向いの客が訝《いぶか》っているようにも思われた。

横浜で大きな荷物を背負った老人が乗ってきて、空いているのに驚いたのか、不思議そうにあたりを見回してから私の近くの通路に荷物を置き、その上に腰を下ろした。一見して第1種急行の客ではないと思われたが、列車はすでに動き出していた。この列車は横浜から沼津まで停車しない。

すぐ車掌がやってきて老人に行先を訊《ただ》した。やはり藤沢までの切符しか持たずに間違えて乗ってしまったのであった。車掌は警官のような居丈高な口調で老人をたしなめ、第1種急行料金などを口にした。老人はオロオロしながら幾度も頭を下げるばかりだった。それにも増して私の印象に残ったのは、周囲の客たちの老人に対する白い眼であった。

沼津からの引返しの方法を指示して車掌が去ると、老人は居たたまれないように荷物を引きずって乗客の眼の届かないデッキへ居場所を移した。

私は憂鬱《ゆううつ》になった。楽しみにしていた関門トンネルへの旅行が、はじまったと思うとすぐにもこうなのかと思った。誤乗の老人のことだけではない。唯一の第1種急行という最優等列車に、三等車とはいえ学生の身分で乗っている自分が、いかにも場違いであった。車内の雰囲気は冷たく、居づらかった。私は気楽な普通列車に乗ればよかったと後悔しながら、空《うつ》ろに窓外を眺めていた。

車掌が検札をはじめた。私は胸がどきどきしてきた。旅行目的を訊《たず》ねられはしないかと思ったからである。この第1種急行には、重要な要務を持った軍公用者以外は乗ってはならぬような空気がただよっていた。

沼津で蒸気機関車につけ替えられると、愛鷹《あしたか》山を背景に煙が流れ、窓外の眺めものどかになった。居眠りする客も多くなり、私もすこし気が楽になってきた。

浜名湖のあたりで日が暮れると、乗客たちは弁当を開きはじめた。握り飯や配給の乾パンが多いようであった。私も持参の握り飯を食べた。

私のリュックザックには握り飯と乾パンと米が入っていた。握り飯は保《も》ちをよくするために中身は梅干しで、外側は焼いてあった。それが二日分と米は一升五合ぐらいだったと思う。五日間は十分まかなえる食糧であった。それでも私は、駅に停るたびに駅弁はないかとホームを見渡した。できれば駅弁と握り飯と乾パンだけで食いつなぎ、米には手をつけずに家へ持ち帰りたかったからである。

駅弁といっても米飯ではなく、すべて代用食で、黒くて固い「興亜パン」や芋などしかないのだが、沼津でも静岡でも浜松でも、それすら手に入らなかった。時刻表の駅名の上に駅弁販売駅を示す「弁」のマークはついていても、売り子の姿が見当らないのである。当時の駅弁売りは、声をあげてホームを行ったり来たりはしなかった。むしろ、人眼につかぬよう待合室や柱の陰にひそんでいることが多かった。客に見つかると群がり集まってきて、われ先にと駅弁をつかみ、収拾がつかなくなるからであった。それは商売というよりは建前としてやむをえず売らされている、という感じであった。事実そうであったろう。駅弁業者には粉が特配されていたから、その権利を維持するためには、形ばかりでも駅頭で売らなければならないからであった。

そういう駅弁であったから、窓からではまず買えなかった。駅に着くや急いでホームに降りて、後ずさりする駅弁屋めがけて突進しなければならない。けれども一人旅ではそれはできなかった。その間に網棚の荷物を盗まれる心配があった。

私はほとんど眠れなかった。関門トンネルへの旅に興奮していたし、通過する夜の駅名を見るだけでも楽しい刺激だった。

岡山からははじめて乗る区間であった。両親の故郷が香川県であった関係から、昭和一○年の春休みいらい何回となく岡山までは乗ったが、ここから先の山陽本線は未知の世界であった。時刻表でなじんできた駅が現実に窓の外にあるのが嬉《うれ》しく、ますます眠れなかった。私は「ひろしま」の駅名標を見ながら、いま自分はほんとうに広島にいるんだなと思ったりした。

広島を過ぎると空が白み、左窓に宮島が見え、岩国を過ぎて右窓に眼をこらしていると、錦帯橋《きんたいきょう》が遠くにちらっと見えた。このあたりから勾配が急になる。機関車は強く重くゆっくりと蒸気の音を響かせ、静かな山村の朝靄《あさもや》を黒煙で汚しながら登っていった。

岩国から徳山へは、この山間ルートが当時の山陽本線であった。けれども、急勾配のため長い編成の貨物列車は登れず、輸送力増強の障害になっていた。石炭輸送最優先の時代であったから、この区間を何とかしなければならなかった。そこで、遠回りではあるが勾配のない海岸経由の柳井《やない》線が見直され、当時、柳井線の線路強化や複線化が突貫工事で進められていた。工事が完成したのはこの年の九月で、一〇月一一日から柳井回りが山陽本線となり、私が通った急勾配の山間ルートは支線に格下げされて岩徳《がんとく》線になった。

当時、線路の撤去と増設とが同時におこなわれていた。撤去の対象になったのは、いわゆる「不急不要路線」で、昭和一八、一九の二年間で三三〇キロの路線が営業休止となった。このほか複線であった御殿場線や参宮《さんぐう》線は一線を撤去され、単線にされた。撤去されたレール、枕木《まくらぎ》、橋ゲタは他の重要線区の線路強化、複線化などに転用された。

そのおもなものは、東海道、山陽、北陸などの主要幹線、北九州や北海道の炭鉱線などであった。東海道本線の最大のネックとされた大垣から関ヶ原への急勾配に、登り専用の大迂回線が建設されたのは一九年一〇月であった。

徳山に着くと車掌がやってきて、海側の窓の鎧戸《よろいど》を下ろすよう乗客に指示した。これから西は海岸を走るので、碇泊《ていはく》中の艦船や軍事施設が見えるからであろう。春の朝日を浴びていた乗客たちは、いっせいに腰を浮かして鎧戸を下ろした。眠っている客は揺り起こされ、動作の緩慢な客は、あなた早くしなさい、と叱《しか》られた。

私はまた憂鬱になり、つぎの小郡《おごおり》で下車することにした。

このまま乗っていれば九時過ぎに待望の関門トンネルを通過するけれど、ここまで来た以上、急いで通り抜ける必要はなかった。楽しみをもうすこし温存しておきたいという気持もあった。それに、関門トンネルまで来たついでに秋吉台と阿蘇《あそ》だけはぜひ見ておきたいと考えていた。秋吉台へは小郡からバスが通じている。当初の計画では帰途に立ち寄るつもりでいたが、私はこの列車から降りたくなった。

小郡には7時47分に着いた。降りたくなって降りたのだが、列車が煙を残して去って行ってしまうと、貴重な列車を見捨てたのが惜しいような気もした。

秋吉台のバスの時刻は時刻表には掲載されていなかったが、運よくすぐ発車するバスがあった。もちろん木炭バスで、運転手が後尾に積んだ釜の焚口《たきぐち》を開け、鉄の棒を突っこんで掻《か》きまわしており、十数人の地元の客が雑談を交わしながら発車を待っていた。小郡まで乗ってきた列車にくらべると、のどかであった。

小郡から秋吉までは約二〇キロ、所要時間は約一時間の予定であった。はじめのうちは道が平坦で、木炭バスは山陽地方独特の白い埃《ほこり》をまき上げながら田んぼのなかを快調に走った。

ところが平野が尽きて秋吉台へとつづく丘陵にさしかかると、たいした坂道でもないのに、たちまちエンストした。すると乗客たちは驚いたようすもなく談笑をつづけながら下車し、バスの脇腹《わきばら》や尻《しり》にとりついて押しはじめた。

坂を登りきるとエンジンがかかり、客たちはふたたび乗りこむ。そういうことが三回ぐらいくりかえされた。

そろそろ終点の秋吉に着くかと思われる頃に、また停った。この坂道は長く、私たちは汗を垂らしながら一〇分以上もバスを押した。押しているうちに終点に着くのではないかと私は思った。

けっきょく、二時間ほどかかって、一〇時過ぎに秋吉に着いた。すでに1列車は関門トンネルを抜けて八幡《やはた》あたりを走っている時刻であった。

私は乗客たちと言葉を交わすこともなく、ただ黙って押していただけであったが、同じ労働に参加したことで親近感が生れたのであろうか、乗客たちは私にも「ご苦労さん」と声をかけて散っていった。

秋吉のバス停から歩いて一五分ほどのところに秋芳洞《しゅうほうどう》の入口がある。遊山《ゆさん》旅行は敵、とされていたから見物客などいないだろうと思っていたが、驚いたことに入口にはどこから現われたのか七、八人の観光客、さらに案内人まで待機していた。私がそれに加わると、案内人は入洞料を徴収してから、さあ入りましょう、と言って電気のスイッチを入れた。洞内に点々と明りが灯った。

秋芳洞のなかを一時間以上かかって一巡してから、私は、一人でカルスト大地の秋吉台へ登って行った。石灰岩の露頭が散在する異様な台地である。私は岩陰に腰を下ろし、生温かい水筒の水を飲み、握り飯を食べ、そして寝そべった。空があるだけで戦争の影もなかった。私はたちまち眠った。

眼が覚めると三時になっていた。いまから出かけたのでは下関に着くまでに日が暮れてしまう。関門トンネルは昼間に通りたかったし、疲れてもいたので、私はここで一泊することにし、秋芳洞の入口にある湿っぽい旅館の玄関に立った。客の気配はまったくなく、幾度も声をかけて、ようやく現われたおかみは黙ったまま学生服姿の私を上から下まで眺めた。私は米持参であることを強調したが、おかみは人手不足を理由に断るのであった。

やむなく私はバスで吉則《よしのり》（現在の美祢《みね》）に出、16時56分発の美祢線で厚狭《あさ》に抜けた。あたりは暗くなっていた。

粁程	驛名	上り列車 702	704	706	708	710	712	714
0.0	正明市 發	5 30	8 20	10 33	13 42	16 00	18 27	21 04
5.0	長門湯本 〃	5 38	8 29	10 42	13 51	16 09	18 36	21 13
8.9	澁木 〃	5 47	8 41	10 50	13 59	16 21	18 44	21 21
16.8	於福 〃	6 08	9 03	11 11	14 20	16 43	19 05	21 42
23.7	重安 〃	6 15	9 10	11 18	14 28	16 50	19 12	21 49
26.6	吉則 〃	6 20	9 16	11 23	14 35	16 56	19 16	21 54
29.1	伊佐 著	6 25	9 21	11 28	14 40	17 01	19 21	22 00
		720	722	724	726	728	730	732
0.0	大嶺 發	6 10	9 05	11 15	14 22	16 43	18 56	21 46
2.8	伊佐 著	*6 16	*9 11	11*21	14*28	16*49	19*02	21*52
29.1	伊佐 發	6 26	9 25	[illegible]29	14 42	17 02	19 22	22 02
32.8	四郎ケ原 〃	6 32	9 31	11 35	14 50	17 08	19 28	22 12
35.8	厚保 〃	6 38	9 37	11 41	14 56	17 17	19 3[illegible]	22 17
41.8	湯ノ峠 〃	6 47	9 46	11 50	15 05	17 27	19 42	22 26
46.0	厚狭 著	6 53	9 53	11 56	15 11	17 34	19 48	22 32
		227	231	233	235	33	35	
0.0	13頁 厚狭 發	*7 44	10*25	12*40	16*11	18*45	20*32	…
33.8	下關 著	8 38	11 20	13 32	17 04	19 40	21 25	…

美祢線。東亜交通公社版『時刻表』昭和19年1号（1月発行）より

宇部《うべ》や北九州からの石炭列車が発着する厚狭駅は駅舎も構内も炭塵《たんじん》で真っ黒であった。黒い駅のホームは炭鉱労働者でひしめいており、私はやっとの思いで18時45分発の博多行の列車に乗りこんだ。

私はこの列車で関門トンネルを通り抜けてしまったのだが、なぜかはっきりした記憶がない。夜だったからか、あるいは両側の窓の鎧戸が下ろされていたためか、外の眺めの印象はまったくなく、電気機関車につけ替えられて下関を発車した列車の足どりが軽快だったこと、下り勾配からトンネルに入ると水平になり、ごうごうとしばらく走ると上り勾配になってトンネルを

抜け出たことくらいしか覚えていない。

小《こ》倉《くら》で下車したが、駅前は真っ暗だった。敵機の眼を避けるための灯火管制が布《し》かれているのである。それは東京あたりの、ちらほら明りの漏れる灯火管制とちがって、真剣そのものの真っ暗闇《くらやみ》であった。

それから三カ月後の六月一五日深夜、中国本土を基地とするボーイングＢ29およびコンソリデーテッドＢ24の約二〇機が北九州に来襲し、八幡を中心に爆撃した。昭和一七年四月一八日のドゥーリットル隊の奇襲を除けば、これが本格的空襲の最初であった。大本営は「我方《わがほう》の損害極めて軽微なり」と発表したが、死者は二五一人であった。

第10章　上越線701列車――昭和19年

昭和一九年四月一日、「決戦非常措置要綱」にもとづく列車ダイヤの改正がおこなわれた。第1種急行をはじめ長距離列車が大幅に削減され、一等車、寝台車、食堂車は全廃された。

幹線の夜行列車は通路までいっぱい、坐《すわ》る坐れないよりも車内に入れるかどうかに関心が移っていった時代に、一車両に二〇人しか収容できない一等寝台車、二八人の二等寝台車を廃止することなど、むしろ遅きにすぎるかに思われる。庶民に愛用された三等寝台が混雑緩和を理由に全廃されたのが昭和一六年七月であるから、一、二等寝台だけが座席車の大混雑を尻目《しりめ》に二年九ヵ月も生き延びてきたのである。

けれども、軍公務その他の重要人物の利用に供されてきた優等寝台を遅ればせながらも全廃したということは、今回の措置が、戦争によってのし上った人たちにまで及ぶ厳しいものであったと解してよいであろう。そうした一部の人たちは食糧にも不自由しなかったらしいし、彼らに対する国民の反感も高まっていたから、人眼につきやすい優等寝台車の廃止に踏み切った裏には、国民感情への配慮もあったのではないかと思われる。

日本の鉄道に一等寝台車がはじめて登場したのは明治三三年であり、二等寝台車は三六年からである。いらい四〇余年、日露戦争中でも休廃止されることなく走りつづけてきた寝台車はついに消えたのであった。

「決戦非常措置要綱」による各種の措置の主眼は、旅行規制の強化にあった。それは従来おこなわれてきた乗車券の発売枚数制限などの量的規制だけでなく、旅行目的による質的規制をもおこなおうとするものであった。

三月一四日に情報局から発表された「旅客ノ輸送制限ニ關スル件」には、つぎのような条項がある。

(1) 概《おほむ》ネ一〇〇粁以内ノ旅行ニ對シテハ乗車券ノ發賣枚數割當ニ依リ數量的ニ制限ス

(2) 概ネ一〇〇粁ヲ越ユル遠距離旅行ニ對シテハ、軍人及官公吏ノ公務旅行ニ付テハ所屬官公衙《こうが》ノ證明、其ノ他ノ旅行ニ付テハ警察署ノ證明又ハ之ニ準ズベキモノニ依リ質的ニ制限スルト共ニ前號ニ準ジ數量的ニモ之ヲ制限ス

従来、国鉄のみでおこなってきた旅客規制では手ぬるいので、とうとう警察の手までかりることになったわけである。じっさい、私のような「決戦輸送」とは無関係な者が、乗

車券ばかりか第1種急行の指定券まで入手し、東海道・山陽などの最重要幹線に乗って九州まで往復二〇〇〇キロ余の旅行をする始末では、このような手厳しい規則もやむをえなかったであろう。

警察まで行って旅行目的を説明し、「旅行証明書」をもらわないかぎり一〇〇キロ以上の乗車券は入手できないとなれば、一般の旅行は禁止されたも同然であると思われた。今日とちがって警察署は怖い所だった。警察署どころか駐在所の前を通るときでも眼を伏せて歩いたものだった。

私は、もう旅行はできなくなったと思った。召集令状が来るか、徴用令状が来るか、あるいは強制疎開でもさせられないかぎり、大手を振って汽車に乗ることはできないのだと思った。

けれども私は関門トンネルまで行ってきたことで堪能していた。それは時勢に照らしても過分な旅行であった。しかも旅行中に盲腸炎にかかり、帰るやいなやすぐ手術を受けたが、やや手遅れで、腹膜炎を併発していた。腹中に膿《うみ》がたまっているため縫合できず、毎朝ガーゼを引き出したり詰めこまれたりした。このガーゼ交換の痛みは相当なもので、私は時節を顧みない関門トンネル旅行の罰《ばち》が当ったような気持さえしていた。

私の時刻表に対する興味は薄らいだ。たび重なる急行や長距離列車の削減で、誌面は淋《さび》しいものになっていた。時刻表の入手も困難になっていた。三本松の絵のポケット判『汽車汽船旅行案内』はこの年の三月に廃刊となり、ジャパン・ツーリスト・ビューロー（日本旅行協会）発行の『汽車時間表』は、東亜旅行社から東亜交通公社の『時刻表』へと発行所名と誌名を変えながら、どうにか毎月一回の刊行をつづけてきたが、昭和一九年に入ると用紙難から不定期刊行になった。一月に「一号」を出したものの、「二号」は四月、「三号」は六月というありさまになった。部数も少なくなったのであろう、駅の売店や書店で見かけることもなかった。わずかに政府発行の『週報』に四ページほどを割いて掲載された時刻表が、手に入る唯一のものだった。それは、幹線と主要列車と主要駅しか載っていない時刻表であった。そうした事情も私と時刻表との距離を遠くした。

四月からの新学年は勤労奉仕ばかりで、授業はほとんどなかった。半月ほど遅れて登校した病上《やみあが》りの私は、級友たちが強制疎開で空家になった家屋に綱をかけて引き倒すのを、マスクをかけた肺結核の生徒たちといっしょに見学したり、お茶を汲《く》んだりしていた。

大都市に疎開命令が出たのは昭和一九年の一月であった。道路を拡げて防火帯とするため沿道の住民は立退《たちの》きを命じられ、家は撤去された。これが強制疎開で、私たちが壊していたのは、こうした家々であった。まず大槌《おおづち》で鴨居《かもい》などを叩《たた》き折る。つぎに太い綱を梁《はり》にかけ、地上に居並んだ数十人が綱引きのようにそれに取りつく。掛け声とともに引いたり

なくなる急行列車

下り

列車番號	發車時刻	(發驛—行先)
一〇五	一九・三〇	(東京—大阪)
一〇七	二一・〇〇	(〃—〃)
一五	二三・三〇	(〃—下關)
一	一三・三〇	(〃—博多)
五	一四・三〇	(〃—長崎)
六〇一	二〇・五〇	(上野—大阪)
一〇一	九・〇〇	(〃—靑森)
一	六・〇〇	(函館—旭川)

上り

列車番號	發車時刻	(發驛—行先)
一〇六	一九・〇〇	(大阪—東京)
一〇八	二〇・三〇	(〃—〃)
一一〇	二一・三〇	(〃—〃)
一六	九・〇〇	(下關—大阪)
二	一九・〇〇	(博多—東京)
大	一〇・〇〇	(長崎—〃)
大〇二	一三・三〇	(大阪—上野)
一〇二	六・〇〇	(靑森—〃)
二	一四・〇〇	(旭川—函館)

殘る急行列車

下り

列車番號	發車時刻	(發驛—行先)
一〇一	九・〇〇	(大阪—東京)
一一	一〇・〇〇	(〃—下關)
三	一一・一〇	(〃—鹿兒島)
七	二〇・三〇	(〃—門司)
一三	二一・三〇	(〃—下關)
一〇九	二三・〇〇	(〃—大阪)
二〇三	一七・三〇	(上野—靑森)
三	一三・四〇	(函館—稚内 長萬部)

上り

列車番號	發車時刻	(發驛—行先)
一〇二	一〇・〇〇	(大阪—東京)
一二	二一・一五	(下關—〃)
四	一三・一〇	(鹿兒島—〃)
八	一〇・四〇	(門司—〃)
一四	八・二〇	(下關—〃)
一六	二一・〇〇	(大阪—〃)
		(列車番號一一〇に變更)
二〇四	二〇・〇〇	(靑森—上野)
四	一九・五四	(稚内—函館 長萬部)

「なくなる急行列車」と「残る急行列車」。昭和19年3月29日付『週報』所載の「決戦輸送問答」より。1列車博多行も4月1日から廃止された

弛《ゆる》めたりしているうちに、家がすこしずつ揺らぎはじめる。その振幅がしだいに大きくなり、どうと倒れる。壁土が舞い上り瓦《かわら》が散ると、やったとばかり一同で万歳を叫んだ。考えてみると、それは奇妙な万歳であった。

六月下旬から私たち高校二年生は軍需工場へ動員されることになった。動員先は多摩川の河畔にある三菱機器製作所の下丸子《しもまるこ》工場で、宿舎は隣接する小学校の教室、勤務時間は午前七時から午後五時まで、休日は二週間に一日、日給は二円と知らされた。

思いがけぬ賃金支給の話に私た

ちは歓声をあげ、これまでの中途半端な勤労奉仕の連続よりも軍需工場への動員のほうが、むしろすっきりするとの感さえ抱いたが、しかし、いよいよこれで学校生活ともお別れだとの感慨を覚えずにはいられなかった。

軍需工場への動員が迫ったある日、級友の一人が、妙高山麓《みょうこうさんろく》の池《いけ》ノ平《たいら》へ行かないかと私を誘った。休業中の温泉旅館があり、知合いが管理しているから泊めてもらえる、妙高はいいぞ、という話であった。

勤労動員が決定してからは先生たちも生徒を放任するようになっていたから、三日や四日休むのは何でもなかったし、信越本線に乗って妙高高原まで出かけるのは大いに食指の動くことではあった。けれども、旅行証明書をもらいに警察に行くのはいやであった。第一、正当な旅行目的がなかった。

「切符はどうするつもりなんだい」

と私は言った。

「なんとかなるだろうよ」

と彼は言った。

「一〇〇キロずつ乗継いで行くか。高崎で降り上田で降りして……」という意味のことを私は言った。約一〇〇キロまでの中距離の場合は駅の窓口に並びさえすれば、どうにか買えるはずだったからである。事実、東京から「概ネ一〇〇粁以内」とされた宇都宮、高崎、沼津などの各駅では、さらに一〇〇キロ以内の切符を買って乗継ごうとする客で混雑しているという話は聞いていた。けれども、妙高の入口である田口（現在の妙高高原）までは二五八キロもあるので途中で二度も下車して切符を買いなおさなければならない。一〇〇キロ以内でも汽車区間は発売制限されているから、下車してすぐ切符が買えるとも思われなかった。

国電区間の切符ならば自由に買えるので、それを使って乗越す、という方法もあった。「乗越し」作戦は距離による旅客規制の弱点をついたもので、広くおこなわれていた。とくに日曜日になると、食糧買出しのリュックザックを背負った人たちが、国電区間の切符や定期券で汽車に乗りこみ、近郊の農村地帯の駅まで乗越した。

そういう状態であったから四月から「乗越し」は厳しく禁止された。けれども、通路までいっぱいの列車では車内検札はなく、目的地の駅に着いてしまえば、罰として「発駅からの三倍の運賃を徴収」はされても、送還されるわけではなかった。三倍であれ五倍であれ、ヤミ食糧の価格にくらべれば、ものの数ではなかった。

私も埼玉県の知人宅にジャガイモをもらいに行ったことがある。行きは国電区間の切符で高崎線の深谷《ふかや》まで乗越しをした。深谷駅では運賃の三倍を払わされたように思うが、たくさんの人間が乗越してくるので、女子の改札係はいちいち咎《とが》めだてなどしている暇はなく、事務的に処理するだけであった。

中近距離への旅客に関するかぎり、乗車券の発売制限はさして効果を発揮しなかった。いたずらに「乗越し」客を増大させ、駅員を忙しくさせただけのようであった。千葉駅のごときは一日に七〇〇〇人もの乗越し客があったというから、駅員は大変だったろう。千葉県はサツマイモの産地であり、国電区間（乗車券の発売制限なし）と汽車区間（発売制限あり）の接点にある千葉駅は買出し部隊の集散地のようになっていたにちがいない。

このように中近距離の場合は「乗越し」という手段が有効であったが、八時間以上もかかる妙高山麓まで国電区間あるいは一〇〇キロ圏の乗車券で乗越すのはさすがに無理と思われた。途中で車掌が検札に来るであろうし、強制的に下車させられるかもしれなかった。やはり田口までの正当な切符が必要であった。

のちになって知ったことであるが、一〇〇キロ以上の旅行に必要な「旅行証明書」の入手にも、いろいろな抜け道や手口があったらしい。さきに引用した条項にも「警察署ノ證明又ハ之ニ準ズベキモノニ依リ」とあるように「旅行証明書」を発行するのは警察署ばかりではなかった。「之ニ準ズベキモノ」が具体的に何であるかははっきりしなかったし、「官公吏ノ公務旅行ニ付テハ所屬官公衙ノ證明」でよいのであった。親戚《しんせき》、知人を見渡せば役人や国策団体関係者の一人や二人はいただろうから、その人たちに融通をきかしてもらえば旅行証明書は手に入るのであった。

故郷《くに》もとや目的地の知人から「チチキトクスグカエレ」といった電報を打ってもらい、それを警察へ持って行けば旅行証明書を発行してくれるという話も聞いた。もっとも「危篤では今から帰っても間に合わんだろう」と断られた、という落ちがついていたから、あまりあてにはならない。

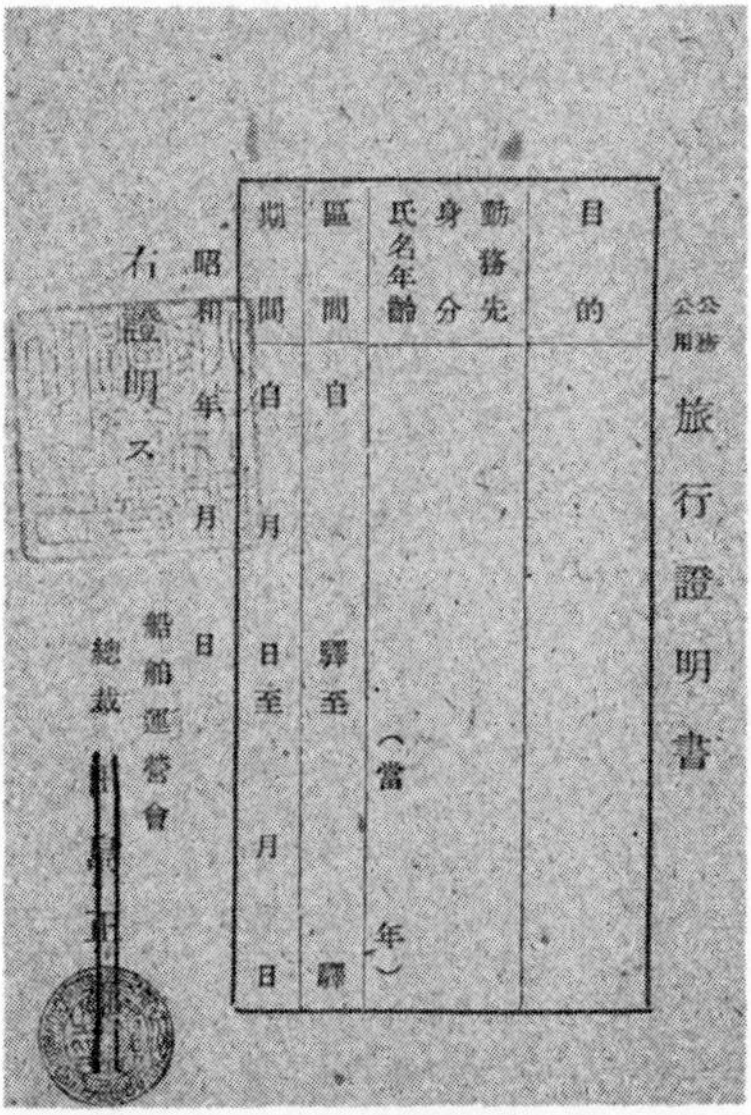

公務
公用
旅行證明書

目的
勤務先
身分
氏名年齡（當　年）
區間　自　驛至　驛
期間　自　月　日至　月　日

右證明ス
昭和　年　月　日
船舶運營會
總裁

旅行証明書。船舶運営会総裁の印がすでに捺されているが、何も記入されていない

ただ、この話には、嘘《うそ》をつかなければやってゆけなかった戦時中の生活を象徴する別種の真実味があるように私は思う。買出しで手に入れた米を腹帯に詰め妊婦を装って県境での検問を通り抜ける子沢山の主婦、欲シガリマセン勝ツマデハ、と言わされた子どもたち、そして、息子が戦死しても涙を見せてはならなか

った軍国の母。私事にわたるが、私の義兄の戦死の報が入ったとき、泣き崩れる姉を母は叱責《しっせき》した。夫が国のために戦死したことを、妻は、すくなくとも他人前《ひとまえ》で悲しんではならないのであった。

「なんとかなるさ」と言った級友と私は吉祥寺《きちじょうじ》駅へ行った。級友は臆せず駅舎の中に入り、奥の席にいた役付らしい年輩の職員に話しかけた。その人は、いつもお世話になっています、などと彼に言った。彼の父は駅の近くに医院を持つ開業医であり、相手は患者であるらしかった。彼はその職員に向って、こんど軍需工場へ動員されることになった、それに備えるために英気を養ってきたいのである、という意味の、案外正直なことを言った。私たちは難なく田口までの往復乗車券を手に入れた。しかも学割であった。

初夏の妙高高原は爽《さわ》やかだった。温泉につかり、ワラビを摘んでいると、本当に英気が養われる思いだった。草原に寝そべって空を見上げていると、日本が戦争していることなどウソのように思えた。けれども、宿に帰ると、ラジオはアメリカ軍のサイパン島上陸を伝えていた。

軍需工場での生活がはじまった。

午前六時に起床する。大豆の混じった玄米食と味噌汁《みそしる》で朝食をすませ、六時五〇分までに工場に入る。門を通るときは挙手の礼である。七時にサイレンが鳴ると職場ごとに朝礼がおこなわれる。宮城遥拝《ようはい》、黙禱《もくとう》、宣誓、職長への敬礼などがあってから、それぞれ持ち場に散る。

動員されても資材不足で仕事のない工場が多いという噂《うわさ》を耳にしていたが、三菱機器の下丸子工場はそうでもなかった。修理や改造を主とする工場であったからかもしれない。仕事も単調ではなかった。とくに私たちの班が配属された部署は、飛行機の中古エンジンをオーバー・ホールし、舟艇《しゅうてい》用に改造するという作業を受け持っていたから、なかなか面白かった。一二個もある気筒の、それぞれのプラグの点火、吸気弁と排気弁の開閉を調整する「タイミング」作業などをやっていると時間がたつのを忘れ、休憩や終業のサイレンが鳴ってもエンジンに取りついていると職長に叱《しか》られた。「学生さんはそんなに働かんでいいよ」と工員に言われたこともあった。恵まれた職場だった。

そうした作業のなかで感心したのは、部品名、工具名、作業用語にふんだんに英語が使われていたことであった。ボルト、ナット、スパナ、クレーンをはじめシリンダー・シャフト等々、仕事にとりかかると英語名ばかりになった。英語は敵性語として追放され、ニュースが「報道」になり、ゲートルを「巻脚絆《まききゃはん》」と言わされた時代であったから、この英語名の氾濫《はんらん》は新鮮だった。

午前と午後に一〇分ずつの休憩があり、昼休みは一二時から一時までであった。工場の食堂での昼食は、大豆入りの飯と汁、菜はヒジキと決っていた。動員中の八ヵ月間、私たちはヒジキを食べつづけた。

休憩時間に聞く年輩の工員たちの話は面白かった。私たちは直截《ちょくせつ》な猥談《わいだん》に耳を傾けた。彼らは自分たちのことを工員とは呼ばず、「職工」と言った。

職工を「工員」と呼ぶようになったのは昭和一五年頃、つまり軍需工場の重要性が高まって「産業戦士」などと称揚されるようになった頃からであった。戦前の鉄道の定期券には三種類あり、普通定期、学生定期のほかに「職工定期」があった。割引率は学生定期とほぼ同率だった。この職工定期が「工員定期」に改称されたのは昭和一七年四月である。しかし、年季の入った熟練工は自分たちを「職工」、若い連中や徴用工を「工員」と呼んでいた。

驚いたのは彼らが軍隊生活に好感と懐しさを抱いていることだった。学士さまだろうと社長だろうと軍隊ではみんなおんなじだと言い、いろいろな実例をあげて私たちを笑わせた。軍隊生活など地獄のように思っていた山手育ちの私たちは、眼を見張る思いだった。

この工場には都立第三高女の生徒たちも来ていた。昭和一九年の二月から中学生も動員されるようになっていたのである。殺風景な工場のなかで見かける彼女たちは華やいだ存在だった。

私たちは彼女らを「ドリメチ」と呼んでいた。旧制高校生であった私たちはドイツ語かぶれしていたから、礼を言うときはダンケ、金のことをゲルなどと言っていた。ドリメチとは第三（ドリテンス）少女（メートヘン、訛《なま》ってメッチェン）の略である。彼女たちはなかなかおしゃれであった。セーラー服にモンペなのだが、そのモンペはおばさんたちが常用した絣《かすり》模様のだぶついたのとちがって、紺のスラックスの裾《すそ》を紐《ひも》でしばったような恰《かっ》好《こう》のよいものだった。

そのうち、ドリメチたちと私たちとは昼休みになるといっしょに日向ぼっこをするようになった。いっしょと言っても、日の当る壁際に彼女らが三々五々集まり、それに対面する日の当らない壁に沿ってわれわれがたむろして、ちらちらと視線を交わすだけなのだが、それでも私たちにはこの上ない刺激だった。

夜はひたすら本を読んだ。哲学用語や文学作品の名などが、級友たちの間で交わされるようになっていたから、後れをとるわけにはいかなかった。それに、戦争で死ぬかもしれないと思うと、本のなかに何かを求めずにはいられない気持もあった。

夏休みのない夏が過ぎ、戦局はますます不利になっていった。

一〇月の中頃だったと思う、妙高に私を誘った級友が、

「谷川の寮へ行かないか。そろそろ紅葉がきれいだぞ」

と言った。

私たちの学校は谷川岳の麓《ふもと》に小屋を持っていた。二度ばかり行ったことがあったが、もう縁のないものと忘れかけていた。まして紅葉など、いまや別世界のことで念頭になかった。私は彼の余裕に恐れ入った。

「あの小屋、まだ使えるのか」と私は訊《たず》ねた。

「使えるらしいんだ」と彼は言った。

工場での休日は二週間に一日しかなかったが、たしか月に一日は公休がとれるようになっていた。六月いらいほとんど休んだことがなかったので公休は貯っていた。この夏、私たちが合宿していた工場の寮が怪火で全焼し、全員自宅から通うようになっていたので、仮病をつかうことも可能だった。駅に顔が利く彼が行こうという以上、切符の心配もなかった。それに、警察署発行の旅行証明書制度は、わずか五カ月で廃止され、九月からは現場駅長の裁量に任せられるようになっていた。事務の煩瑣《はんさ》に警察が音を上げてしまったからであった。

私たちが出かけたのは、フィリピンのレイテ島にアメリカ軍が上陸したとの大本営発表があったすぐあとだったから、一〇月二二日頃ではないかと思う。しかも連合艦隊が敵の補給船団を攻撃するためレイテ沖に向っており、まもなく大海戦が始まると報じられてい

粁程	驛名		705	707	711	713	715	717	701	703	719
	列車番號 / 行先		新潟 秋田	新潟	長岡	長岡	長岡	水上	新潟	新潟	水上
0.0	(76頁) 上野	發	21 40	23 10	…	…	5 35	7 20	8 30	10 50	…
7.6	赤羽	〃	22 00	23 30	…	…	5 53	7 38	8 50	11 08	…
24.7	大宮	〃	22 24	23 54	…	…	6 15	8 00	9 13	11 32	…
96.4	高崎	著	0 18	2 01	…	3	8 09	9 56	11 07	13 28	…
96.4	高崎	發	0 26	2 09	…	5 58	8 19	10 05	11 16	13 36	15 02
106.7	〒新前橋	著	レ	2 19	…	6 08	8 29	10 15	11 26	13 46	15 12
		發	レ	2 20	…	6 10	8 35	10 16	11 27	13 47	15 13
111.5	群馬總社	〃	レ	2 28	…	6 18	8 43	10 24	11 35	13 55	15 21
117.1	八木原	〃	レ	2 38	…	6 27	8 52	10 34	11 44	14 05	15 31
120.5	〒澁川	〃	レ	2 46	…	6 34	8 59	10 44	11 52	14 13	15 39
126.0	敷島	〃	レ	2 57	…	6 45	9 10	10 55	12 03	14 24	15 54
135.7	岩本	〃	レ	3 13	…	7 00	9 25	11 12	12 19	14 41	16 12
140.8	〒沼田	〃	1 35	3 23	…	7 11	9 35	11 26	12 29	14 51	16 22
146.0	後閑	〃	レ	3 34	…	7 22	9 45	11 38	12 40	15 02	16 33
153.1	上牧	〃	2 06	3 47	…	7 35	9 58	11 53	12 53	15 15	16 52
158.5	〒水上	著	2 19	3 58	…	7 46	10 09	12 05	13 04	15 25	17 02
		發	2 34	4 10	5 15	7 52	10 15	3	13 10	15 32	3
165.3	湯檜曾	〃	レ	4 24	5 31	8 06	10 28	…	13 23	15 45	…
168.7	土合	〃	レ	4 32	5 42	8 14	10 36	…	13 31	15 53	…
179.5	土樽	〃	3 10	4 53	5 59	8 33	10 5[illegible]	…	13 47	16 08	…
186.8	越後中里	〃	3 29	5 03	6 09	8 47	11 0[illegible]	…	13 57	16 18	…
193.6	越後湯澤	〃	レ	5 19	6 18	9 02	11 10	…	14 06	16 27	…
200.0	石打	〃	3 55	5 32	6 40	9 15	11 25	…	14 22	16 40	…
207.3	〒鹽澤	〃	レ	5 42	6 50	9 25	11 34	…	14 32	16 50	…
211.2	〒六日町	〃	レ	5 49	6 57	9 31	11 40	…	14 38	16 56	…
217.8	〒五日町	〃	レ	5 59	7 07	9 40	11 49	…	14 47	17 06	…
223.3	〒浦佐	〃	レ	6 08	7 16	9 48	11 57	…	14 57	17 13	…
231.6	〒小出	〃	レ	6 20	7 27	9 59	12 07	…	15 07	17 24	…
234.1	越後堀之内	〃	レ	6 26	7 33	10 04	12 12	…	15 13	17 29	…
242.2	〒越後川口	〃	4 51	6 40	7 44	10 16	12 23	…	15 27	17 40	…
248.8	〒小千谷	〃	5 08	6 53	7 55	10 26	12 34	…	15 37	17 51	…
256.0	〒越後瀧谷	〃	5 19	7 04	7 05	10 36	12 43	…	15 47	18 01	…
262.0	〒宮内	〃	5 30	7 14	8 14	10 46	12 52	…	15 57	18 11	…
265.0	〒長岡	著	5 35	7 19	8 19	10 51	12 57	…	16 02	18 16	…
265.0	(178頁) 長岡	發	5 43	7 25	*8 41	11*10	13*12	…	16 10	18 26	…
288.2	東三條	著	6 25	8 04	9 27	11 47	13 49	…	16 47	19 09	…
313.1	新津	〃	7 06	8 42	10 11	12 25	14 27	…	17 26	19 47	…
340.1	新潟	〃	7 45	9 22	‖	13 00	15 03	…	18 13	20 25	…
452.5	(186頁) 鶴岡	〃	10 42		14 10			…			…
584.8	秋田	〃	13 59	…	17 50	…	…	…	…	…	…

上越線と701列車。東亜交通公社版『時刻表』昭和19年3号（6月発行）より抄録

た。

このような時期に谷川岳に出かけるのは、さすがに気がひけたが、切符は手に入ったし、中止する気持にもなれなかったので、私たちは予定通り上野駅から汽車に乗った。

土合《どあい》駅には昼過ぎに着いた記憶があるから、当時の時刻表によれば上野発8時30分の701列車新潟行に乗ったにちがいない。この列車の土合の時刻は13時31分となっており、一列車前では10時36分、後の列車は15時53分である。

一〇月一一日のダイヤ改正で、またまた旅客列車の削減がおこなわれたにもかかわらず、上野発8時30分の新潟行は混んではいなかった。と言っても坐れたわけではなく、通路でリュックザックの上に腰を下ろしていたように思う。何時間も並んで坐ってみても、通路にぎっしり客が立てば学生の分際で坐っているのは気がひけたし、むしろ、リュックの上に坐り、便所へ楽に行ける程度であれば「混んでいる」とは思わなくなっていたのである。

高崎に着いたとき、思わず私は、

「ここの〝鳥めし〟はうまかったなあ」

と言った。鳥めしは高崎の名物駅弁であり、醤油《しょうゆ》味の炊きこみ御飯の上に、笹身《ささみ》の焼き鳥とソボロがのっていた。そう言いながら私は、声をあげて駅弁売りが行き交った往時の高崎駅を思い出していた。

「昔の食いものの話は止めようよ」

と彼は言った。

列車は、うっすらと紅葉しかけた山峡《やまかい》を上って行った。

土合に近づくと、彼はこんなことを言い出した。

「駅員が何しに来たかって聞くらしいんだ。山岳部のTさんに小屋の鍵《かぎ》を借りに行ったら、そう言ってたよ。そう聞くだけで別にどうってことはないらしいんだが」

「小屋が閉鎖されることになったので、釘《くぎ》を打ちつけに来た、とでも言おうか」

と私は言った。そうしようということになった。

水上《みなかみ》で電気機関車につけ替えられ、列車はループ線をひと回りした。紅葉が車内に映えた。

土合駅は閑散としていた。紅葉シーズンではあっても、さすがに谷川岳への登山客は一人もいなかった。下車したのは私たち二人だけであった。

怪訝《けげん》そうに近づいてきた駅員は、はたして、

「何しに来たの」

と訊ねた。

「学校の小屋をたたみに来たんです」

と私は答えた。

「おかしいな、こないだもそう言って降りて来たのがいたがなあ」

と駅員は言った。

第11章　809列車熱海行——昭和20年

サイパン島に基地ができると、東京上空にB29が姿を現わすようになった。それまでの空襲は中国奥地の成都《せいと》基地からであり、北九州までが航続距離の限度だったが、いよいよ日本列島の大半が射程内に入ったのである。サイパンを失ってから四ヵ月たった昭和一九年一一月一日であった。

はじめは、たった一機が約一万メートルという高々度で侵入してきた。秋空に引いた飛行機雲がなければ、どこにいるのかわからないほどの高度だったが、小さく銀色に光る機体に眼をこらすと、四基の発動機が識別できた。高射砲が射ち上げられたが、B29の高度が高いため届かず、ずっと下のほうで爆煙をあげるだけだった。

一機のB29は爆弾を落すこともなく退去した。私たちは偵察飛行だろうと噂《うわさ》し合った。それでも空襲警報のサイレンが鳴り、人びとは防空壕《ぼうくうごう》から首を出して空を仰いでいた。

B29一機による偵察飛行は幾度も繰り返されたが、やって来るのは正午前後が多かった。マリアナ群島から日本までは片道六時間もかかったから、夜明けとともにサイパンを飛び立ち、夕暮れまでに戻るためであったろう。

たった一機で、爆弾も落さず、来襲時刻がほぼ定《きま》っているとなれば、すぐ慣れてしまう。私たちは正午近くになると、「きょうは天気がいいから、そろそろお客さんが来るかな」と冗談を言うようになった。そうしていると、サイレンが鳴った。警戒警報は長音、空襲警報は断続音であった。

一機による偵察飛行が一〇回ぐらいあり、私たちがそれに慣れてきた一一月二四日、いよいよ本当の空襲が開始された。

その日は雲が厚かった。正午すこし前、警戒警報が鳴った。ラジオのスイッチを入れると、「敵数編隊北上中」との東部軍管区情報が流れた。つづいて空襲警報が発令され、姿は見えないが雲を通して重々しく轟《とどろ》く編隊の爆音が近づき、遠ざかっていった。それは一機とちがって威圧感があった。

けれども、私たちはあまりうろたえなかった。もし「たった一機による偵察飛行」という洗礼を受けていなかったなら縮み上ったであろうが、防空壕のなかで「北のほうへ行ったから中島だろう」とB29の攻撃目標を予測したりしていた。はたして翌日になると、中島飛行機武蔵野工場が爆撃されたのをはじめ、都内各所に散発的に爆弾が落されたらしいことが級友たちの話でわかってきた。もっとも、被害状況の詳しいことはわからなかった。

中島工場の近くに家のあった者は「ひどくやられたらしい」と言い、中野に住んでいた者は「うちのそばにも爆弾が落ちたが、でっかい穴があいているだけで、たいしたことはなかった」と言っていた。鉄道の被害はなかったらしく、級友たちは、いつものように家に帰り、翌朝も正常に工場へやってきた。

当日の大本営発表はつぎのようなものであった。

「本十一月二十四日十二時過ぎより約二時間に亙《わた》りマリアナ諸島より敵機七〇機内外數梯團となり高々度を以て帝都に侵入せり　我方の損害輕微にして戰果中現在迄《まで》に確認せるもの撃墜三機なり」

一一月二九日の深夜、はじめての東京夜間空襲があり、下町に焼夷弾《しょういだん》が落された。私の家から眺めると、東の空が夜が明けるまで赤かった。

翌日、神田《かんだ》がやられたらしいと聞いたので、私は工場の帰りに回り道をして一人で見に行った。

焼跡は夜の神田駅の西側に黒々と広がっていた。けれども、昨夜の空の赤さで想像していたよりは被害が少ないように私には思われた。むしろ私のような弥次馬の多いことに驚いて帰ってきた。

一二月に入ると、東京と北九州だけでなく、名古屋、浜松、清水、さらには東北地方の塩釜《しおがま》、釜石《かまいし》へと空襲の範囲が広がり、年が明けると、関東から東海道、近畿《きんき》、山陽の各都市に及ぶようになった。

しかしながら、昭和二〇年の三月はじめまでは、Ｂ29の攻撃目標は工場地帯や港湾施設に重点が置かれており、市街地への大規模な焼夷弾投下はまだなかった。それは無差別爆撃ではなく、戦略爆撃の域をさして出ないものと思われた。しかも工場や港湾施設の被害状況については、ほとんどわからなかった。大本営は来襲した敵機数を実際より少なく発表していたし、「損害軽微」をきまり文句のようにつけ加えた。

警戒警報が出るたびに防空頭巾《ずきん》をかぶり、防火用水にムシロを浸して焼夷弾に備え、空襲警報が発令されると防空壕に入っていた私たちは、だんだん倦《う》んできた。夜中に警報が鳴ればラジオのスイッチを入れて「東部軍管区情報」に耳を傾ける。けれども「敵一目標、南方洋上より本土に接近しつつあり」と聞くと「なんだ一機か」とラジオを消し、寝入ってしまうようになった。

工場にいるときに空襲警報が出ても、防空壕に入らなくなった。来るたびにＢ29の編隊はわれわれの工場を無視して、整然と上空を通過して行くのであった。

「飛行機の工場しか狙《ねら》わないんだ。こんな工場なんか相手にするもんか」と私たちは言い、Ｂ29が北を目指して飛び去ると、「きょうは太田だな」と予想した。群馬県の太田にも中島飛行機の工場があった。事実、その日の夕方になると大本営は、太田付近に来襲せり、

門司 31	大垣 709	米原 711	倉敷 501	廣島 609	門司 221	廣島 301	博多 33							驛名	
10 40	11 55	12 55	…	…	…	…	14 10	…	…	…	…	…	…	發	東京
15 10	16 32	17 27	…	…	…	…	18 43	…	…	…	…	…	…	〃	靜岡
19 52	21 00	21 58	…	…	…	…	23 06	…	…	…	…	…	…	著	名古屋
20 03	21 12	22 11	…	…	…	…	23 14	…	…	…	…	…	…	發	名古屋
20 10	21 20	22 18	…	…	…	…	23 21	…	…	…	…	…	…	〃	枇杷島
20 16	21 27	22 24	…	…	…	…	23 28	…	…	…	…	…	…	〃	清洲
20 22	21 33	22 30	…	…	…	…	23 34	…	…	…	…	…	…	〃	稻澤
20 31	21 42	22 40	…	…	…	…	23 44	…	…	…	…	…	…	〃	尾張一宮
20 39	21 51	22 47	…	…	…	…	23 52	…	…	…	…	…	…	〃	木曾川
20 47	22 02	22 56	…	…	…	…	0 03	…	…	…	…	…	…	著	岐阜
20 50	22 04	22 58	…	…	…	…	0 06	…	…	…	…	…	…	發	岐阜
20 58	22 13	23 05	…	…	…	…	↓	…	…	…	…	…	…	〃	穗積
21 08	22 23	23 18	…	…	…	…	0 24	…	…	…	…	…	…	〃	大垣
21 25		23 36	…	…	…	…	↓	…	…	…	…	…	…	〃	垂井
21 39	…	23 50	…	…	…	…	0 58	…	…	…	…	…	…	〃	關ヶ原
21 52	…	↓	…	…	…	…	↓	…	…	…	…	…	…	〃	柏原
21 59	…	↓	…	…	…	…	↓	…	…	…	…	…	…	〃	近江長岡
22 05	…	↓	…	…	…	…	↓	…	…	…	…	…	…	〃	醒ヶ井
22 13	…	0 25	…	…	…	…	1 33	…	…	…	…	…	…	著	米原
22 19	…	…	…	…	…	…	1 40	…	…	…	…	…	…	發	米原
22 29	…	…	…	…	…	…	1 51	…	…	…	…	…	…	〃	彥根
↓	…	…	…	…	…	…	↓	…	…	…	…	…	…	〃	河瀨
↓	…	…	…	…	…	…	↓	…	…	…	…	…	…	〃	稻枝
22 49	…	…	…	…	…	…	↓	…	…	…	…	…	…	〃	能登川
↓	…	…	…	…	…	…	↓	…	…	…	…	…	…	〃	安土
23 01	…	…	…	…	…	…	2 24	…	…	…	…	…	…	〃	近江八幡
23 07	…	…	…	…	…	…	↓	…	…	…	…	…	…	〃	篠原
23 15	…	…	…	…	…	…	↓	…	…	…	…	…	…	〃	野洲
23 21	…	…	…	…	…	…	↓	…	…	…	…	…	…	〃	守山
23 28	…	…	…	…	…	…	2 51	…	…	…	…	…	…	〃	草津
23 38	…	…	…	…	…	…	↓	…	…	…	…	…	…	〃	石山
23 44	…	…	…	…	…	…	↓	…	…	…	…	…	…	〃	膳所
23 49	…	…	…	…	…	…	3 12	…	…	…	…	…	…	〃	大津
↓	…	…	…	…	…	…	↓	…	…	…	…	…	…	〃	山科
0 01	…	…	…	…	…	…	3 27	…	…	…	…	…	…	著	京都
0 12	…	…	…	…	…	…	3 37	…	…	…	…	…	…	發	京都
0 51	…	…	…	…	…	…	4 17	…	…	…	…	…	…	著	大阪
1 00	…	…	…	…	…	…	4 27	…	…	…	…	…	…	發	大阪
1 32	…	…	…	…	…	…	5 00	…	…	…	…	…	…	〃	三ノ宮
1 37	…	…	…	…	…	…	5 04	…	…	…	…	…	…	著	神戸
1 40	…	…	…	…	…	…	5 08	…	…	…	…	…	…	發	神戸
↓	…	…	…	…	…	…	5 13	…	…	…	…	…	…	〃	兵庫
↓	…	…	…	…	…	…	5 20	…	…	…	…	…	…	〃	須磨
2 04	…	…	…	…	…	…	5 35	…	…	…	…	…	…	〃	明石
↓	…	…	…	…	…	…	5 45	…	…	…	…	…	…	〃	大久保
↓	…	…	…	…	…	…	5 53	…	…	…	…	…	…	〃	土山
2 26	…	…	…	…	…	(呉線經由	6 03	…	…	…	…	…	…	〃	加古川
↓	…	…	…	…	…		6 08	…	…	…	…	…	…	〃	寶殿
↓	…	…	…	…	…		6 14	…	…	…	…	…	…	〃	曾根
↓	…	…	…	…	…		6 21	…	…	…	…	…	…	〃	御着

空欄が多い時刻表。矢つぎ早やの旅客列車削減で組み替えの暇がないのか、空欄が目立つ。東亜交通公社版『時刻表』昭和19年5号（20年1月発行、『復刻版時刻表　戦前・戦中篇』©JTBパブリッシング）より

と発表するのであった。

防空壕に入らずに空を見上げていれば、B29が撃墜されるのを見ることもできた。と言っても、それはめったに見られるものではなかった。空襲のたびに大本営は多数のB29を撃墜したと発表していたが、私たちが見たかぎりでは、B29の編隊はほとんど抵抗を受けることなく侵入し、そして南方へ退去していた。

私は終戦の一ヵ月前まで東京におり、空襲のたびに空を仰いでいたから、延べ数千機のB29を眺めたはずだが、墜落するのを見たのは、わずか二度である。一度は工場にいるときに見た。空襲記録と私の記憶とを照らし合わせると、昭和一九年一二月二七日のことらしい。そのとき、B29の編隊は攻撃を終えて南方へ退去しつつあった。高度は三〇〇〇メートルぐらいではなかったかと思う。はじめのうちは高射砲弾の届かない高々度で飛んでいたB29も、その頃には平然と低空で進入し退去していくようになっていたのである。

それでも高射砲弾は命中しなかった。編隊の通り過ぎた後方で炸裂《さくれつ》するばかりだった。私たちは歯がゆい思いでそれを眺め、いつものようにB29が悠々と退散してしまうのだろうと諦《あきら》めていると、編隊の後部にいた一機の胴体がパッと金色に光り、銀色の破片のようなものが落下していった。何だろうと思っていると、そのB29は編隊から遅れはじめ、それからくるりと一回転した。いったん体勢をたてなおし、しばらく飛んだが、もう一度宙返りをしてからは体勢は元に戻らなかった。B29はヒラリまたヒラリと大きくゆっくり舞いながら落ちていった。

私たちは、やったやったと手を叩《たた》いた。他のB29が悠然と飛び去るなかで、ひとり落ちていく一機が哀れでもあったが、ひさしぶりに溜飲《りゅういん》が下った。翌朝の新聞は零戦の体当りによる撃墜であることを報じた。残り少ない優秀なパイロットの生命と名戦闘機を代償にすることによって、ようやくB29一機を撃墜できたのであった。

こういう光景に接しられるとなれば、防空壕などには誰も入らない。入れ入れと私たちを怒鳴りつけていた職長でさえ、いっしょになって観戦するようになった。

空襲をまったく知らなかったときの私たちは、空襲に恐怖感を抱いていた。はじめて空瀬襲警報が発令されたときは膝《ひざ》が震え、声が上ずった。けれどもB29の侵入が日常化するにつれ、恐怖感は薄らいでいった。澄んだ冬空に飛行機雲を引き、整然と通過していくB29の編隊には美しささえあった。私たちは「畜生！　きれいだな」と言って見とれた。

しかも、B29による攻撃は軍需工場や施設に重点が置かれていたから、国民の大多数は直接の被害を受けていなかった。もしかするとアメリカは、非戦闘員に攻撃を加えるつもりはないのではないか、東京や大阪を焼野原にするような大規模な焼夷弾攻撃はしないのではないか、と私は思った。

たしかに、昭和二〇年三月九日夜の東京大空襲まではそうであった。

航空母艦を中心とするアメリカの機動部隊が日本に接近し、艦載機による攻撃がはじまったのは、昭和二〇年二月一六日からであった。

その日は朝から空襲警報が発令されたまま夕方まで解除されなかった。ラジオの軍管区情報は艦載機による空襲であることを告げたが、敵機がいまどこにいるのかはさっぱりわからなかった。Ｂ29の場合は「南方洋上に敵数目標、本土に接近しつつあり」という電波探知器による情報とともに警戒警報が出され、それが関東地区を目指していれば空襲警報となり、やがてＢ29の編隊が姿を現わす。そして二時間もすれば南方洋上に退去し、空襲警報が解除されるという型ができ上っていた。だから、外出しようとしているときに空襲警報が鳴れば、相手に電話して約束の時刻を二、三時間延ばしてもらえばよかった。私たちがＢ29に慣れたのも、そうした来襲の型が固定していたからでもあった。

ところが、艦載機の場合は勝手がちがった。小編隊に分散して、ばらばらに各地を襲う。機体は小さくスピードは速いから爆音が聞えても姿の見えないことが多い。しかも空母からつぎつぎに飛び立って波状攻撃を加えてくる。急降下したり急上昇したりするから爆音もB29のように単調ではなく、大きくなったり小さくなったりする。神出鬼没で正体がつかめず、薄気味が悪い。その艦載機が一日じゅう断続的に来襲し、朝出た空襲警報が夕方まで解除されなかったから、二月一六日は疲れた。

艦載機による攻撃は爆撃機とちがって怖いという話は聞いていた。三年前の一七年四月一八日の奇襲攻撃のときは、校庭で遊んでいた小学生を機銃掃射したというし、畦道《あぜみち》を歩いていた農夫や走行中の列車が銃弾を浴びたとも伝えられていた。いやなものが来はじめたなと私は思った。

その夜の大本営発表はつぎのように伝えた。

「有力なる敵機動部隊は我が近海に現出し、その艦載機を以て本二月十六日七時頃より十六時過ぎまでの間、主として關東地方及び靜岡縣下の我が飛行場に對し波状攻撃を實施せり。我が制空部隊は之を各地に邀撃《えうげき》し相當の戰果を收めたり」

ずいぶん東京の上空を飛び交ったように感じたが、やはり飛行場だけを攻撃したのかと私は思った。翌二月一七日も艦載機が来襲したが、前日のように神経は疲れなかった。艦載機による空襲は二日で終った。

艦載機の来襲があってから数日後、私は級友を誘って湯河原へミカンの買出しに出かけた。金だけではなかなか売ってくれないというので、姉の洋服をリュックザックに入れて行った。

空襲が連日のようにつづくなかで、米やイモならとにかく、腹のたしにならないミカンなどを買出しに出かけたのは、ビタミンCを補給するためであった。夏はカボチャ、秋からはイモで食糧不足を補い、ヤミで買うものも腹のたしになる澱粉質《でんぷんしつ》に偏していた私の一家は、まえから体のだるさと疲れを訴えていた。冬になり、ますます葉菜類の摂取量が減ると、それはいっそうひどくなった。とくに母は疲れきっているようだった。

家族はそれをカロリー不足のためだと思っていたが、いやビタミンCの不足だと教えてくれる人があり、私がミカン買出しの役を引き受けたのであった。わが家の栄養学の知識はその程度だった。

東京から湯河原まで東海道本線で行くと、乗車券の発売制限があるので、私たちは小田《おだ》急《きゅう》で小田原まで行くことにした。私鉄には発売制限がなかったのである。小田原から先は東海道本線だが、湯河原まではわずか一五・二キロなので切符は自由に買えた。

小田原から乗った列車は熱海止りだったので非常に空いていた。客の大半は小田原までに下車したのであろう。座席の半分ぐらいしかふさがっていなかった。当時の時刻表によれば、昼間の熱海行は東京発10時10分、小田原発12時07分、熱海着12時41分の809列車一本だけであるから、この列車に乗ったにちがいない。

この809列車の車掌は女性であった。

　召集や徴用で続々と職場を離れていく男子に代って女子が登場するのは太平洋戦争の開戦前からのことであった。国鉄でも、まず出札や改札は女子の仕事になった。そのうち、荷扱いや保線作業のような重労働まで女子がやるようになった。けれども、機関士や運転士はもちろん、車掌も男子でなければならぬ仕事として女子に任せなかった。しかし、一九年五月の名古屋鉄道局を手始めに、各局で女子の車掌登用がおこなわれるようになった。

　女子車掌の制服は白襟のついた紺の上着に紺のズボンで、モンペばかり見なれていた眼には颯爽《さっそう》としていた。草色の国防色や国民服が氾濫《はんらん》するなかにあっては、紺色が一段とシックに見えるのである。しかも、男子と同じ紺の帽子をかぶり、顎紐《あごひも》をきりっとしめていたから、少女歌劇の男役を見る思いがした。

　この列車の女子車掌は色白の愛くるしい顔をしていた。服装といい顔といい申し分ないので、私たちは「車掌はメッチェンのほうがいい」などと、のんきなことを言っていた。窓外の景色も紺碧《こんぺき》の相模灘《さがみなだ》を見下ろし、これもよかった。

　真鶴《まなづる》を発車し、短いトンネルを二つ抜けた。つぎは湯河原である。

　ところが、列車が突然、築堤の上で停車した。どこからか、断続するサイレンが聞えてきた。

　空襲の場合、近くにトンネルがあれば列車はその中に逃げこむ。これが最上であることは言うまでもないが、トンネルがないときは、徐行するか停車する。いっそ全速力で突っ走ったほうが爆撃しにくくていいのではないかとも思われるが、走っていると敵機の眼につきやすいし、線路が破壊されていれば大変なことになる。

小田原から湯河原の間はトンネルが多い。しかし、あいにく湯河原の手前だけは左手に平野が開け、しばらくトンネルのないところを走る。809列車熱海行は、そこに停車したのであった。

女子車掌が急ぎ足に通路をやってきた。そして、

「待避してください！　空襲警報です」

と言った。

「待避」とは、車内の床に膝と肘《ひじ》をついて土下座のような恰好《かっこう》をし、両手で眼と耳の穴を押さえることである。こうしないと爆風で鼓膜が破れ、眼球が飛び出すと防空演習で教えられていた。

東亜交通公社版の『時刻表』昭和一九年第五号の裏表紙には「旅行防空心得」が載っており、その「車内の待避」の項には、

「列車進行中空襲の危険ある場合長緩氣笛を鳴らして徐行することがある。そのときは窓側に手廻品《てまわりひん》や腰掛などを集積し通路寄で低姿勢をとられたい」

とある。
しかし、空襲警報には慣れていたし、若い女子車掌の前で変な恰好をしたくないので、私は「土下座」をしないでいた。すると、また女子車掌が来て、
「ちゃんとやりなさい！　艦載機かもしれません」
と見違えるような怖い顔で私を睨《にら》んだ。
艦載機かもしれません、という言葉が印象的だった。

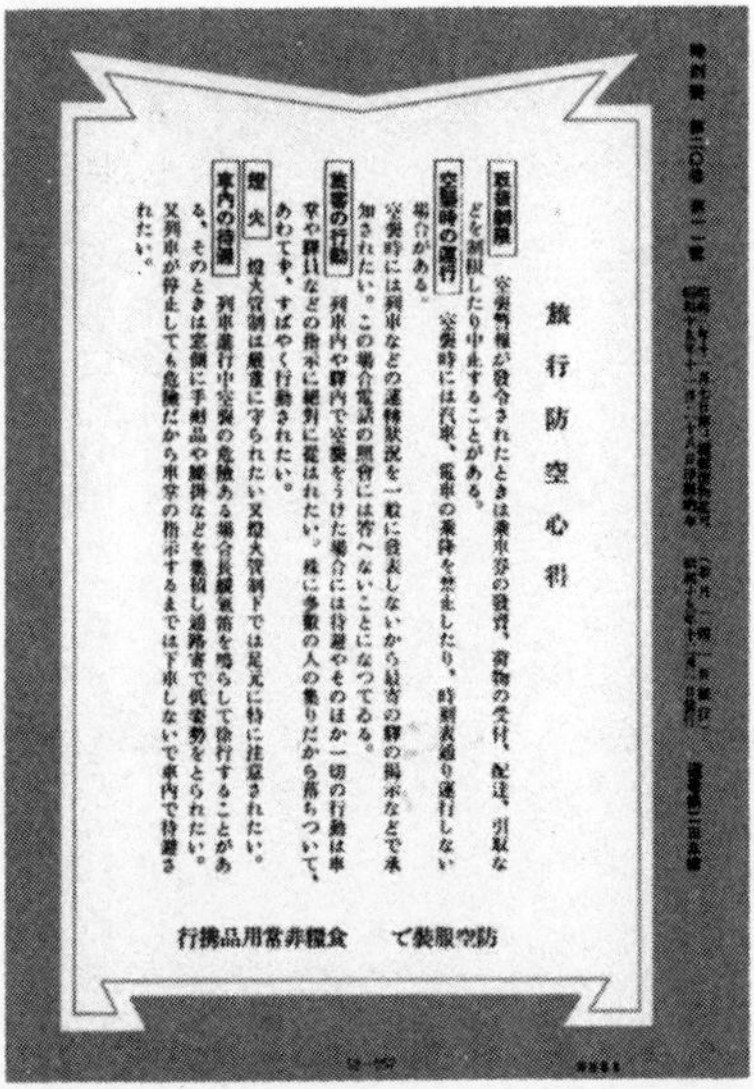

旅行防空心得

警報発令　空襲警報が発令されたときは乗車券の発売、荷物の受付、配達、引取などを制限したり中止することがある。

空襲時の運行　空襲時には汽車、電車の乗降を禁止したり、時刻表通り運行しない場合がある。

旅客の行動　空襲時には列車などの運輸状況を一般に発表しないから最寄の駅の掲示などで承知されたい。この場合電話の照会には答へないことになつてゐる。列車内や駅内で空襲をうけた場合には待避やそのほか一切の行動は車掌や駅員などの指示に絶対に従はれたい。殊に多数の人の集りだから落ちついて、あわてず、すばやく行動されたい。

燈火　燈火管制は厳重に守られたい又燈火管制下では足元に特に注意されたい。

車内の待避　列車進行中空襲の危険ある場合長緩汽笛を鳴らして徐行することがある、そのときは窓側に手荷物や腰掛などを楯とし通路寄で低姿勢をとられたい。又列車が停止しても危険だから車掌の指示するまでは下車しないで車内で待避されたい。

防空服装で　食糧非常用品携行

「旅行防空心得」が載っている東亜交通公社版『時刻表』昭和19年5号の裏表紙（20年1月発行、『復刻版時刻表　戦前・戦中篇』©JTBパブリッシング）

のちに知ったことであるが、つい先日来襲した艦載機の攻撃目標は、大本営発表とはちがって、飛行場だけではなかった。多数の列車が機銃掃射を受けていたのである。東海道本線では、門司《もじ》発の上り夜行急行6列車が平塚駅の構内で銃撃を受け、乗客五名が死亡し、二〇

名が重軽傷を負った。女子車掌はそれを知らされていたのだろう。

艦載機の来襲は四月頃から激しくなり、汽車がしばしば機銃掃射を浴びた。五月に御殿場線の下曽我《しもそが》駅で機関車が襲われたときは、四六〇個もの穴があいたという。

第12章　上越線723列車——昭和20年

大都市に疎開命令が出たのは昭和一九年一月であった。

道路幅を拡張して防火帯とするため、沿道の住民は立退《たちの》きを命じられ、家が取り壊された。こうした「強制疎開」と同時に、自由意志による疎開も奨励され、乗車券の優先発売や家財道具輸送の便宜もあたえられた。

学童疎開がはじまったのは、九月からであった。わずか二、三ヵ月の間に八〇万人もの小学生（国民学校の三年生以上）が、親もとを離れ、地方の農家やお寺へ疎開した。私の手もとには国鉄が運んだ数値しかないが、それによると、東京都からが三七・八万人、大阪府からが一八・一万人、以下、横浜・川崎・横須賀三市で九・五万人、名古屋市七・〇万人、神戸・尼崎二市で五・五万人、北九州市で一・五万人となっている。

けれども、この頃までの「疎開」は、上からの強制や奨励によるものが大半であって、自ら進んで疎開した人はまだ少なかったと思う。軽井沢や湘南地方に別荘を持っていた外国人や名士たちは早くからそこへ引き移っていたが、そのようなごく一部の人びとを除けば、一般の国民はほとんど動かずにいた。

空襲が必至の状況であることは、サイパンが敵手に渡った以上、誰もが覚悟していた。しかし、疎開しろと言われても、東京なり大阪なりで主人は仕事をしているわけであるし、老人や子どもを疎開させたいと思っても、安心して任せられる故郷や田舎の知人があればよいが、そうでなければ、お互いに離れ離れになって心配し合っていなければならない。どうせ死ぬなら家族もろとも、との気持もあり、それに、疎開よりも、その日その日の食べものの調達に忙しかった。老人や子どもを田舎へ疎開させた人もいたが、それは空襲のためだけでなく、食糧のための疎開でもあった。

実際に空襲がはじまっても、状態はさして変らなかった。B29が主として飛行機工場や軍事施設を主目標とし、市街地への大規模な焼《しょう》夷《い》弾《だん》攻撃は加えてこなかったからであろう。

B29を現実に眼にするまでは、空襲とはどんなに恐ろしいものかと思っていた。国際法で禁じられていたとはいえ、「鬼畜米英」は毒ガスを使うかもしれないと教えられ、防毒マスクが配給されていた。観念としての「空襲」は恐怖に満ちたものだった。けれども、実際に空襲がはじまってみると、B29は秋空冬空にキラキラと機体を輝かせながら飛行機雲を引いて軍需工場を目指し、そして私たち一般国民には眼もくれず南方へ退去して行った。そこには節度と美さえあった。はじめのうちは空襲警報が出ると膝《ひざ》が震え声が上ずった私たちが、いつとはなしにB29を「お客さん」と呼ぶようになったのは、もとより畏怖《いふ》心《しん》や敵愾心《てきがいしん》の裏返しではあるけれど、安堵《あんど》と余裕のあらわれでもあった。

　しかも、これは空襲と疎開の問題にかぎらず、何かにつけて今日までそうなのだが、自分だけは、あるいは自分の家だけは大丈夫だろうといった理由のない楽観や、戦局が不利になるにつれてしだいに培《つちか》われていった「なるようになるさ」という諦観《ていかん》もあった。

　永井荷風は昭和一九年三月二四日の日記に、

「開戦以来現代民衆の心情ほど解し難きはなし。多年生活せし職業を奪はれ徴集せらるるもさして悲しまず、空襲近しと言はれても亦更に驚き騒がず。何事の起り来るも唯なり行きにまかせて寸毫の感激をも催すことなきが如し。彼等は唯電車の乗り降りに必死となりて先を争ふのみ。是現代一般の世相なるべく全く不可解の状態」

と書いているが、そうした状態は一一月に入りB29が来襲するようになっても変らなかった。それは三月九日深夜の東京大空襲までつづいた。

　私の一家も荷風の言う「不可解の状態」に近いものであった。昭和二〇年三月はじめの時点での私の一家眷属《けんぞく》の状況はつぎのようになっていた。

　父（六五歳）、母（五七歳）、私（一八歳）、女中のハル（三〇歳ぐらい）——東京都世田谷《せたがや》区北沢町の自家（約一五〇坪）に住む。疎開の意志なし。父は小磯内閣の無策を慨嘆しつつ毎日外出、母は「えらい御世《みよ》じゃ」という古風な言葉をしばしば口にし、家事に専念。

工場への勤労動員が終り、高校の年限短縮により四月から大学進学が決った私は、家庭菜園と食糧買出しのほかは家でブラブラし、「空襲日録」を丹念につける。

長姉（三五歳、妊娠中）——主人（四〇歳、銀行勤務）、一人娘（一一歳、学童疎開せず、学校休み）とともに世田谷区代田《だいた》町の借家（約三〇坪）に住む。疎開の意志なし。「生めよふやせよ」の国策により妊産婦の食糧特配を受く。家庭菜園のカボチャが夜中に盗まれたと口惜しがるような日常。

次姉（三三歳）——一人息子（七歳）とともに山梨県塩山《えんざん》に縁故疎開。主人（四一歳、運輸通信省勤務）は私の家に寄寓《きぐう》。きわめて多忙で毎晩遅く帰宅したが、週末は国鉄パスを利用して疎開先で過す。

三姉（三〇歳）——主人（三六歳）は出征中。のち戦死の報が入る。子どもはなく、杉《すぎ》並《なみ》区久我山《くがやま》の自家（約六〇坪）に一人で住み、家庭菜園に専念。疎開の意志なし。近くに撃墜されたB29の搭乗士の遺体を見、「とっても若くてきれいな顔をしているの。鼻筋が通ってて立体的なのね。それに、指輪なんかはめてるのよ。恋人でもいたのかしら。なんだか可哀そうになっちゃった」などと報告に来る。

四姉（二二歳）——二月二〇日に結婚したばかりで、主人（三〇歳、鉱山会社の東京本社に勤務）とともに世田谷区北沢の借家（約二〇坪）に住む。私の家より徒歩一〇分。疎開の意志なし。若い男性はほとんど兵隊にとられ、「男一人に娘トラック一杯」とささやかれた時代であったから、私が「よく結婚できたなあ」と姉をからかうと頰《ほお》をふくらませた。商店街に接した借家のため庭がなく、家庭菜園はつくれなかったが、可愛がられた末娘のせいか衣裳《いしょう》持ちで、それが買出しでの物々交換に役立つ。

だいたい以上のような状態で、二番目の姉一家を除けば、疎開よりはその日その日の食糧に関心を抱く生活であった。

三月九日深夜、東京の江東《こうとう》地区に向けられた焼夷弾による無差別爆撃は、こうした状況を変えた。

私の家は江東地区から一〇キロ以上も離れていたが、その夜の東の空は昨年一一月二九日とは比較にならぬほど広域にわたって赤く明るく、煙とも雲ともつかぬものが赤黒く照り映えて、家々の屋根や強風に揺れる木々を夜明けのように浮き出させていた。

その夜は風が強かった。しかも、火の手が広がるにつれてますます強まり、西風に変った。それは、ひと吹きしては休む自然の風ではなかった。間断なく西から東へと吹き抜けて焔《ほのお》に照り映える東の空を目指していた。大火災の発生による風にちがいなかった。

大きな火事は近く見えるものなのであろう。どこがやられているかわからない私たちは、はじめは青山あたりが燃えているのではないかと思った。青山までは三、四キロである。

それほど近く見えた。父は電話にとりついて手探りでダイヤルを回し、青山や麻布《あざぶ》に住む親類の様子を尋ねようとしていた。電話が通じたかどうかの記憶はないが、そのうち火災は意外に遠く、隅田《すみだ》川の向うらしいことがわかってきたから通じたのかもしれない。あるいは巡回していた警防団が教えてくれたのかもしれない。江東地区がやられているのに、こんなに近く感じるようでは、大変な火災が起っているにちがいないと私たちは噂《うわさ》し合った。

　頭上にはB29の群れが、これまでにない低空で、つぎつぎに現われ、探照灯を浴びながら東へゆっくりと旋回していた。低空を飛ぶB29は、冬空を高々度で飛んでいた銀一点のそれとはちがって、怪鳥のように大きかった。しかも、あとからあとから絶え間なく、轟々《ごうごう》とやって来た。ちょっと途切れてホッとすると、すぐまた新しいB29が続々と現われた。それはもはや「お客さん」ではなかった。やっぱり東京を焼く気か、と私は思った。

　サイパン島のアメリカ空軍第二一爆撃隊司令官のハンセルが、攻撃ぶりが手ぬるいとして罷免され、代ってハンブルク無差別爆撃で「名声」を挙げた残忍なカーチス・ルメイが就任していたことなど、もとより知らされていなかったし、来襲したB29は三三四機または二七九機（アメリカ側資料に二説ある）、落した焼夷弾が二〇〇〇トンであり、八万人以上の人が焼死し、焼失家屋二六万余戸、焼け出された人が一〇〇万に上ったことは知る由もなかったが、これまでにない大規模な空襲であり、とんでもない被害が出たであろうことは推察できた。

眠られぬ夜が明けると、庭のあちこちに紙屑《かみくず》や小枝が散乱していた。東の空は黒い煙霧が厚く被《おお》い、天気は晴れなのに朝日はさしてこなかった。

その日の夕方、私の家に顔は赤黒く煤《すす》け、眼のまわりだけが白いモンペ姿の女性が訪ねてきた。そして、応対に出た私を見ると「あ、坊っちゃん、お元気で……」と言ったまま、玄関に坐《すわ》りこみ、両手で顔を被って泣きだした。私は誰だかわからなかった。それが、キクと呼んでいた女中であったことを思い出すのに時間がかかった。

若くて色が白く、頰《ほ》っぺただけ赤かったキクが私の家から出て行ったのは、三、四年前であった。結婚したという話は聞いていたが、くわしい消息はわからなかった。そのキクが昨夜の空襲で焼け出されて訪ねて来たのである。

興奮状態のキクの話は、私の知らない地名や通りの名前、知るはずもない近隣の人名などがつぎつぎに出てきて、わかりにくかったが、どうにか私が理解しえたのを要約すれば、つぎのようなものであった。

彼女は江戸川区の職人と結婚していた。子どもはなく、主人は兵隊にとられた。昨夜の空襲で家は焼けたが、荒川堤《あらかわづつみ》に逃げて助かった。福島の実家に帰ろうと焼野原を歩いて上野駅へ向った。汽車は動いているようだったが、焼け出された人たちがひしめいていて、とても乗れそうもないので、山手《やまのて》線に乗って新宿へ、そして小田急《おだきゅう》でやって来た、というのであった。

私は驚いた。小田急や井《い》の頭《かしら》線が走っていることは私の家から見えるのでわかっていたが、山手線や上野からの汽車が動いているとは意外であった。

鉄道は空襲、とくに焼夷弾に対して案外に強いのであった。この日の被災地の中心部を通っていた総武《そうぶ》本線の運転が再開されるには六日を要したけれど、御徒町《おかちまち》—新橋間は一日の朝までには開通したし、その他の国電区間は電車が止らなかったのである。もちろん、折返し運転や徐行でダイヤは目茶苦茶、運転本数も間引かれて少なかったのであろうが、とにかく電車や汽車はどうにか走っていたのである。

それは、たんに鉄道が焼夷弾に対して強かったからだけではないだろう。家を焼かれながら復旧作業に当った人たちの存在を忘れてはならないが、そんな事情を知らない私は、汽車や電車が走っていると聞いて、昨夜の被害が思いのほか少なかったのではないかと思ったほどである。

けれども、キクの話を聞くと、そうではなかった。この世のこととは思えなかった。縁側に坐って私の家の庭を眺めていたキクが、

「ここ、天国みたいだわ」
と、ひとり言のように言ったのを覚えている。

丸顔で眼がくりくりしており、出っ歯をむき出して明るく笑うキクは、不運な星の下に生れていた。私の家で数日滞在した彼女は、福島へは帰らず、横浜の姉の家に身を寄せた。

そして五月二九日の横浜大空襲で死んだことを戦後になって聞いた。

東京からの人口流出がはじまった。家を焼かれた罹《り》災《さい》者《しゃ》だけでなく、みんな真剣に疎開を考えはじめたからである。

家財道具を積んだ荷馬車が目立つようになった。トラックは重要物資輸送用として統制下におかれていた

都市別人員疎開状況　　単位1000人

都市名	戦前の人口	転出人口	在留人口	転出割合
東京都	6,460	4,030	2,430	62%
川崎市	360	210	150	58
横浜市	1,020	420	600	41
横須賀市	300	50	250	17
小計	8,140	4,710	3,430	58
名古屋市	1,350	850	500	63
大阪市	2,850	1,550	1,300	54
神戸市	900	400	500	44
尼崎市	270	60	210	22
小計	5,370	2,860	2,510	53
門司市	136	16	120	12
小倉市	188	38	150	20
戸畑市	83	7	76	8
八幡市	256	56	200	22
若松市	88	10	78	11
小計	751	127	624	17
合計	14,261	7,697	6,564	54

『日本国有鉄道百年史』第10巻による

から、疎開はもっぱら「統制外」の荷馬車によった。これで駅まで運び、貨車に積むのである。

どうやって、あれだけの数の荷馬車が忽然《こつぜん》と住宅地に現われたのか不思議でならない。資材不足で仕事のなくなった町工場が増えていたから荷馬車が余ったのかもしれない。けれども荷馬車は金だけでは来てくれず、米や衣類などを添えなければならなかった。隣組の人が別れの挨拶《あいさつ》に来る。そして荷馬車が出て行く。私はシャベルで馬糞《ばふん》を拾ってくる。馬糞は家庭菜園の貴重な肥料であった。

父は疎開先を物色していた。父と私は東京に残るが、母や妊娠中の長姉たちは疎開させようというのである。父と母の郷里はいずれも香川県である。父は農村、母は漁師町の出だから食糧に恵まれることはまちがいなかった。けれども、四国までの道中が難物だった。東海道本線と山陽本線は艦載機の攻撃目標になっていたし、瀬戸内海にはB29が機雷を投下していた。それに、遠すぎて相互の連絡も不便であった。一家の半分が疎開する場合は、なるべく近いところがよい。そうすれば私が行ったり来たりして食糧を運ぶこともできる。たとえば、秩父のようなところならば空襲に対しても安全であり、私鉄だけで往復できるから切符の心配もいらない。けれども秩父に頼るべき知人はいなかった。秩父どころかどこにもなかった。次姉が疎開していた山梨県の塩山など絶好なのだが、私たち一家までが世話になるような関係ではなかった。

適当な疎開先が見つからないうちに、四月になった。

三月九日深夜の江東区につづいて、すぐにでも東京西部を狙《ねら》ってくると思われたB29は、なかなかやって来なかった。大阪（三月一三日）、神戸（同一七日）、名古屋（同一九日）、と、他の六大都市につづけざまに焼夷弾攻撃を加えたあとは、しばらく鳴りをひそめていた。

私たちは、今晩は来るぞ、いやあしただろうなどと、それぞれ予想をしながら、毎晩緊張していた。当時の日本人、とくに大都市の住民は、みんな空襲の予想屋であった。天気予報でさえ軍事機密として発表されなかったし、判断材料のまったくない私たちは、思い思いにB29の来襲しそうな日を予想していた。

三月一〇日は陸軍記念日（日露戦争における奉天《ほうてん》占領）だから、何かあるにちがいない、という予想は広くおこなわれていた。たしかに、私が「三月九日深夜」と記してきた江東地区の大空襲は、正しくは三月一〇日の午前〇時〇八分から二時四〇分であったから、生活実感では一日ずれるが、暦の上では予想が当ったわけである。もっとも、ルメイが「陸軍記念日」を意識していたという記録はない。

そうした「実績」もあり、しばらくB29が現われないこともあって、つぎは五月二七日の海軍記念日（日本海海戦）だろうという説が流れていた。

四月一三日は金曜日であった。「一三日の金曜日」だから来ないだろうと、半分本気でたかをくっていると、その夜に二度目の東京大空襲があった。おもな被災地は豊島《としま》区、板橋区、王子区、四谷《よつや》区など、東京北部であった。

一日おいて、四月一五日の夜、こんどは大森、蒲田《かまた》、目黒方面がやられた。三回の東京大空襲で、東部、北部、南部が焼かれたので、残るは西部、つまり、新宿、青山、渋谷、それから私の家のある世田谷方面である。

一三日、一五日と一日おきに来襲すれば、こんどは一七日だと考える、だから緊張して一七日の晩は待機した。けれども、B29は来なかった。一七日だけではない。毎晩、今夜こそと待つのだが、一〇日たっても二〇日たっても来なかった。

私はB29の来襲を待ち望んでいる自分に気がついていた。異常な時代と状況に慣らされて意識が狂ってきていたのだろうが、当時の東京にいて、「まだ家を焼かれないでいる」人たちの多くが、そうだったのではないかと私は思う。東京の大半が焼けたのに、自分の家が焼けずに温存されているのが、どうにもうしろめたいのである。

もとよりそれは、国民の一人としてとか、不幸な人がたくさんいるのに自分だけが、といった立派な心境ではなかった。ごく小市民的な感情なのであった。

たとえば、大学や街で旧友に会う。相手は「焼けたよ」とさっぱりしたような顔をしている。知人宅に寄寓している者、父親の会社のビルの地下室で寝泊りしている者、防空壕《ぼうくうごう》に焼けトタンをのせて穴蔵生活をしている者などさまざまであったが、みんな意外にカラッとしているのである。防空壕に住んでいた友人は、強がりもあろうが、「もうこれ以上は焼けっこないからな」と胸を張った。

それに対して、焼け出されていない私は歯切れがわるい。せいぜい「こんどはオレんちの番だよ」と言って釣合いを保つしかない。家を焼かれた人間には「市民権」があり、焼けない者は「不遇」をかこつような、そんな妙な関係ができつつあった。電車の中でも、「お宅はまだですか」「まだなんですよ。申しわけないですなあ」といった会話を幾度も耳にした。

五月二五日の夜、ついに順番が回ってきた。

空中で七二個に分解して発火するという焼夷弾が、俄雨《にわかあめ》のように降りはじめると、すぐ前後左右に火の手が上った。焼夷弾の束がはじける音、落下する音が頭上に聞え、ときにはドスンという地響きが身近かでした。私は配給されていた鉄カブトをかぶり、防空壕から出たり入ったりしながら様子をうかがっていたが、なぜか私の家のある一角だけは燃えていなかった。

二〇分ほどたったと思われた頃、歩いて一〇分ぐらいのところに住んでいた四番目の姉夫婦が逃げてきた。義兄は服を着ていたが、姉は寝巻の上にレインコートを羽織っていた。

そして、警報が解除になったらすぐ寝ようと思っていたのよ、そしたら焼夷弾が家の中に落ちてきたの、何も持ち出せなかった、と言ってペロリと舌を出した。

火の粉が燃える鳥の群れのように飛び交い、道路にも庭にも焼夷弾が火を噴いていた。隣の空地の向うの家が燃えていた。

空襲警報が解除されてみると、私の家は焼けずに残っていた。

夜が明けると、庭のあちこちに焼夷弾が落ちていた。六角型の口径が約八センチ、長さ約六〇センチの鉄の筒である。全部で七、八本見つけたが、驚いたことに黒く焦げた空筒は一本しかなく、あとはすべて不発弾で、持つとずしりと重かった。私は中身を掻《か》き出せば炊事用の燃料になるぞと思ったが、蓋《ふた》を開けると爆発しそうな気がしたので放置しておいた。

私は自転車で、まず長姉の家の様子を見に行った。途中、ところどころに焼失家屋が散見する程度で、小田急線梅ヶ丘《うめがおか》駅近くの低い土手沿いにあった姉の家は無事だった。

家に戻ってしばらくすると、杉並区の久我山に一人で住んでいた戦争未亡人の三番目の姉が歩いてやって来た。この姉の家は雑木林と畑に囲まれたところにあり、無事だったが、私の家の方角が一面に燃えていたので心配しながら二時間も歩いて来たのであった。井の頭線の永福町《えいふくちょう》まで来ると、車庫の中で鉄骨だけになった電車がくすぶっており、そのあたりから焼野原になったので、私の家も駄目だろうと観念したが、残っていたのでびっくりしたと言った。

昼からまた自転車で青山の叔母《おば》と従兄姉《いとこ》の家の様子を見に行った。私たちが一〇年前まで住んでいた家である。

渋谷に近づくまでは、世田谷と同じように、ところどころに焼けた家がある程度だった。空地や樹が多いので、焼夷弾の直撃を受けた家だけが焼け、類焼はしなかったのであろう。

ところが、道玄坂《どうげんざか》の途中まで来ると様相が変った。山手線の高架橋と土手が横一直線に貫き、東横デパートは残っていたが、あとは焼畑のようにくすぶる丘陵に変っていた。

渋谷駅のすぐ脇《わき》のガードをくぐり、宮益坂《みやますざか》の上りにかかると、被害はますますひどく、焦土のなかにガランドウになったビルと土蔵が残るだけになった。道の上には都電の架線が匍《は》い、鉄の支柱は傾き、両側の商店街は跡かたもなくなっていた。宮益坂は子どもの頃私が過したところであった。菓子や本を買うのも床屋へ行くのもすべて宮益坂であり、一軒一軒の店に思い出があった。けれども、焼け失せてみると、どこにどの店があったか思い出せなかった。だいたい、ここが懐しい宮益坂であるような気がしなかった。

警防団の人たちが大八車に焼けた木の幹のようなものを積み上げて坂を下りて来た。見ると焼死体である。あらためて道の両側を見ると、そこここに焼死者がいた。手と膝をかがめ、仰向けになったままミイラのように細く小さくなっている人が多かった。何十体見たかわからない。

叔母と従兄姉の家は影さえなかった。家があったときにくらべると敷地がひどく狭く見え、ここがかつて私が住んでいた家の跡だと確認するのに躊躇《ちゅうちょ》したほどであった。さいわい、焼跡に焼死体はなかった。隣のターちゃんの家も跡かたもなかった。ターちゃんは、私が小学一年生のとき、いっしょに山手線に乗りに行った子である。私が世田谷に引っ越してからも互いに遊びに行ったり来たりしていたが、戦争が始まった頃から交遊が途絶えていた。

あとでわかったのであるが、この付近の人たちは二つの方角へ分れて逃げたという。一つは表参道《おもてさんどう》から明治神宮へ、もう一つは渋谷川を渡って代々木練兵場《よよぎれんぺいじょう》へというコースであった。けれども、明治神宮を目指した人たちは、ほとんど表参道で焼死した。あの広い通りを猛火が徇ったのだそうだ。代々木練兵場を目指した人たちは、目的地にはたどりつけなかったが、渋谷川に飛びこんで辛うじて助かった。私の叔母一家も渋谷川に浸って生き残った組であった。火の粉が髪や首すじに降りかかると、互いに水をかけて消し合ったという。渋谷川の水は下水同然のドブ川で、ふだんは臭気のただよう汚い川であった。

東京西部には親類や知人、私の友人などがたくさん住んでいたから、焼け残った私の家はそうした人たちの収容所になった。それまでは父母と私、二番目の姉の主人、一〇年以上もいて家族の一員のようになっていたハルという女中との五人家族であったが、末姉夫婦をはじめ約一〇人が加わって大世帯になった。

最初の晩は賑《にぎ》やかで楽しく、空襲の話に耳を傾け、慰め合い、とっておきの缶詰を開けたりしていた。けれども、大世帯をまかなう食糧はなかったから、いったん私の家に落ち着いた人たちは鉄道が開通するのを待って郷里へ帰って行った。父も母も引き留めはしなかった。記録によると、中央本線は空襲の翌日、二六日の夜九時には開通し、被害の大きかった山手線も三〇日の始発から動いている。このことは特筆されてよいと思う。

五月二五日夜が東京大空襲の最後であった。住宅密集地はほとんど焼失したからである。以後B29は、もっぱら地方都市攻撃に専念することになった。

父はしばしば庭へ出、自分の家を見上げては、

「残ったな」

と私に言うのであった。同じことを父は幾度も言った。

「焼けたほうがさっぱりしたのに」

「バカ言うな」

と言って父は笑った。複雑な気持であった。

B29が来なくなり、家も焼け残ったが、食糧不足はますますひどくなった。近郊へ買出しに行きたくても、衣裳持ちだった末姉の家が焼けたので、物々交換用の衣類がなくなっていた。金だけでは農家は何も売ってくれなかった。

庭の芝を剝《は》がして耕した菜園にはジャガイモを植えてあった。収穫期は六月であるが、五月中に半分以上食べてしまっていた。

そんなとき、新潟県の村上に疎開したら、と誘ってくれる人がいた。村上中学の先生をしていたことのある人で、教え子が一軒空家を持っているし、食糧の世話などもやってくれるはずだからどうか、とのことであった。村上は米どころ新潟平野の北端にある小さな城下町である。父は村上の位置が気に入ったらしく、「アメリカが上陸して来ても、新潟が戦場になるまでには片《かた》がつくだろう」と言っていた。

父は、母と三人の姉と孫娘の計五人を疎開させるつもりだった。ところが、誰も疎開したがらなかった。みんないっしょに行くのならいいが別れ別れになって見ず知らずのところへ行っても心細いし東京が心配だというのであった。戦争未亡人で一人暮しをしている姉でさえ、自分の家で菜園を耕しているほうがいいと言い張って疎開を拒否した。それで、けっきょく母と妊娠中の長姉とその娘の三人だけという中途半端な疎開になった。その代り、私も母たちといっしょにいったん疎開し、そのあと東京と村上との間を行ったり来たりする連絡係をつとめることになった。

出発日は七月七日に決った。疎開者には一人につき五個まで荷物の輸送を認めるという特典があったので、この際できるだけいろいろな物を運んでおきたかったが、梱包《こんぽう》材料がないので、応接間のカーテンをはずして布団を包んだほかは、トランクやスーツ・ケースに入る物しか運び出せなかった。それらを大きな荷馬車の上に小ぢんまり積んで、渋谷の貨物駅へ運んだ。

七月七日の午後、しきりに涙を流す母と長姉を促して出発した。上野から乗る汽車は15時55分発の水上《みなかみ》行で、その晩は水上温泉で一泊することになっていた。

上野を夕方出発して水上で一泊するというスケジュールにしたのは、昼間の汽車に乗ると艦載機に襲われる心配があるからだった。

五月頃からグラマンＦ６Ｆなどの艦載機の来襲は頻繁になり、しばしば列車が銃撃を受けていた。しかし、艦載機が来襲するのは、だいたい午後二時か三時頃までであった。15時55分発ならば、まず心配はなかった。

いちばん安全なのは夜行列車であるが、これは混雑がひどかった。坐る坐れないよりも車両の中に入れるかどうかが問題で、いったん乗ってしまうと便所にも行けず、停車中に窓から外へ出てホームの端で用をたすという状態だったから、とても女性、とくに妊婦の乗れる列車ではなかった。

上野発15時55分の723列車に乗り、水上で一泊するという案を考えてくれたのは、運輸通信省に勤めていた義兄であった。鉄道の事情がわかっていたからであろう。私が案を立てていたなら、夜行に乗ろうとして乗れず、上野から引き返してきたかもしれない。

もっとも、当時の私は、旅行のスケジュールを立てようにも立てられなかった。時刻表が手に入らなかったからである。

時刻表らしい時刻表、つまり表紙のついた冊子型で、全線全駅全列車が掲載された時刻表は、二〇年一月に発行された東亜交通公社版の「昭和一九年第五號（通巻第二三五號）」が最後であった。その後、二〇年六月一〇日のダイヤ改正（旅客列車の四分の一を削減）を機に、同じく東亜交通公社から『時刻表・第二一巻第二號（通巻第二三六號）』が「定價（税込）一部金參拾錢」で七月一日に発行されているが、これは新聞紙大のザラ紙一枚の両面に、東京を中心とした幹線の主要駅と主要列車だけを掲載した惨めな「時刻表」であった。

これらの時刻表は、日本交通公社が昭和五三年に『時刻表復刻版 戦前・戦中編』として復刻してくれたから見ることができるが、当時の私は、その存在さえ知らなかった。用紙不足のため印刷部数もわずかで、一般には出回らなかったにちがいない。

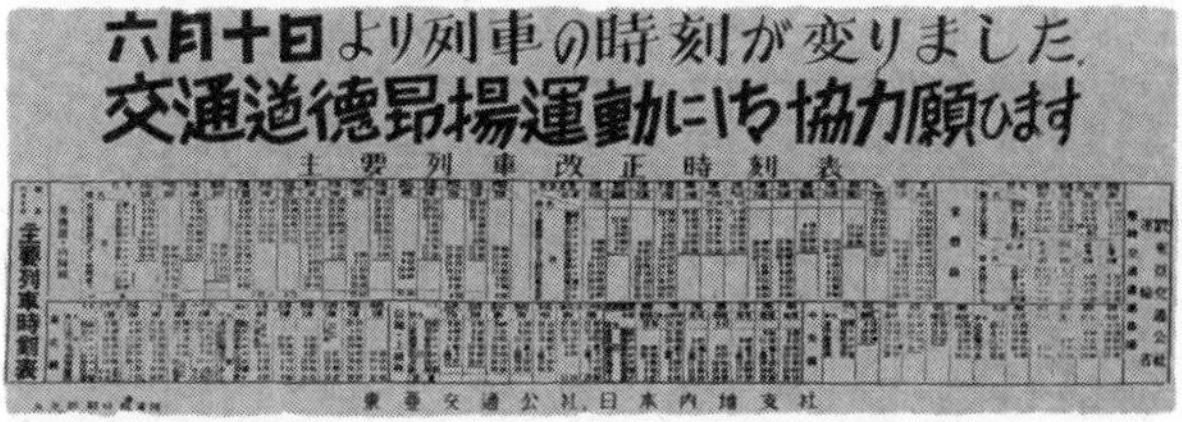

昭和20年6月10日ダイヤ改正による主要列車の時刻を掲載した東亜交通公社日本内地支社発行のチラシ

このほか、図版に示したような「交通道徳昂揚《こうよう》運動」のキャンペーンを兼ねた「時刻表」もあったが、もちろん私は知る由もなかった。

わずかに『週報』が時刻表入手難の欠を補うべく、少ない誌面を割いて主要列車を掲載していたのが比較的入手しやすい「時刻表」であった。私も何回か買った記憶があるが、昭和二〇年になると、政府のPR誌『週報』さえ手に入りにくくなっていた。

けれども、当時の旅行者、つまり、汽車に乗ろうとひしめき合う人びとにとって、時刻表など、もはやどうでもよかったにちがいない。汽車が動いているか否か、乗れるか否かが問題なのであって、何時に発車して、目的地へ何時に着くかといったことは二のつぎであった。

こうした状況下にあって、七月七日15時55分発の水上行723列車は、上野発の各列車のなかでもっとも空いていたのではないかと思う。

七月七日の時点では、罹災者《りさいしゃ》や疎開者の東京脱出はほぼ終っていた。人口の六二パーセントに当るじつに四〇三万人もの人が東京から転出して行ったのであるが、私たちが乗った723列車には疎開者らしい女性や子ども連れはほとんど見かけなかった。買出し客や通勤客の乗る時間帯でもなかった。水上行であるから遠距離客もいなかった。私たちは四人掛けの席にまとまって坐れた。

当時は「三人掛け」と「座席交代」が励行されていたが、それもせずにすんだ。「三人掛け」とは、本来なら二人しか坐れないはずの椅子《いす》に詰め合って三人坐れというものである。三人三様に窮屈な姿勢になるので、尻《しり》や背中の片一方側だけが痛くなったりして評判がわるかったが、車掌や何かと乗客に指図したがる人が励行させていた。「座席交代」というのは、一時間か二時間ごと、あるいは大きな駅に着いたのを機に坐っている人と立っている人とが交代するのである。そうしたこともなかったから、私たちの乗った723列車は、当時としてはよほど空いていたのであろう。

その日は空襲警報も出なかった。前夜、千葉市が焼夷弾攻撃を受けたが、上野からの列車に影響はなかった。何もかも恵まれた東京脱出であった。

当時の時刻表、つまり新聞紙一枚大になり果てた七月一日発行の東亜交通公社版や、六月二七日号の『週報』によると、この723列車の水上着は20時41分となっている。渋川あたりで日が暮れたから、ほぼ定時刻で運転されていたと思われる。

灯火管制で車内は暗く、窓外にも明りはなかった。列車は暗い利根川の谷に沿ってゆっくりと勾配《こうばい》を上り、ときどき鉄橋を渡った。トンネルに入ると、破れた窓から煙が容赦なく侵入してきた。当時の列車や電車の窓は、ガラスが割れてもそのまま放置されていた。張り替えるガラスが無かったのであろう。ガラスの代りに板が打ちつけられているのも多かった。

その晩は小雨が降っていた。心細いのか母たちはおし黙っていた。

けれども私は、そんなうら淋《さび》しい車中で、ひとり妙な感慨を覚えていた。というのは、子どもの頃の私は親の眼を盗んで山手線や近郊の電車に乗っていた。大きくなって一人で旅行できるようになると、こんどは「不急不要の旅行はやめよう」「遊山《ゆさん》旅行は敵だ」の時代になった。私の旅行は、たいてい「してはならない旅行」であった。とくに戦争がはじまってからは、旅行目的を訊《たず》ねられたら何と答えようかとビクビクしながら汽車に乗っていた。ところが今回はちがう。「疎開」という国策にそった旅行である。大義名分があるから胸を張って乗っていられる。こんな旅行はひさしぶりだなと私は思った。

水上の宿は義兄が駅に手配を頼んでおいてくれた。その宿は学童疎開の宿舎になっていて、廊下を子どもたちが元気よく駆けまわり、早く寝なさいと先生に叱《しか》られたりしていて賑やかだった。タイル張りの立派な浴場は、なぜか灯火管制もなく、電灯が明るく灯っていて、温泉が溢《あふ》れていた。もうながいこと風呂《ふろ》に入っていなかった。

第13章　米坂線109列車——昭和20年

疎開先の新潟県岩船《いわふね》郡村上は城下町で、城址《じょうし》のある臥牛山《がぎゅうさん》の西麓《せいろく》に武家屋敷の残る村上本町《もとまち》、北麓には町人の住んだ村上町があった。現在は両町が合併して村上市になっているが、当時は士族と商人とは行政区分を異にして住んでいた。古い家並の商人町を歩くと、ところどころに名産の堆朱塗《ついしゅぬ》りの店があり、丹念に漆を塗る姿が見られた。

北方には山形県にまたがる朝日山地が奥深く重なり、そこから流れ下った三面川《みおもてがわ》が町の北側をかすめて日本海へ注いでいた。この川はサケ遡行《そこう》の日本海側の南限で、清流のなかに捕獲用の柵《さく》が設けてあった。まだサケの季節ではないが、河原を歩くと、流れに網を投げてアユをとっている。すこし譲ってほしいと頼むと、快く分けてくれた。

村上は茶の産地で、茶畑と野菜畑とが町の西側に広がり、その先には日本海岸に沿って松をいただいた砂丘が南北につらなっていた。その砂丘の麓《ふもと》には、石油試掘中に噴湯したという瀬波《せなみ》温泉が湯けむりを上げており、旅館は傷痍《しょうい》軍人の保養所になっていたが、風《ふ》呂《ろ》は誰でも入れた。

空襲に明け暮れていた東京から来てみると、そこは別天地であった。すでにB29は新潟県にも現われるようになっていたから、ときに空襲警報が鳴り、町の人は緊張した面持ちで空を見上げたが、何事もなく警報は解除されるのであった。

私たち一家にあたえられた家は、士族町の一角の笠門《かさもん》を構えた古風で大きな建物であった。二階は大広間で、一階には小部屋がいくつもあり、四人で住むには大きすぎたが、一軒家に住めるとは疎開者として過分なことであった。

住みついて三、四日したある日のことであった。肥桶《こえおけ》をかついだ野良着姿のおじさんが現われ、便所の汲取口《くみとりぐち》を指さして何か言った。はじめ私は、便所の使い方が悪いと叱《しか》られたのかと思った。それにしては相手の物腰が鄭重《ていちょう》なので、変だと思っていると、屎尿《しにょう》を汲ませてほしいというのである。汲ませてほしいどころか汲んでいただきたいのが東京の人間の考えるところである。東京では屎尿が溢れても汲取人が来てくれなくて困っていたのだ。

つい最近疎開して来たばかりで、まだ少量ですがよろしくお願いします、などと私は言った。野良着のおじさんは、柄杓《ひしゃく》を汲取口に差しこんで、西洋人がスプーンでスープをさらうように丁寧に汲み終えると、これからも来るからよろしく、という意味のことを言い些少《さしょう》ながらと私の掌に一〇銭玉をのせて帰って行った。私は、臭うような一〇銭玉を眺めて、田舎に来たとの思いをかみしめた。

肝腎《かんじん》の食糧にも恵まれた。米は配給以外には手に入らなかったが、カボチャがいくらでも買えたので空腹を覚えることはなかった。

当初の予定では、疎開先での生活の目途《めど》がついたら私だけ東京へ戻るはずであった。ところが、村上に着いてまもなく、父から、絶対に東京に帰って来てはならぬとの速達が届いた。汽車に乗ると機銃掃射を受けるぞという意味のことが候文《そうろうぶん》で書いてあった。父ははじめから私を疎開させるつもりだったらしい。

そうはいかぬ、夜行で帰れば大丈夫だと思っていると、また父から候文が来た。それには艦載機が東北から北海道まで行っている、新潟の汽車も安心はならない、とあり、しかも、帰京せらるるとも貴殿に与うべき食糧無之候《これなくそうろう》、などと書いてあった。父からの手紙は、洋行したときに何通かの絵葉書をもらっていらい絶えてないことであった。私は村上を離れることができなくなった。

その間、B29は中小都市をしらみつぶしに焼いていた。新潟県でも長岡が八月一日に焼《しょう》夷《い》弾《だん》攻撃を受けた。艦載機も連日のように来襲していた。北海道の鉄道さえ銃撃を受けた。青函《せいかん》連絡船が艦載機の集中攻撃を浴び、一一隻が沈没するというほぼ全滅に近い被害を受けたのは七月一四日であった。

　大本営発表や各軍管区司令部の発表の内容も、それまでとは違ってきていた。「盲爆せり」とか「我方の被害極めて僅少《きんしょう》なり」といった言葉は影をひそめ、「相当の被害を生じたり」というふうに変ってきた。

　そうした発表をもとに「空襲日録」をつけていた私は、帯広、銚子《ちょうし》、宇和島《うわじま》などさえ焼かれたのに、なぜ京都、広島、長崎が攻撃を免れているのか不思議でならなかった。アメリカ兵の捕虜収容所でもあるのかと思っていた。

　八月七日の午後、大本営発表があった。

一、昨八月六日、広島市は敵B29少数機の攻撃により相当の被害を生じたり。

二、敵は右攻撃に新型爆弾を使用せるものの如きも詳細目下調査中なり。

その翌日から、ラジオは繰り返し「一機でも油断するな」と放送した。そして敵機が落下傘を投下した場合は新型爆弾かもしれぬから、敷布など白い布をかぶって地面に伏せよと告げた。それまでは「白」は敵機の眼につきやすいから着用するなと教えられていたのである。

　その二日後、

「八月九日零時頃よりソ聯《れん》軍の一部は東部及西部満『ソ』國境を越え攻撃を開始し又其の航空部隊の各少數機は同時頃より北満及朝鮮北部の一部に分散來襲せり」

との大本営発表（八月九日午後五時）があった。ソ連が参戦したのである。

これでは日本海側のほうが危険ではないかと緊張した翌朝、父がひょっこり村上へやって来た。当時の時刻表を見ると、夜行列車は上野発21時30分の新潟行・秋田行併結の705列車（新津からは805列車）一本のみであるから、これで来たにちがいない。二等車があったし、坐《すわ》れたからなと父は元気ぶっていたが、一ヵ月見ないうちにすこし痩《や》せていた。父は六五歳になっていた。

母がいそいそと風呂を焚《た》きはじめると空襲警報が鳴った。あとで発表を聞くと、艦載機が新潟港や酒田港を銃撃したことがわかった。危いところだった。

父は山形県の大石田《おおいしだ》にある亜炭の炭鉱に行かねばならぬ用があり、その途次、回り道をして村上に立ち寄ったのであった。

大石田へ行くには、村上から羽越本線で海岸沿いに庄内平野の余目《あまるめ》まで行き、陸羽西《りくうさい》線で最上《もがみ》川沿いに新庄《しんじょう》へ抜け、奥羽本線に乗継ぐのである。私にとっては未知の区間だから、たちまち行きたくなった。父は艦載機が毎日のように来ているから駄目だと言った。大事な用がある自分は弾丸《たま》に当って死んでも名誉の戦死だが、お前は犬死にだ、と半分冗談のようなことも言った。

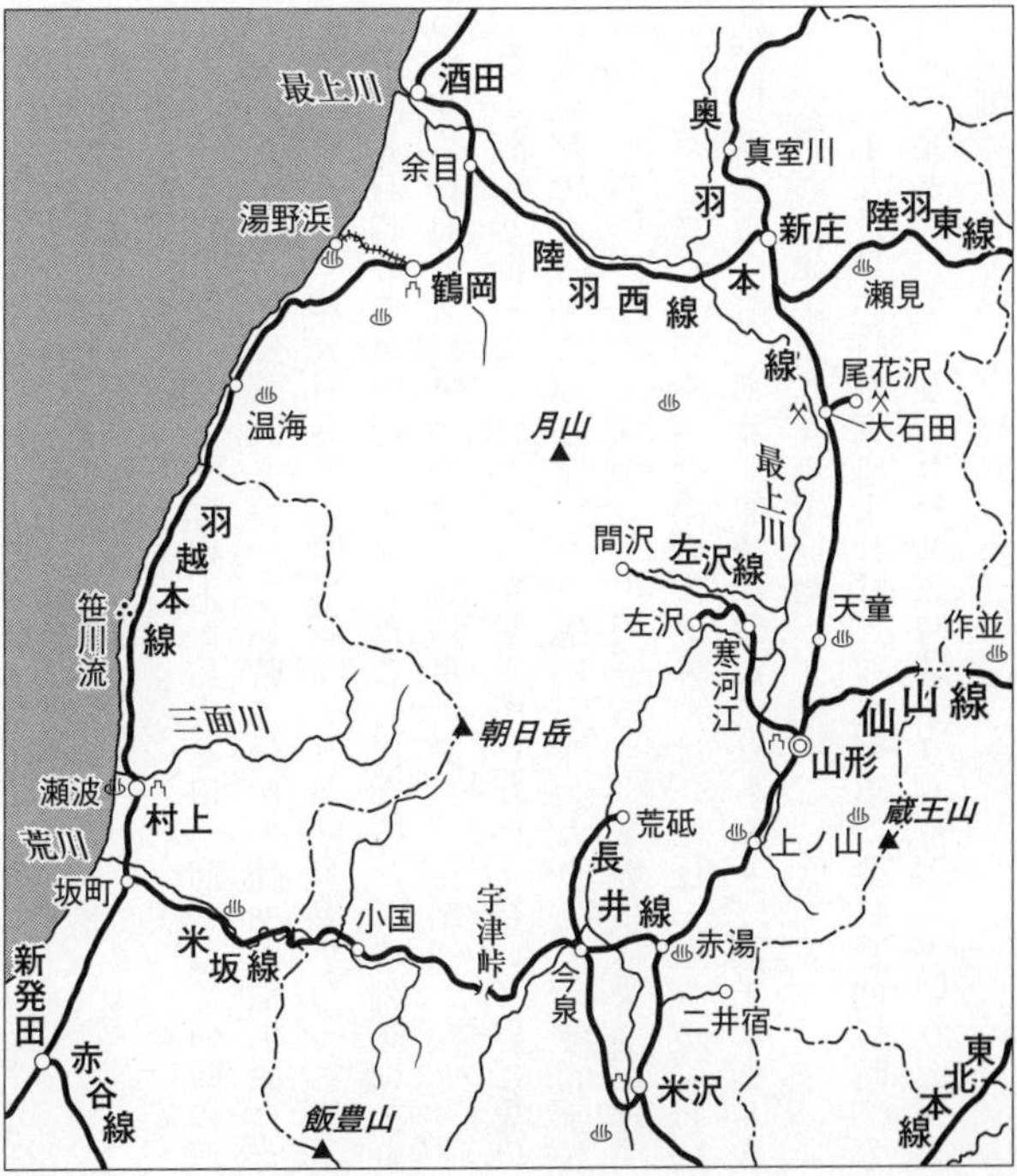
最上川
酒田
余目
湯野浜
鶴岡
温海
羽越本線
笹川流
三面川
瀬波
村上
荒川
坂町
新発田
赤谷線
米坂線
小国
宇津峠
飯豊山
朝日岳
月山
陸羽西線
奥羽本線
真室川
新庄
陸羽東線
瀬見
尾花沢
大石田
最上川
間沢
左沢線
左沢
寒河江
天童
作並
仙山線
山形
蔵王山
上ノ山
荒砥
長井線
赤湯
今泉
二井宿
米沢
東北本線

けれども、けっきょく私は父について行くことになった。切符の入手は、炭鉱調査の助手という立派な名目があるので問題はなかった。

八月一二日の朝、父と私は村上から大石田へ向った。何時の汽車で出かけたかは覚えていないが、余目で三時間も待って14時何分かの陸羽西線に乗った記憶があるので、これをもとに昭和二〇年九月号の『時刻表』（六月一〇日改正のダイヤを掲載）によって逆算すると、村上発8時47分の秋田行で出発したことになる。この列車は上野発前夜21時30分の夜行、つまり二日前に父が乗ってきた805列車である。

この列車が混んでいたかどうか覚えていない。空いていて思いがけず坐れたり、あるいは大混雑でデッキにぶら下ったり窓から乗ったりしたときは記憶に残りやすいから、おそらく、そのいずれでもなかったのであろう。二等車に乗ったはずだが、それも覚えていない。ただ、私たちの乗った車両の天井には、直径一センチぐらいの穴がいくつもあいていた。機銃掃射の跡である。斜めに撃たれたらしく、真上にある穴は暗かったが、向うのほうの穴からは光がさしこんでいた。

二〇年九月号の時刻表によれば、この列車の余目着は11時05分、陸羽西線の新庄行は14時36分発となっており、余目で三時間余りも待ったという記憶と一致するから、列車はほぼ定刻に走っていたと思われる。

粁程	驛名		秋田 811	秋田 813	酒田 815	吹浦 869	酒田 817	青森 507	村上 819	秋田 805	酒田 35	秋田 501	酒田 35	吹浦 563
0.0	上越線 172頁 上野	發	…	…	…	…	…	上野發 6 59	…	21 30	…	高田發 6 18	…	…
100.0	高崎	〃	…	…	…	…	…		…	0 22	…		…	…
265.6	信越線 136頁 長岡	〃	…	…	…	…	…		…	5 42	…		…	…
313.7	新津	着	…	…	…	…	…	4 15	…	7 04	…	10 08	…	…
										304		412		
0.0	信越線 168頁 新潟	發	…	…	…	…	…		…	6 40	…	9 40	…	…
17.0	新津	着	…	…	…	…	…		…	*7 06	…	10*13	…	…
0.0	〒新津	發	…	…	…	…	…	4 25	5 46	7 14	…	10 20	…	…
10.2	〒水原	〃	…	…	…	…	…	4 45	5 59	7 27	…	10 34	…	…
17.8	〒天王新田	〃	…	…	…	…	…	4 55	6 13	*7 37	…	10 45	…	…
26.0	〒新發田	着	…	…	…	…	…	5 06	6 24	7 48	…	10 56	…	…
		發	…	…	…	…	…	5 08	6 26	7 49	…	10 58	…	…
30.3	加治	〃	…	…	…	…	…	5 15	6 33	7 56	…	11 05	…	…
35.3	〒金塚	〃	…	…	…	…	…	5 22	6 40	8 04	…	11 12	…	…
39.1	中條	〃	…	…	…	…	…	5 29	6 47	8 10	…	11 19	…	…
44.7	〒平木田	〃	…	…	…	…	…	5 40	6 57	8 20	…	11 32	…	…
48.0	〒坂町	着	…	…	…	…	…	5 45	7 02	8 24	…	11 37	…	…
0.0	米坂線 186頁 坂町	發	…	…	…	…	…	*6 05			…	11*55	…	…
67.7	今泉	着	…	…	…	…	…	8 50			…	14 19	…	…
90.7	米澤	〃	…	…	…	…	…	9 51			…	15 12	…	…
48.0	〒坂町	發	…	…	…	…	…	5 52	7 05	8 31	…	11 47	…	…
55.2	岩船町	〃	…	…	…	…	…	6 01	7 14	8 40	…	11 56	…	…
59.4	〒村上	〃	…	…	…	…	…	6 08	7 20	8 47	…	12 04	…	…
66.5	〒間島	〃	…	…	…	…	…	6 18		8 56	…	12 15	…	…
71.4	越後早川	〃	…	…	…	…	…	6 25	…	9 04	…	12 23	…	…
78.3	〒桑川	〃	…	…	…	…	…	6 35	…	9 13	…	12 33	…	…
87.5	越後寒川	〃	…	…	…	…	…	6 47	…	9 26	…	12 45	…	…
92.8	勝木	〃	…	…	…	…	…	6 55	…	9 33	…	12 53	…	…
95.8	府屋	〃	…	…	…	…	3	7 02	…	9 39	…	13 00	…	…
101.0	〒鼠ケ關	〃	…	…	…	…	5 55	7 10	…	9 47	…	13 08	…	…
109.8	〒温海	〃	…	…	…	…	6 07	7 21	…	9 58	…	13 20	…	余目行
115.7	〒五十川	〃	…	…	…	…	6 19	7 30	…	10 08	…	13 30	…	
123.2	〒三瀬	〃	…	…	…	…	6 31	7 41	…	10 19	…	13 42	…	
128.9	〒羽前水澤	〃	…	…	…	…	6 43	7 50	…	10 28	…	13 51	…	821
133.4	〒羽前大山	〃	…	…	3	…	6 50	7 57	…	10 35	…	13 58	…	3
139.4	〒鶴岡	〃	…	…	5 43	酒田行	7 01	8 05	酒田行	10 44	…	14 08	…	15 36
146.0	〒藤島	〃	…	…	5 52		7 11	8 14		10 54	…	14 19	…	15 48
154.7	〒余目	着	…	…	6 04		7 23	8 25		11 05	…	14 30	…	16 00
0.0	陸羽西線 179頁 余目	發	…	…	*6 09	31		*8 49	33		…	14*36	…	16*32
43.0	新庄	着	…	…	7 20	3		10 05	3		3	15 49	3	17 46
154.7	余目	發	…	…	6 06	7 07	7 24	8 29	10 45	11 06	13 05	14 33	15 16	…
160.4	〒砂越	〃	…	…	6 18	7 17	7 35	8 40	10 55	11 16	13 21	14 43	15 27	…
166.9	〒酒田	着	…	3	6 27	*7 20	7 44	8 4[illegible]	11 05	11 25	13 31	14 52	15 36	3
		發	…	5 51	…	7 10	…	8 56	…	11 36	…	15 05	…	16 00
173.3	〒本楯	〃	…	6 00	…	7 28	…	9 00	…	11 46	…	15 15	…	16 11
179.[illegible]	〒遊佐	〃	…	6 10	…	7 43	…	9 16	…	11 55	…	15 25	…	16 22
186.[illegible]	〒吹浦	〃	…	6 23	…	7 53	…	9 25	…	12 03	…	15 35	…	16 32
194.[illegible]	〒小砂川	〃	…	6 34			…	9 39	…	12 14	…	15 49	…	
203.4	〒象潟	〃	…	6 44	…	3	…	9 50	…	12 25	…	16 01	…	…
209.2	金浦	〃	…	6 52	…	…	…	9 59	…	12 33	…	16 13	…	…

羽越本線805列車。日本交通公社版『時刻表』昭和20年9月号より

余目で下車した私たちは、駅の付近を歩いた。日照りつづきで道がまぶしかった。町はずれには庄内米の水田が開け、稲が穂を出していた。「色がわるいな、これでは四俵もいかんだろう」と父が言った。肥料が十分あれば一反で六俵は穫れるのだそうだ。

駅前通りの店はどこも閉っていたが、小さな床屋だけが一軒開いていて、年輩のおやじが一人ぽつんと客を待っていた。私たちが入って行くと、おやじさんは愛想よくお茶を入れてきた。父の頭はほとんど禿《は》げていたが、それでも仕上るのに小一時間かかった。終ると父は「お前もかってもらえ」と言った。時間があり余っていたのである。

こうして私たちは余目で三時間半もの時間をもて余したのであるが、二〇年九月号の時刻表を見ると、村上発12時04分の秋田行があり、余目着14時30分、わずか六分の接続で14時36分発の陸羽西線に間に合っている。なぜこの列車に乗らず、三時間半も早く村上を発ってきたのか納得がいかない。汽車が遅れて接続しなくなるといけないと思ったのか、あるいは時刻表など手に入らなかったから、行き当りばったりに出かけてきたのか、どちらかだろう。

ただ、昭和二〇年九月号の時刻表を見ていると、はたして当時の列車がこの通りに運転されていたかなあ、と首を傾《かし》げることがある。空襲によって一時不通になったりダイヤが目茶苦茶になったりしたという、そのことではない。戦争末期の汽車は混乱の極みで、ダイヤなどあってないようなものだったとされるが、それは部分的一時的なことであって、総体的に眺めれば意外なほど正確に走っていたのではないかと思う。私はときどき村上駅へ行って汽車を眺めていたが、駅に掲示してある時刻通りに列車は発着していた。

古い時刻表を眺めていると、私の記憶を甦《よみがえ》らせてくれることが多い。もうろうとした記憶がはっきりしてきて、忘れていたことさえ思い出してくる。たしかにこの時刻表はあの時のものだと思わせる。ところが、二〇年九月号を眺めていると、はたしてこれがあの時の時刻表だったのかと疑いたくなることがある。わずかな経験とおぼろな記憶しかないから、もとより断定的なことは言えないけれど、どうもそういう気がしてならないのである。事実、余目駅着14時30分の秋田行を私は見かけなかった。すくなくとも定刻には到着しなかった。

大石田の炭鉱は最上川を渡し舟で渡り、すこし登ったところにあって、粗末な炭住が小ぢんまりと建っていた。亜炭の炭鉱はどこでもそうであるが、規模が小さく影がうすい。山形県に炭鉱があることなど知らない人がほとんどだろうと思う。炭層が薄いので切羽《きりは》（坑道の奥の採掘箇所）も低く、坑夫は体を横にして掘っていた。

私たちはここで二泊した。当時はどこでもノミがいたが、ここのノミはすごかった。私は二晩ともよく眠れなかった。

坑夫はほとんど朝鮮系の人たちだった。日本人の監督者の命令に従って作業しているのだが、その態度には面従腹背の気配があり、無気味だった。三年前に行った北海道の石綿鉱山も朝鮮系の坑夫が多かったが、あのときは、まだそうした気配は感じなかった。

八月一四日も快晴で、朝から暑かった。頭痛がひどく吐気がした。起きようとしても目まいがして立てなかった。病気にかかったことはたしかだが病名はわからなかった。私は担架に乗せられ大石田の病院へ運ばれることになった。

担架を持つ坑夫たちの扱いは乱暴だった。最上川の渡しへ下る山道の途中で、私は二度も道端へころげ落された。

私は塩分不足による日射病にかかったのであった。病院で塩水を飲み、横になるとどっと汗が出てきて、一時間もするとウソのように元気になった。

天童《てんどう》温泉で一泊すると八月一五日である。連日のカンカン照りで、昼間の暑さが予想された。きょうは村上へ帰る日である。コースは、まず奥羽本線で山形を通って赤湯《あかゆ》まで行き、つぎに長井《ながい》線で今泉《いまいずみ》へ、さらに米坂《よねさか》線で坂町《さかまち》へ抜け、羽越本線で村上に戻るというものであった。行きと帰りのコースを変えたのは私の案だった。

宿の主人が、正午に天皇陛下の放送があるそうです、と伝えに来た。

「いったい何だろう」と私が思わず言うと、

「わからん、いよいよ重大なことになるな」と父が言った。しかし、宿の主人が部屋を出ると、

「いいか、どんな放送があっても黙っているのだぞ」

と小声で言った。

昭和二〇年九月号の時刻表によれば、私たちは天童発8時33分―赤湯着9時44分、同発11時02分―今泉着11時30分と乗継いだと思われる。赤湯での接続はもっとよかったような気がするが、時刻表を信じればこれしかない。今泉着11時30分は、私の記憶ともほぼ一致している。

今泉駅前の広場は真夏の太陽が照り返してまぶしかった。中央には机が置かれ、その上にラジオがのっていて、長いコードが駅舎から伸びていた。

正午が近づくと、人びとが黙々と集まってきて、ラジオを半円形に囲んだ。父がまた、

「いいか、どんな放送であっても黙っているのだぞ」と耳もとでささやき、私の腕をぐっと握った。

この日も朝から艦載機が来襲していた。ラジオからは絶えず軍管区情報が流れた。一一

時五五分を過ぎても「敵機は鹿島灘上空にあり」といった放送がつづくので、はたして本当に正午から天皇の放送があるのだろうかと私は思った。

　けれども、正午直前になると、「しばらく軍管区情報を中断します」との放送があり、つづいて時報が鳴った。私たちは姿勢を正し、頭を垂れた。固唾《かたず》を呑《の》んでいると、雑音のなかから「君が代」が流れてきた。こののんびりした曲が一段と間延びして聞え、まだるこしかった。

　天皇の放送がはじまった。雑音がひどいうえにレコードの針の音がザアザアしていて、聞きとりにくかった。生《な》まの放送かと思っていた私は意外の感を受けた。しかも、ふつうの話し言葉ではなく、宣戦の詔勅とおなじ文語文を独特の抑揚で読み出したのも意外だった。

　聞きとりにくく、難解であった。けれども「敵は残虐なる爆弾を使用して」とか「忍び難きを忍び」という生きた言葉は生ま生ましく伝わってきた。「万世の為《ため》に太平を拓《ひら》かんと欲す」という言葉も、よくわからないながら滲透《しんとう》してくるものがあった。

　放送が終っても、人びとは黙ったまま棒のように立っていた。ラジオの前を離れてよいかどうか迷っているようでもあった。目まいがするような真夏の蟬《せみ》しぐれの正午であった。

20. 6. 10 改正　米澤・坂町間（米坂線）

下り列車			101	103	105	109	153	113	粁程		驛名		上 102	104	108
…	…	…	…	6 20	9 20	13 00	14 38	18 27	0.0	發	〒米澤	着	8 02	9 51	15 12
…	…	…	…	6 30	9 30	13 09	14 50	18 35	3.1	〃	〒南米澤	發	7 56	9 45	15 07
…	…	…	…	6 38	9 40	13 17	15 09	19 41	6.5	〃	〒西米澤	〃	7 50	9 38	15 00
…	…	…	…	6 49	9 52	13 28	15 26	18 51	12.5	〃	〒中郡	〃	7 39	9 24	14 50
…	…	…	…	6 57	10 02	13 38	15 41	18 58	16.3	〃	〒羽前小松	〃	7 30	9 15	14 42
…	…	…	…	7 04	10 10	13 45	15 50	19 04	19.4	〃	犬川	〃	7 24	9 08	14 34
…	…	…	…	7 10	10 17	13 52	15 57	19 10	23.0	着	〒今泉	發	7 17	9 00	14 27
…	…	…	…	7 18	10 30	13 57	16 44	19 28		發		着	7 04	8 50	14 19
…	…	…	…	7 26	10 44	14 11	16 57	19 38	27.3	〃	萩生	發	6 55	8 39	14 10
…	…	…	…	7 32	10 53	14 19	17 05	19 45	30.1	〃	〒羽前椿	〃	6 48	8 32	14 03
…	…	…	…	7 40	11 07	14 30	17 17	19 57	34.7	〃	手ノ子	〃	6 38	8 22	13 53
…	…	…	…	8 02	11 34	14 58	17 46	20 23	43.9	〃	〒羽前沼澤	〃	6 17	8 01	13 32
…	…	…	…	8 13	11 47	15 11	18 04	20 35	50.0	〃	伊佐領	〃	6 03	7 45	13 17
…	…	…	…	8 21	11 56	15 20	18 14	20 43	54.7	〃	羽前松岡	〃	5 53	7 35	13 07
…	…	…	5 40	8 32	12 11	15 46	18 42	20 49	58.3	〃	〒小國	〃	5 45	7 27	12 59
…	…	…	5 51	8 43	12 23	15 58	18 53	…	63.6	〃	玉川口	〃	…	7 07	12 45
…	…	…	6 01	8 53	12 35	16 09	19 04	…		〃	〒越後金丸	〃	…	6 56	12 36
…	…	…	6 12	9 04	12 46	16 21	19 16	…		〃	〒越後片貝	〃	…	6 43	12 26
…	…	…	6 27	9 18	12 59	16 36	19 34	…		〃	〒越後下關	〃	…	6 28	12 14
…	…	…	6 34	9 24	13 06	16 43	19 42	…		〃	越後大島	〃	…	6 19	12 07
…	…	…	6 45	9 35	13 17	16 54	19 54	…		〃	〒坂町	發	…	6 05	11 55

米坂線109列車。日本交通公社版『時刻表』昭和20年9月号より

時は止っていたが汽車は走っていた。

まもなく女子の改札係が坂町行が来ると告げた。父と私は今泉駅のホームに立って、米沢《よねざわ》発坂町行の米沢線の列車が入って来るのを待った。こんなときでも汽車が走るのか、私は信じられない思いがしていた。

けれども、坂町行109列車は入ってきた。

いつもと同じ蒸気機関車が、動輪の間からホームに蒸気を吹きつけながら、何事もなかったかのように進入してきた。機関士も助士も、たしかに乗っていて、いつものように助役からタブレットの輪を受けとっていた。機関士たちは天皇の放送を聞かなかったのだろうか、あの放送は全国民が聞かねばならなかったはずだが、と私は思った。

昭和二〇年八月一五日正午という、予告された歴史的時刻を無視して、日本の汽車は時刻表

通りに走っていたのである。

汽車が平然と走っていることで、私のなかで止っていた時間が、ふたたび動きはじめた。私ははじめて乗る米坂線の車窓風景に見入っていた。

当時の石炭の質はわるく、熟練した機関士が兵隊にとられたこともあって、急勾配《こうばい》を登れないことがしばしばであったという。この列車も登り坂のトンネルのなかで力が尽き、釜《かま》を焚《た》きなおしたりした。破れた窓から石炭臭い濃い煙が容赦なく入り、父も私も窒息するのではないかと思うほど噎《む》せた。

けれども、宇津《うつ》峠の分水界を越えると、列車は別人のように元気をとりもどして快走しはじめた。列車は荒川の深い谷を幾度も渡った。荒川は日本海に注ぐ川である。ゴオッと渡る鉄橋の音に変りはなく、下を見下ろせば岩の間を川の水は間断なく流れていた。

山々と樹々の優しさはどうだろう。重なり合い茂り合って、懸命に走る汽車を包んでいる。日本の国土があり、山があり、樹が茂り、川は流れ、そして父と私が乗った汽車は、まちがいなく走っていた。

昭和二〇年九月号の時刻表によれば、私が乗った米坂線の列車は今泉発13時57分の坂町行109列車であったように思われる。けれども、私は今泉発12時30分頃の列車に乗ったような気がしてならない。天皇の放送が終ると、待つほどもなく列車はやってきたのだ。

六月一〇日のダイヤ改正までは今泉発12時32分の107列車があった。この列車は15時05分に坂町に着き、一時間ほど待って16時18分の羽越本線の下り列車に乗ると村上には16時35分に着く。村上に着いて風呂をわかしているうちに日が暮れてきたから、おそくとも六時頃までには家に帰っていたはずである。今泉発13時57分に乗ったのであれば村上着は19時20分、すでに日は暮れている。どうもよくわからない。

しかし、昭和二〇年九月号の時刻表を信用することにしよう。天皇の放送を聞いたあと、坂町行の列車が来るまでの間、私の「時」は停止していたのだから。

あとがき

駅々に貼《は》られた旅客誘致のポスター、ホームに上れば各種の駅弁が装いをこらして積んである。冷房のきいた車内、切符を持たずに乗っても愛想よく車内補充券を発行してくれる車掌。

そのたびに私は思い出さずにはいられない。不急不要の旅行はやめよう、遊山《ゆさん》旅行は敵だ等々のポスター、代用食の芋駅弁を奪い合う乗客、車内は超満員でトイレにも行けず、座席の間にしゃがみこむ女性、そして憲兵のように威張っていた車掌。

汽車に乗っていて、ときどき私は、いまは夢で、目が覚めると、あの時代に逆戻りするのではないかと思うことさえある。二度とめぐり合いたくない時代である。それゆえに、絶対に忘れてはならないと思う。

そんな思いを抱きつづけていたので本書を書きはじめた。結果は、時刻表に関してのみ早熟な一少年から見た一家の記録となり、忘れてはならぬ大事なことはわずかしか盛れなかった。当時の私と今の私との関心の持ち方にちがいがあるからだろう。

題名の『時刻表昭和史』は「私の」を冠すべきであったかもしれない。けれども、自分のかかわってきた時代のことは、「私の」でしか書けないし、むしろそれに徹して書かれたもののほうが、より時代相に迫りうるかに思われるので、あえて「私の」は削った。概説的な時刻表通史を期待された読者がおられたとすれば、申しわけないと思っている。

当時の時刻表という第一次史料があり、また労作『日本国有鉄道百年史』（全一九巻）もあるので、それらによって裏付けのとれることについては、私の能力の及ぶ限り正確を期した。けれども私のおぼろな記憶に頼らざるをえない箇所についてはいくつもの誤りを含んでいると思う。

日本近代思想史と鉄道史の研究家である原田勝正氏には何かと教えを乞《こ》うた。

また、昔の時刻表を探しまわったり、厖大《ぼうだい》な『百年史』に分け入ったりしていたために、脱稿の予定が大幅に遅れ、角川書店編集部の中西千明氏にご迷惑と手数をかけた。

一九八〇年六月

著者

増補（戦後篇）

はじめに

敗戦後の鉄道旅行の思い出を書くにあたって、説明しておきたいことが、いくつかある。箇条書きにしてみよう。

一、鉄道は焼《しょう》夷《い》弾《だん》に強かった。

鉄道が敗戦にもかかわらず走り続けたのは、焼夷弾による被害の少ない型の施設だったからだろう。街や駅舎は焼かれても鉄のレールは健在で、枕《まくら》木《ぎ》が燻《くすぶ》る程度だった。電化区間が少なく、蒸気機関車の時代だから、線路と石炭さえあれば走れた。

もとより、自分の家を焼かれながらも線路の復旧や保守に挺《てい》身《しん》した鉄道員の献身的な努力（これは特筆すべきものがある）を忘れてはならないが、今日のように幹線が電化され、ＣＴＣ（自動列車制御装置）などのハイテク時代だったならば、鉄道は運行不能の壊滅状態になっただろう。

また、アメリカのＢ29爆撃機その他が鉄道の生命線である鉄橋を攻撃目標にしなかったことにも注目したい。戦後の日本を管理するうえで鉄道の温存を考慮したのであろうか。

二、石炭事情の悪化。

戦時中の炭鉱労働者は朝鮮から徴用してきた人たちが多かった。それが敗戦によって解放され、出炭量が激減した。蒸気機関車が頼りの時代だから由々しいことである。鉄道だけでなく、日本の再建にとって石炭は当時の最重要のエネルギーであった。もちろん対策はたてられたが、そうした状況を鉄道はまともに受けた。それを年表で示してみよう。

昭和二〇年一二月一五日、石炭不足により旅客列車五〇％削減、貨物列車三一％削減。わずか六日後の一二月二一日に旅客列車を二〇％削減、一二月二四日、旅客列車をさらに一三％削減。旅客列車は三分の一になってしまったのである。

昭和二一年一月一一日、石炭事情の好転により東海道・山陽本線を中心に一四本の旅客列車を復活、貨物列車も増発。以後、逐次復活し、二月二五日には昭和二〇年一二月の大削減以前の状態に回復。

が、同年一一月一〇日、石炭事情悪化により旅客列車一六％削減。

昭和二二年一月四日、石炭事情悪化により旅客列車を大幅に削減（数値不明）。急行列車全廃、二等車の連結停止。戦中戦後を通じて最悪の事態で、旅客列車の混雑率は昭和一一年の五倍に達した。「削減」と「回復」が入り乱れている。

しかし、同年三月一日の通勤列車の一部復活を皮切りに、四月二四日には急行列車、二等車の復活、六月二九日には急行列車の増発と、急速に改善され、「石炭事情」の文字が年表から消えた。そして、翌二三年七月一日、戦後初の全国規模のダイヤ改正がおこなわれ、国鉄は、ようやく戦後の混乱期を脱したのであった。

三、時刻表のない鉄道旅行。

昭和二〇年のはじめ頃までは冊子形式の時刻表が刊行されていた。しかし、紙不足で部数が少なく、入手は困難であった。一般の乗客は駅に掲示された「発車時刻」だけが頼りだった。時刻表の有無よりも切符の入手が問題の時代になっていた。

しかし、駅によっては、その線区や接続する線区の時刻表が掲示してある場合もあったように思う。また、駅員に訊《たず》ねれば、目的地の到着時刻を教えてくれた。

そして、特筆したいのは、昭和二〇年八月一五日の敗戦日の前と後との列車の運行に変りのなかったことである。

八月一五日を境にしてダイヤ改訂がおこなわれたわけではないし、従来のダイヤに従って列車を走らせたのであろうが、多くの日本人が敗戦のショックによって虚脱状態に陥り、職場を放棄する者、軍需工場や軍隊に蓄積された食糧や衣服などを盗み出す者など、混乱と狼藉《ろうぜき》のなかで、鉄道員は従来どおり忠実に業務を履行していたように思われる。

鉄道員が偉かったのか、鉄道という厳しいシステムがそうさせたのか。そうした状況のなかで、私は列車に乗っていた。もとより地域も区間も限られており、日本全国の敗戦後の鉄道のありさまは知る由もないが、私の乗車体験記を綴《つづ》っておくのは無意味ではないと思う。

時刻表のない鉄道旅行で、五〇年も昔のことであるし、記憶は曖昧《あいまい》模糊《もこ》としているが、日本交通公社版の昭和二〇年九月号（六月一〇日改正のダイヤを掲載）は貴重である。

この号に掲載されたダイヤは敗戦後も維持されていたもので、それを見ると、「あのとき乗ったのはこの列車だったのだ」と記憶を甦《よみがえ》らせてくれる。けれども、昭和二〇年一一月頃からは、この号の列車と私の記憶とがつながらなくなってくる。ダイヤの大改正がおこなわれたのではないのだが、石炭事情の悪化による旅客列車の大幅削減などによって列車が間引《まび》きされたからではないかと思う。

前置きはこのくらいにして、私が乗った列車の思い出を断片的に綴ってみることにする。

第14章　上越線708列車——昭和20年9月

戦争が終り、私の東京の家は焼けずに残ったが、私は母たちとともに新潟県北部の村上の疎開先に二月はじめまでいた。東京は食糧難であった。村上でも配給以外の米は手に入りにくかったが、カボチャやイモなどはあった。私たちはカボチャばかり食べていたが、腹いっぱい何かが食べられるということは最高の贅沢《ぜいたく》であった。

東京の家には、父のほかにいろいろな人が住みついていた。「焼け出され」（空襲で家を失った者をそう呼んだ）の四番目の姉一家や親類縁者数人、「疎開ヤモメ」（家族を疎開させて一人暮しをする者）の義兄などであった。

村上と東京との連絡係は私であった。四回ぐらい往復したと思う。

電話はつながりにくかったが郵便は配達されていたので、わざわざ汽車に乗って出かけていく必要はなかったはずである。

それなのに私は村上―東京間を幾度も往復した。村上に引きこもっていたくなかったし、父や姉や友だちに会いたかった。東京へ行くたびに様相が変っていて強い刺激を受けたからでもある。

私の上京の目的は曖昧《あいまい》だったが、リュックにはカボチャや雑穀（ヒエ、笹《ささ》の実）の粉をいっぱいにつめた。食糧の運搬係であったことだけは、たしかである。

東京への切符の入手は敗戦前より容易になっていた。戦時中は窓口が「軍・公務」用と「一般」用に分けられ、一般の客が切符を手に入れるのは困難だったのだが、敗戦後は、そうした差別はなくなった。発売数に制限はあったが、手に入りやすくなっていた。地域によって違いがあったろうが、村上では、発売開始時の朝の五時までに窓口に並べば東京までの切符、しかも往復切符を入手することができた。東京や大阪などとちがって羽越本線はのどかだったのだろう。

村上から上野へ直通する列車は、秋田からの夜行列車一本のみで、村上発は20時19分、上野着は6時23分であった。

私は、この列車を幾度も村上駅へ見に行った。汽車を見るのは好きだったし、その時刻になると駅へ行きたくなるのであった。

この夜行列車は、ほぼ定時運転であったが、非常に混雑していた。座席に坐《すわ》るのは望外のことで、車内に入れるかどうかが問題であった。

私は昼間の列車で東京へ行っていたが、この夜行列車に一度だけ乗ったことがある。記憶は定かでないが、通路にリュックを置いて、その上に腰をおろした。

村上から乗ったので、通路まで入ることができたのだが、新潟からの708列車に併結される新津では車内に入るのが困難な状況になってきた。乗車を諦《あきら》める客もいた。乗車口のデッキ付近は、ギッシリ人が詰まって身動きもできないありさまだが、車内には空隙《くうげき》がある。

そこへ入るには窓からしかない。ホームの客が窓のガラスを叩《たた》く。座席の客が窓をあける。ホームの客は荷物を放りこみ、窓枠に腹をこすらせて匍《は》い入る。窓からの出入りは当りまえのことだった。

長岡では、車内の空隙がほとんどなくなっていた。しかし、ホームには、たくさんの客がいる。彼らは必死の形相で窓ガラスを叩く。この夜行列車に乗れなければ、あすの朝まで列車はない。

窓を境にして乗客の事情は大きく異る。車内の客は、そ知らぬ顔で、窓を開けようとしない。新津で窓から乗りこんだ者も立場が変れば冷淡だ。

列車が動きだす。ホームにとり残された客のなかには、腹いせに窓を叩き割る者もいた。敗戦までは「鉄道は兵器だ」とされ、故意に傷つけることなどありえなかったのだが。

当時の客車の窓ガラスは破れたものが多く、破れたままのものもあれば、板を窓枠に打ちつけたのもあった。

また、腰掛けのモケットが長方形に切りとられているのも、よく見かけた。これは靴磨き用に使われたらしい。あの時代に靴を磨くなど考えられないのだが、上野駅をはじめ、東京の主要駅には靴磨きが並んでいて、それなりに客がいた。磨くのに使うのは座席のモケットを切り取ったものであった。

時刻表によると、この列車の長岡発は23時35分で、つぎの宮内《みやうち》に停車して上越線に入ると、石打《いしうち》までの各駅を通過する。ほとんど何も覚えていないが、上野に朝早く着いたことから察すると、さして遅れずに走っていたのだろう。破れた窓から蒸気機関車の煤煙《ばいえん》が入ってきたはずだが、平常のことなので記憶にはない。

覚えているのは用便の難儀である。便所にまで客が入りこんでいたし、通路の人をかき分けて行くのも困難だった。

通路の中央のところどころに穴があった。スリバチ型の真鍮《しんちゅう》の金具をはめこんだもので、「痰壺《たんつぼ》」と呼ばれていたと思う。そこへ向って放尿する男性もいた。通路の客は、オシッコをひっかけられては堪《た》まらんと身をよけたので、それなりの空間ができた。

女性はどうしたかと言うと、要するに乗っていなかった。当時の列車では女性の客は少なく、とくに超満員の夜行列車では皆無と言ってよかった。

しかし、「便所へ行かせてください」と通路の人をかき分けるおばさんの哀願するような表情を見た記憶があるから、一人か二人は乗っていたらしい。さすがに男たちは体をずらし彼女を通していた。

石打に停車した。昭和二〇年九月号の時刻表によると、石打発が1時33分となっている。石打では電気機関車につけ替えるため一〇分ぐらい停車する。この先に長い清水トンネルがあるので水上まで電化されていた。

石打は山間の駅で、乗る客はいない。車内の客は窓からホームに降りて、反対側の線路に向って放尿し、背伸びや深呼吸をした。深夜の山の気が爽《さわ》やかだった。

上野に着いた。時刻表どおりの6時44分着ではなかったろうが、大きな遅れではなかったと思う。

東京のありさまには、眼を覆い、眼を見張った。疎開先の村上は敗戦とは無縁のようにのどかだったが、東京はまるで違っていた。上野駅の地下道は空襲で家を失った人たちの住処《すみか》になっていた。親を失った子どもたちもいた。

焼跡の路上に出れば、進駐軍の兵士に群がってタバコをねだる日本人の惨めな姿があった。アメリカ兵と腕を組んだパンパン・ガールもいた。長身男と短身女の組み合わせは滑《こっ》稽《けい》だったが、モンペ姿の女性ばかり見続けてきた眼には短いスカートが刺激的だった。

「闇市《やみいち》」が駅付近の焼跡に出現したのは、しばらく後のことだったと思うが、道端では露

上り列車

粁程	驛名		714	716	718	720	702	722	704	724	726	708
	行先		上野	高崎	上野	上野	上野	上野	上野	新前橋	石打	上野
…	183頁 秋田	發	…	…	…	…	…	…	…	…	…	14 30
…	鶴岡	〃	…	…	…	…	…	…	…	…	…	18 15
0.0	168頁 新潟	〃	…	…	…	6 40	8 50	…	12 30	14 00	15 30	21 20
17.0	新津	〃	…	…	…	7 15	9 30	…	13 12	14 35	16 05	22 04
65.1	長岡	着	…	…	[illegible]	*8 31	10 52	…	14 30	15*32	17*31	23 27
65.1	〒長岡	發	…	…	5 57	9 00	11 05	…	14 45	16 25	18 25	23 35
68.1	〒宮内	〃	…	…	6 05	9 07	11 12	…	14 52	16 32	16 32	23 42
74.1	〒越後滝谷	〃	…	…	6 14	9 18	11 21	…	15 02	16 42	18 47	レ
81.3	〒小千谷	〃	…	…	6 26	9 36	11 34	…	15 14	16 55	19 01	レ
87.9	〒越後川口	〃	…	…	6 38	9 48	11 45	…	15 26	17 11	19 15	レ
96.0	越後堀之内	〃	…	…	6 52	10 05	11 59	…	15 44	17 30	19 30	レ
98.5	〒小出	〃	…	…	7 01	10 11	12 08	…	15 56	17 36	19 38	レ
106.9	〒浦佐	〃	…	…	7 14	10 23	12 20	…	16 08	17 50	20 00	レ
112.3	〒五日町	〃	…	…	7 27	10 33	12 33	…	16 18	18 03	20 16	レ
118.9	〒六日町	〃	…	…	7 39	10 44	12 45	…	16 33	18 14	20 27	レ
122.8	〒塩沢	〃	…	…	7 48	10 52	12 54	…	16 51	18 26	20 35	レ
130.1	石打	〃	…	5 35	8 12	11 20	13 31	…	17 13	18 51	20 46	1 33
136.5	越後湯沢	〃	…	5 53	8 26	11 33	13 44	…	17 31	19 09	[illegible]	レ
143.3	越後中里	〃	…	6 09	8 45	11 47	14 00	…	17 45	19 26	…	レ
150.6	土樽	〃	…	6 28	9 02	12 04	14 14	…	18 00	19 46	…	レ
161.4	土合	〃	…	6 45	9 21	12 21	14 35	…	18 20	20 15	…	レ
164.8	湯檜曽	〃	…	6 51	9 32	12 27	14 41	…	18 26	20 25	…	レ
171.6	〒水上	着	[illegible]	6 59	9 40	12 36	14 51	[illegible]	18 35	20 33	…	2 32
		發	5 52	7 05	9 49	12 44	15 07	17 25	18 50	20 46	…	2 40
177.0	上牧	〃	6 00	7 12	9 59	12 56	15 17	17 33	18 57	20 54	…	2 52
184.1	後閑	〃	6 16	7 24	10 08	13 08	15 27	17 44	19 06	21 03	…	レ
189.3	沼田	〃	6 24	7 31	10 15	13 17	15 35	17 55	19 14	21 10	…	レ
194.4	岩本	〃	6 32	7 39	10 23	13 26	15 42	18 03	19 21	21 22	…	レ
203.2	敷島	〃	6 48	8 04	10 34	13 41	15 55	18 21	19 33	21 33	…	レ
209.6	〒渋川	〃	6 56	8 13	10 43	13 56	16 03	18 29	19 42	21 44	…	レ
213.0	八木原	〃	7 02	8 18	10 48	14 07	16 09	18 35	19 47	21 49	…	レ
218.6	群馬総社	〃	7 10	8 26	10 56	14 15	16 16	18 43	19 55	22 05	…	レ
225.4	〒新前橋	着	7 16	8 31	11 01	14 20	16 22	18 50	20 00	22 10	…	レ
		發	7 17	8 32	11 02	14 21	16 24	18 52	20 02	[illegible]	…	レ
230.7	〒高崎	着	7 26	8 42	11 16	14 31	16 33	19 01	20 11	…	…	3 56
230.7	170頁 高崎	發	7 35	…	11 26	14 40	16 42	19 12	20 20	…	…	4 06
305.4	大宮	着	9 28	…	13 17	16 33	18 38	21 05	22 11	…	…	6 01
330.7	上野	〃	10 07	…	13 56	17 26	19 18	21 46	22 56	…	…	6 44

日本交通公社版『時刻表』昭和20年9月号より

天商が雑貨類を売っていた。金を持っていても買う品物のない時代を過してきたので、金で物が買えるのが珍しくて、人だかりがしていた。

焦土の東京ながら省線や私鉄の電車は走っていたし、人びとも生きていた。しかし、ホームでは、しゃがみこんで電車を待つ人が多かった。

第15章　弘前駅、一ノ関駅——昭和20年秋

疎開先の新潟県村上にいた私の役割は東京にいる父たちとの連絡係と、リヤカーをひいての食糧買出しなどであったが、二度ほど旅行をした。

一回目は母と二人で鶴岡へ行き、湯野浜《ゆのはま》温泉に一泊した。九月の末か一〇月はじめだった。

村上から乗った列車は昭和二〇年九月号の時刻表によれば、上野発が前夜の21時30分の秋田行だったらしい。村上発が8時47分となっていて、私の朧《おぼろ》げな記憶に近い時刻である。

村上から東京方面への切符は入手しにくかったが、逆方向の鶴岡、秋田方面への切符は容易に手に入った。

この列車には二等車が連結されていた。母は贅沢《ぜいたく》で、汽車は二等車に乗るものと決めていた。私たちは鶴岡までの二等切符を買った。

上野からの夜行列車なので大混雑だったはずだが、新津あたりまでで大半の客が下車したのであろう、村上から乗ったときは空席があった。床には夜汽車の客が敷いて寝たと思

粁程	驛名		下	り	列									
	行先		秋田	秋田	酒田	吹浦	酒田	青森	村上	秋田	酒田	秋田	酒田	吹浦
	列車番號		811	813	815	869	817	507	819	805	35	501	35	563
0.0	上越線172頁 上野	發	…	…	…	…	…	上野發 6 59	…	21 30	…	高田發 6 18	…	…
100.0	上越線172頁 高崎	〃	…	…	…	…	…		…	0 22	…		…	…
265.6	信越線168頁 長岡	〃	…	…	…	…	…		…	5 42	…		…	…
313.7	信越線168頁 新津	著	…	…	…	…	…	4 15	…	7 04	…	10 08	…	…
										304		412		
0.0	信越線168頁 新潟	發	…	…	…	…	…	｜	…	6 40	…	9 40	…	…
17.0	信越線168頁 新津	著	…	…	…	…	…	｜	…	*7 06	…	10*13	…	…
0.0	〒新津	發	…	…	…	…	…	4 28	5 46	7 14	…	10 20	…	…
10.2	〒水原	〃	…	…	…	…	…	4 45	5 59	7 27	…	10 34	…	…
17.8	〒天王新田	〃	…	…	…	…	…	4 55	6 13	7 37	…	10 45	…	…
26.0	〒新發田	著	…	…	…	…	…	5 06	6 24	7 46	…	10 56	…	…
		發	…	…	…	…	…	5 08	6 26	7 49	…	10 58	…	…
30.3	加治	〃	…	…	…	…	…	5 15	6 33	7 56	…	11 05	…	…
35.3	〒金塚	〃	…	…	…	…	…	5 22	6 40	8 04	…	11 12	…	…
39.1	中條	〃	…	…	…	…	…	5 29	6 47	8 10	…	11 19	…	…
44.7	〒平木田	〃	…	…	…	…	…	5 40	6 57	8 20	…	11 32	…	…
48.0	〒坂町	著	…	…	…	…	…	5 45	7 02	8 24	…	11 37	…	…
0.0	米坂線188頁 坂町	發	…	…	…	…	…	*6 05	｜	｜	…	11*55	…	…
67.7	米坂線188頁 今泉	著	…	…	…	…	…	8 50	｜	｜	…	14 19	…	…
90.7	米坂線188頁 米澤	〃	…	…	…	…	…	9 51	｜	｜	…	15 12	…	…
48.0	〒坂町	發	…	…	…	…	…	5 52	7 05	8 31	…	11 47	…	…
55.2	岩船町	〃	…	…	…	…	…	6 01	7 14	8 40	…	11 56	…	…
59.4	〒村上	〃	…	…	…	…	…	6 08	7 20	8 47	…	12 04	…	…
66.5	〒間島	〃	…	…	…	…	…	6 18		8 56	…	12 15	…	…
71.4	越後早川	〃	…	…	…	…	…	6 25	…	9 04	…	12 23	…	…
78.3	〒桑川	〃	…	…	…	…	…	6 35	…	9 13	…	12 33	…	…
87.5	越後寒川	〃	…	…	…	…	…	6 47	…	9 26	…	12 45	…	…
92.8	勝木	〃	…	…	…	…	…	6 55	…	9 33	…	12 53	…	…
95.9	府屋	〃	…	…	…	…	3等	7 02	…	9 39	…	13 00	…	…
101.0	〒鼠ヶ關	〃	…	…	…	…	5 55	7 10	…	9 47	…	13 08	…	…
109.8	〒溫海	〃	…	…	…	…	6 07	7 21	…	9 58	…	13 20	…	余
115.7	〒五十川	〃	…	…	…	…	6 19	7 30	…	10 08	…	13 30	…	目
123.2	〒三瀨	〃	…	…	…	…	6 31	7 41	…	10 19	…	13 42	…	行
128.9	〒羽前水澤	〃	…	…	…	…	6 43	7 50	…	10 28	…	13 51	…	821
133.4	〒羽前大山	〃	…	…	3等	…	6 50	7 57	…	10 35	…	13 58	…	3等
139.4	〒鶴岡	〃	…	…	5 43	酒	7 01	8 05	酒	10 44	…	14 08	…	15 36
146.0	〒藤島	〃	…	…	5 52	田	7 11	8 14	田	10 54	…	14 19	…	15 48
154.7	〒余目	著	…	…	6 04	行	7 23	8 25	行	11 05	…	14 30	…	16 00
0.0	陸羽西線179頁 余目	發	…	…	*6 09	31		*8 49	33		…	14*36	…	16*32
43.0	陸羽西線179頁 新庄	著	…	…	7 20	3等		10 05	3等		3等	15 49	3等	17 46
154.7	余目	發	…	…	6 06	7 07	7 24	8 29	10 45	11 06	13 05	14 33	15 16	…
160.4	〒砂越	〃	…	…	6 18	7 17	7 35	8 40	10 55	11 16	13 21	14 43	15 27	…
166.8	〒酒田	著	…	3等	6 27	*7 26	7 44	8 45	11 05	11 25	13 31	14 52	15 36	3等
		發	…	5 51	…	7 10	…	8 56	…	11 36	…	15 05	…	16 00
173.3	〒本楯	〃	…	6 00	…	7 28	…	9 06	…	11 46	…	15 15	…	16 11
179.1	〒遊佐	〃	…	6 10	…	7 43	…	9 16	…	11 55	…	15 25	…	16 22
186.1	〒吹浦	〃	…	6 23	…	7 53	…	9 25	…	12 03	…	15 35	…	16 32
194.6	〒小砂川	〃	…	6 34	…		…	9 39	…	12 14	…	15 49	…	
203.4	〒象潟	〃	…	6 44	…	3等	…	9 50	…	12 25	…	16 01	…	…
209.2	金浦	〃	…	6 52	…	…	…	9 59	…	12 33	…	16 13	…	…
214.7	〒羽後平澤	〃	…	7 01	…	…	…	10 08	…	12 42	…	16 22	…	…
223.1	西目	〃	…	7 12	…	…	…	10 22	…	12 53	…	16 37	…	…
228.9	〒羽後本荘	著	3等	7 19	…	…	…	10 30	…	13 00	…	16 44	…	…
		發	6 10	7 21	…	…	…	10 34	…	13 01	…	16 48	…	…
236.0	〒羽後岩谷	〃	6 21	7 31	…	…	…	10 49	…	13 11	…	16 58	…	…
243.7	〒羽後龜田	〃	6 32	7 42	…	…	…	11 03	…	13 22	…	17 10	…	…
251.8	〒道川	〃	6 47	7 53	…	…	…	11 14	…	13 32	…	17 21	…	…
258.4	〒下濱	〃	6 55	8 01	…	…	…	11 26	…	13 40	…	17 29	…	…
265.7	〒新屋	〃	7 06	8 11	…	…	…	11 36	…	13 49	…	17 39	…	…
269.0	羽後牛島	〃	7 14	8 17	…	…	…	11 42	…	13 54	…	17 45	…	…
271.7	〒秋田	著	7 19	8 21	…	…	…	11 47	…	13 59	…	17 50	…	…

日本交通公社版『時刻表』昭和20年9月号より

われる新聞紙が散乱していた。

客車の天井には小さな穴が三つ四つとあり、陽がさしこんでいた。アメリカの艦載機の機銃掃射によるのだろう。

車掌が検札に来た。三等切符を差しだす客に、「ここは二等車ですよ」と言う。

「戦争に負けて、二等も三等もあるものか！」

客の大きな声に、車内は静まる。車掌も黙ってしまう。

列車は日本海岸に沿う景色のよいところを走った。小さな漁村には、車窓から見るかぎり戦争の爪跡《つめあと》はなかった。

村上から約二時間で鶴岡に着き、庄内電鉄の鄙《ひな》びた電車に乗って湯野浜温泉へ行った。日本海に面した砂丘の上にある温泉場で、母と私は、そこで一泊した。私たちが持参した米を番頭が一合升で丁寧に量《はか》った。

この地方は種子《たね》のない「庄内柿」の産地で、米は買えなかったが柿は自由に買えた。母は柿が大好物で、景色も温泉にも関心を示さず、ひとり黙々と柿の皮をむいて食べた。

敗戦直後らしくないのどかな一泊旅行から一ヵ月後の一〇月末頃、私は一人で東北一周の旅行に出かけた。

長距離切符は発売枚数に制限があり、「局内」と「局外」に分けられていた。村上の場合は新潟鉄道局内の路線・駅が「局内」で、北限は奥羽本線の大館であった。そこから先の弘前や青森は仙台鉄道局の領域であった。「局外」への切符の割り当て枚数は少なく、入手困難であった。

私は窓口が開く午前五時まえに駅へ行き、青森への切符を所望したが、局外は売切れとのこと。だが、なぜか大館ではなく、弘前の先の川部《かわべ》までの切符を売ってくれた。不可解だが、駅員の裁量で、そのくらいのことはできたらしい。川部まで行けば青森はすぐだから、あとは適当にやれ、という親切心かもしれない。

私が乗ったのは村上発6時08分の下りの一番列車、青森行だったと思う。昭和二〇年九月号の時刻表によれば前日の6時59分に山陽本線の上郡《かみごおり》（姫路と岡山の間）を発車した列車である。一昼夜かかって時刻表どおりに走ってきたのか、時刻表とはちがう列車だったのかはわからない。だが、夜が明けてまもない時刻に乗ったことは、たしかである。

それから先のことは何も覚えていない。座席に坐《すわ》れるほど空いていれば、ビックリして記憶に残っただろうし、窓から入るほど混雑していれば覚えていたかもしれない。たぶん通路にリュックを置いて、その上に坐っていたのではないかと思う。こういう状態が当時の鉄道旅行では正常で、だから覚えていないのだと解釈することにする。

私のリュックのなかに入っているのは、母がつくってくれた大きな焼きおにぎりが数個、米一升、毛糸のスェーターなどである。米は貴重品なので、できれば手をつけずに持ち帰りたいと思っている。スェーターの類は母が風邪《かぜ》をひいてはいけないと勝手に詰めこんだもので迷惑なのだが、その上に腰をおろせば坐り心地がよかった。

それにしても、沿線の風景まで記憶にないとは、どうしたことだろう。庄内平野以北ははじめて乗る路線だったのに、酒田も秋田も東能代《ひがしのしろ》も大館も何も覚えていないのである。この方面の列車が平穏に運行されていたからだろうか。

弘前を過ぎ、川部に着いた。五能《ごのう》線や黒石線の分岐駅で、私の切符はここまでである。私は下車した。

時刻表によれば、この列車の川部着は16時08分となっている。夕暮れは迫っていたが、まだ十分に明るかったから、ほぼ定刻に到着したと思われる。一〇月下旬の青森県の日没は午後四時三〇分頃である。

ここからは記憶がよみがえってくる。

川部の駅前に出ると、リンゴを山積みにした店があった。津軽はリンゴの産地で、いまが収穫期である。

「これ、売ってくれますか」と私はたずねた。売るよ、との返事。

当時の日本人は、食べものが買えるとなると、条件反射のように買う習性になっていた。

粁程	駅名		青森 411	青森 413	大館 443	大館 435	青森 415	青森 507	青森 437	青森 403	大館 421	東能代 423
0.0	上野	發	…	…	…	…	…	…	…	22 10	…	…
267.8	福島	〃	…	…	…	…	…	…	…	6 10	…	…
310.8	米澤	〃	…	…	…	…	…	…	…	8 49	…	…
357.8	144頁 178頁 山形	〃	…	…	…	…	…	上郡發 6 59	…	10 07	…	…
419.3	新庄	〃	…	…	…	…	…		…	11 58	…	…
499.0	横手	〃	…	…	…	…	5 53		…	14 26	…	…
569.4	秋田	著	…	…	…	…	7 32	11 47	…	16 08	…	…
569.4	〒秋田	發	…	…	…	5 35	7 39	12 00	…	16 20	18 01	19 55
576.5	〒土崎	〃	…	…	…	5 46	7 50	12 12	…	16 31	18 12	20 07
582.6	〒追分	著	…	…	…	5 54	7 58	12 20	…	16 39	18 20	20 15
		發	…	…	…	5 56	8 00	12 22	…	16 41	18 21	20 16
589.6	〒大久保	〃	…	…	…	6 05	8 09	12 31	…	16 50	18 30	20 25
592.9	〒羽後飯塚	〃	…	…	…	6 11	8 18	12 37	…	16 56	18 36	20 31
598.2	〒一日市	〃	…	…	…	6 19	8 26	12 45	…	17 04	18 43	20 38
609.1	〒鹿渡	〃	…	…	…	6 33	8 40	13 02	…	17 18	18 57	20 52
615.8	〒森岳	〃	…	…	…	6 42	8 50	13 12	…	17 23	19 07	21 01
626.1	〒東能代	著	…	…	…	6 56	9 04	13 26	…	17 42	19 21	21 15
		發	…	…	…	6 58	9 06	13 28	…	17 43	19 23	…
636.2	〒富根	〃	…	…	…	7 14	9 20	13 40	…	17 55	19 35	…
642.9	〒二ツ井	〃	…	…	3	7 23	9 30	13 49	…	18 05	19 45	…
655.6	〒鷹ノ巣	〃	…	…	7 09	7 39	9 46	14 05	…	18 21	20 02	…
664.2	〒早口	〃	…	…	7 23	7 50	9 57	14 16	…	18 32	20 13	…
673.6	〒大館	著	…	3	7 35	8 00	10 07	14 26	…	18 42	20 23	…
		發	…	5 39	…	…	10 17	14 38	16 52	18 52	…	…
680.1	白澤	〃	…	5 53	…	…	10 28	14 49	17 02	19 02	…	…
687.2	〒陣場	〃	…	6 09	…	…	10 46	15 08	17 21	19 23	…	…
697.9	〒碇ケ關	〃	…	6 29	…	…	11 04	15 26	17 39	19 41	…	…
706.0	〒大鰐	〃	…	6 39	…	…	11 13	15 36	17 48	19 51	…	…
711.4	〒石川	〃	…	6 47	…	…	11 20	15 43	17 56	19 59	…	…
717.8	運賃 〒弘前	著	…	6 55	…	…	11 28	15 52	18 04	20 07	…	…
		發	5 35	7 01	…	…	11 36	16 00	19 11	20 13	…	…
720.5	特 撫牛子	〃	↓	↓	…	…	↓	↓	18.19	↓	…	…
724.1	定 〒川部	著	5 43	7 10	…	…	11 44	16 08	18 25	20 21	…	…
	一	發	5 45	7 15	…	…	11 46	16 11	18 28	20 24	…	…
727.3	七 北常盤	〃	5 51	7 21	…	…	11 52	16 17	19 35	20 30	…	…
732.8	八 〒浪岡	〃	5 58	7 29	…	…	12 00	16 25	18 42	20 40	…	…
737.9	頁 大釋迦	〃	6 07	7 38	…	…	12 10	16 36	18 53	20 54	…	…
744.1	参 鶴ケ坂	〃	6 28	7 50	…	…	12 22	16 49	19 08	21 06	…	…
749.5	照 津輕新城	〃	6 27	7 58	…	…	12 29	16 57	19 18	21 13	…	…
755.2	〒青森	著	6 35	8 07	…	…	12 37	17 06	19 26	21 21	…	…

日本交通公社版『時刻表』昭和20年9月号より

みんな腹を空かしていた。

食糧の価値の順位は、米が最高の別格で、そのつぎがイモ類やカボチャなどであった。腹のたしになるものが欲しいのであった。

その点、くだものは劣るのだが、リンゴは腹のたしになる。

私はリンゴをリュックがいっぱいになるほど買った。そのリンゴは「国光《こっこう》」であった。大型で固く、酸味の強いもので、いまはお眼にかかれなくなったが、当時のリンゴの代表種であった。

旅の初日に重い荷物を背負いこむことになったが、私は満足していた。母や姉が喜ぶ顔を見たかったし、どうだ、と胸を張りたい気持もあった。

リンゴを背負って、川部発18時14分かと推定される列車に乗り、弘前に戻った。川部—弘前間は、わずか六・三キロで、切符が自由に買える区間であった。私が弘前に戻ったのは、大きな駅だから長距離切符の割り当て枚数が多いだろうと考えたからであった。

弘前は空襲の被害を受けていなかった。駅前には古びた瓦《かわら》屋根の旅館があった。もとより旅館などに泊れる分際ではない。泊るには貴重な米を提供せねばならないし、金も支払わなければならない。

それにもまして重要なのは、あすの弘前から先の切符の入手であった。

切符売場には「午前五時発売開始」の貼紙《はりがみ》があり、すでに何人かの列ができていた。村上などとちがって、弘前では前夜から並ばないと長距離切符は買えないらしい。

私は列の後に腰をおろした。ここで一夜を明かすわけだが、それを苦にする時代ではなかった。屋根さえあればよかった。持参の焼きおにぎりを一つ食べた。

窓口の列は、だんだん長くなった。が、並んでいるのはボロをまとった少年ばかりである。彼らが旅行をするとは思えない。空襲で親や家を失った戦災孤児が、流れ流れて、この弘前駅での切符買いに駄賃をもらって行列しているらしい。

夜が更ける。寒くなってくる。少年たちは心得たもので、古い毛布や厚手の布などを体に巻きつけて眠ってしまう。私はリュックから何やかやを取り出し、尻《しり》の下に敷いたり、体に掛けたりした。これらのものを母が私のリュックに詰めこんだときは、わずらわしい気がしたが、いまは有難かった。

だが、少年たちのように、ぐっすり眠れる状態ではない。

リュックのなかには文庫本が何冊かあるが、暗くて読めない。

ノミにも悩まされる。昼間は、さほどではないのだが、夜になると跳梁《ちょうりょう》する。内股《うちまた》などの皮膚のやわらかい部分を好むようで、そのあたりが痒《かゆ》い。ノミやシラミに悩まされるのは、当時としては日常茶飯のことだったが、やはり眠りの妨げになる。少年たちはボリボリと掻《か》きながら眠っている。（「掻く」という動詞のツクリが蚤《のみ》であることに、いま気づいた。）

眠れず、痒く、悶々《もんもん》とする。

私は気を紛らすための一計を思いついた。特急「燕《つばめ》」の時刻である。「燕」は昭和一八年一〇月に廃止されたが、憧《あこが》れの列車だったので停車駅の着発時刻は覚えていた。東京発午前9時00分、横浜9時26分着、27分発、沼津10時56分着、11時00分発、静岡11時45分着、11時48分発……。そして大阪着が午後5時00分。

この大阪着5時ちょうどという時刻がよい。午前と午後のちがいはあるが、5時は弘前駅の窓口が開く時刻である。私は暗い電灯の下で腕時計を眺めながら、「いま丹那《たんな》トンネルを抜けた」「静岡に着いた。駅弁を買う」「浜名湖が見えてきた。大阪まであと四時間」などと「燕」に乗っている気分をかきたてようと努力した。これは気を紛らすのに効果があった。

底冷えのする弘前駅の駅務室内に明りがともり、午前五時、窓口が開いた。私は一《いち》ノ関《せき》までの切符を買った。一ノ関は盛岡と仙台との中間にある駅で、青森・盛岡経由で三三二キロある。できれば一ノ関の先の小牛田《こごた》から陸羽東線・西線を通って村上までの切符を買いたかったのだが、そんな回りくどい切符を所望したなら拒否され、行列からはじき出されそうであった。

昭和二〇年九月号の時刻表によれば、私は弘前発5時35分、青森着6時35分の列車に乗ったにちがいない。そして、青森からは10時40分発の上野行に乗ったらしい。

また記憶が曖昧《あいまい》になる。覚えていることは、わずかである。

青森始発の列車なので、私は窓際の席に坐れた。上野着が翌朝6時42分着の夜行列車であるが、私が下車した一ノ関（19時18分着）までは、通路に立つ人は少なかった。両側の景色を眺めた記憶がある。たぶん、仙台あたりから大混雑になり、窓から乗り降りの状態になったのだろうが、一ノ関までは平穏だった。

青森から一ノ関までは、我ながら呆《あき》れるほど覚えていないのだが、紅葉のすばらしいところを走ったことだけは記憶が鮮明である。古びた敗戦列車のなかにまで紅と黄が映え入るほどで、乗客が歓声をあげたほどだった。あんな美しい紅葉は、そのあと見たことがない。殺伐とした時代の印象だから比較しようはないが、青森県から岩手県への境を過ぎるあたりだったと思う。

短い晩秋の日が盛岡で暮れ、一ノ関に着いた。時刻表によれば19時18分着で、私の頼りない記憶と一致している。

今夜もまた駅で一夜過す。

一ノ関駅は弘前とは様子がちがっていた。窓口の列は短く、そのかわり三和土《たたき》の上にたむろする人が多かった。夜行列車を待つ客らしい。21時40分発の上野行が入線してきた。かなり混雑していたが、窓から入るなどして、乗れない客はいないようであった。

つぎに入線してきたのは23時01分発の青森行であった。この列車は駅舎側の1番線に停車したので、内部の様子がよくわかる。

それは混雑の極みであった。出入口はもとより、客席のどの窓も人で埋まり、ガラスにぴったりと背中を押しつけられている客もいる。人間の瓶詰めのような列車であった。

下車する客はいなかったと思う。乗ろうとする客はたくさんいたが、一人も乗れなかったのではないだろうか。

諦《あきら》めて駅舎に戻ってくる人。機関車をつけ替えた青森行は暗い一ノ関のホームを静かに発車して行った。

虚しく列車を見送った一ノ関駅は冷えこんできた。窓口に並んでいる私も寒くて眠れない。ノミもいる。

駅前で焚《た》き火《び》がはじまった。私の列の隣のおっさんが「焚き火にあたってきますから、

粁程	驛名　列車名　行先／番號		白石 122	仙臺 124	盛岡 180	一ノ關 128	宇都宮 130	尻内 46	盛岡 132	福島 134	仙臺 104	上野 202	上野 106	盛岡 136
0.0	函　館		…	連絡船時刻ハ省略				…	…	…	…	…	6便	…
113.0	青　森		…					…	…	…	…	…	…	3
0.0	弁〒青森	發	…	…	…	…	…	…	5 55	…	…	10 40	12 45	15 05
3.0	〒浦町	〃	…	…	…	…	…	…	6 01	…	…	10 47	12 53	15 12
5.5	浪打	〃	…	…	…	…	…	…	6 07	…	…	10 52	12 59	15 18
10.6	野内	〃	…	…	…	…	…	…	6 15	…	…	11 00	13 07	15 26
15.8	〒淺虫	〃	…	…	…	…	…	…	6 23	…	…	11 08	13 15	15 35
22.2	西平内	〃	…	…	…	…	…	…	6 33	…	…	11 18	13 24	15 51
26.0	〒小湊	〃	…	…	…	…	…	…	6 39	…	…	11 24	13 30	15 56
32.0	清水川	〃	…	…	…	…	…	…	6 48	…	…	11 33	13 39	16 05
36.7	〒狩場澤	〃	…	…	…	…	…	…	6 56	…	…	11 41	13 46	16 12
43.2	弁〒野邊地	着	…	…	…	…	…	…	7 06	…	…	11 50	13 55	16 21
		發	…	…	…	…	…	…	7 14	…	…	11 55	13 58	16 25
48.8	千曳	〃	…	…	…	…	…	…	7 37	…	…	12 09	14 11	16 38
57.3	乙供	〃	…	…	…	…	…	…	7 47	…	…	12 20	14 22	16 49
64.2	〒沼崎	〃	…	…	…	…	…	3	7 56	…	…	12 29	14 31	16 58
74.7	〒古間木	〃	…	…	…	…	…	6 38	8 11	…	…	12 44	14 45	17 13
79.4	向山	〃	…	…	…	…	…	6 49	8 20	…	…	12 53	14 54	17 23
84.7	下田	〃	…	…	…	…	…	6 57	8 27	…	…	13 01	15 02	17 31
88.9	陸奥市川	〃	…	…	…	…	…	7 04	8 34	…	…	13 08	15 09	17 38
95.7	弁〒尻内	着	…	…	…	…	…	7 15	8 44	…	…	13 19	15 19	17 49
		發	…	…	…	…	6 12	…	8 50	…	…	13 25	15 28	17 54
100.7	〒北高岩	〃	…	…	…	…	6 22	…	8 59	…	…	13 36	15 38	18 04
106.9	〒劍吉	〃	…	…	…	…	6 31	…	9 08	…	…	13 46	15 47	18 12
112.2	〒諏訪ノ平	〃	…	…	…	…	6 40	…	9 16	…	…	13 55	15 56	18 21
116.2	〒三戸	〃	…	…	…	…	6 47	…	9 23	…	…	14 02	16 03	18 28
126.7	〒金田一	〃	…	…	…	…	7 04	…	9 38	…	…	14 17	16 18	18 43
134.3	〒北福岡	〃	…	…	…	…	7 18	盛岡行	9 49	…	…	14 28	16 29	18 54
140.6	弁〒一戸	〃	…	…	…	…	7 33		10 03	…	…	14 42	16 44	19 08
145.3	〒小鳥谷	〃	…	…	…	…	7 40		10 10	…	…	14 49	16 51	19 15
153.0	小繋	〃	…	…	…	…	7 57	304	10 26	…	…	15 06	17 08	19 35
160.7	〒奥中山	〃	…	…	3	…	8 18	大館發 5 18	10 42	…	…	15 32	17 30	19 53
173.1	〒沼宮内	〃	…	…	6 00	…	8 39		10 57	…	…	15 48	17 46	20 12
178.2	岩手川口	〃	…	…	6 10	…	8 46		11 04	…	…	15 55	17 53	20 19
183.8	〒好摩	〃	…	…	6 24	…	8 55	9 57	11 12	…	…	16 04	18 04	20 48
192.8	〒瀧澤	〃	…	…	6 47	…	9 08	10 16	11 25	…	…	16 19	18 18	21 02
189.1	〒厨川	〃	…	…	7 05	…	9 18	10 26	11 34	…	…	16 29	18 28	21 14
204.7	弁〒盛岡	着	…	…	7 15	…	9 26	10 34	11 41	…	…	16 36	18 36	21 22
		發	…	…	…	7 25	9 33	3	…	…	14 16	16 44	18 46	…
206.6	〒仙北町	〃	…	…	…	7 30	9 38	…	…	…	14 22	16 49	18 51	…
214.9	矢幅	〃	…	…	…	7 43	9 50	…	…	…	14 35	17 02	19 06	…
223.3	〒日詰	〃	…	…	…	7 59	10 02	…	…	…	14 48	17 15	19 22	…
228.7	〒石鳥谷	〃	…	…	…	8 06	10 10	…	…	…	14 57	17 24	19 31	…
234.3	二枚橋	〃	…	…	…	8 15	10 19	…	…	…	15 07	17 33	19 40	…
240.1	〒花巻	〃	…	…	…	8 27	10 28	…	…	…	15 17	17 43	19 52	…
252.6	弁〒黒澤尻	着	…	…	…	8 43	10 44	…	…	…	15 33	18 00	20 10	…
		發	…	…	…	8 46	10 49	…	…	…	15 41	18 07	20 15	…
259.0	六原	〃	…	…	…	8 56	10 58	…	…	…	15 50	18 17	20 24	…
262.3	〒金ケ崎	〃	…	…	…	9 04	11 05	…	…	…	15 57	18 24	20 31	…
269.9	〒水澤	〃	…	…	…	9 14	11 15	…	…	…	16 07	18 35	20 42	…
274.9	〒陸中折居	〃	…	…	…	9 22	11 23	…	…	…	16 14	18 45	20 50	…
280.1	〒前澤	〃	…	…	…	9 30	11 31	…	…	…	16 22	18 53	20 58	…
287.8	〒平泉	〃	…	…	…	9 42	11 43	…	…	…	16 34	19 05	21 11	…
292.1	山ノ目	〃	…	…	…	9 49	11 51	…	…	…	16 41	19 12	21 19	…
295.0	弁〒一ノ關	着	…	3	…	9 54	11 57	…	…	…	16 47	19 18	21 25	…
		發	…	6 10	…	…	12 03	…	…	…	16 53	19 29	21 40	…
302.2	〒有壁	〃	…	6 26	…	…	12 16	…	…	…	17 08	19 44	21 57	…
308.9	花泉	〃	…	6 35	…	…	12 26	…	…	…	17 18	19 54	22 11	…
316.5	〒石越	〃	…	6 47	…	…	12 39	…	…	…	17 31	20 05	22 22	…

日本交通公社版『時刻表』昭和20年9月号より

この荷物をよろしく」と言って列を離れた。しばらくすると、おっさんが戻ってきたので、こんどは私が暖をとりに行く。それを繰り返した。

焚き火の燃料は駅付近の家の塀などで、バリバリと剝《は》がして燃やしていた。

翌日は陸羽東線・西線、羽越本線を経て村上に帰着したが、その途中は何も覚えていない。

夕方、リンゴで重いリュックを背負って村上の家に帰った。母は私が無事に帰着したのを喜んでくれた。姉たちはリュックからころがり出たリンゴに歓声をあげた。米は手をつけずに持ち帰った。が、ノミも持ち帰ったので、私は風呂場《ふろば》へ行った。母は大桶《おおおけ》に私の衣類やリュックを入れ、熱湯を注いだ。

第16章　熱海にて――昭和21年

昭和二〇年一一月末、新潟県の村上に疎開していた母や姉たちの一家は引揚げることになった。

けれども、帰るはずの東京の家はなかった。戦災は免れたのだが、父は家を売り、その金で和歌山県の小さな炭鉱を買った。新宮から熊野川を溯《さかのぼ》ったところにある亜炭鉱山であった。戦後を生き延びるための方策だったろうが、父は戦前から鉱山経営に熱心だった。

東京の家は手離したけれど、一家の住む家はあった。父の知人が提供してくれた熱海の別荘である。

そこは熱海駅の北、伊豆山鳴沢《なるさわ》で、山腹の別荘は風光絶佳の地にあった。碧《あお》い伊豆の海の近景には初島、遠くには大島が望まれた。

急斜面なのに石垣を高く積んで平地をつくり、ミカンの木が一〇本ぐらい植えられていて、色づいた実をつけていた。別荘の下には「桃李《とうり》郷」という数寄屋づくりの温泉旅館があり、頼めば風呂《ふろ》に入ることもできた。

敗戦などそ知らぬような別天地であった。

父は、この借りものの別荘が気に入っていたが、なんとしても交通が不便であった。熱海駅から三キロもあり、バスなどないので、四〇分も歩かなければならなかった。母は不満をもらしていた。配給の米をとりに行くのも「闇《やみ》」の物資を買いに行くのも不便だった。私はリュックを背負って配給米や野菜などを運搬していた。

道の途中の人家のない淋《さび》しいところに進駐軍の駐在所が設けられていた。「Check Point」と書かれた小屋の前にはアメリカ兵が銃を手にして立っていた。その前を通るのが怖かった。私は眼を伏せて通り過ぎた。

当時の私は東京帝国大学の理学部地質学科に在籍していた。地理好きだったので、そんな学科に入ったのである。戦後まもなく学校は再開されたが、新潟県への疎開や、熱海への移住で、東京の大学に通うことができなかった。

それでも、週に一回ぐらいは日帰りで東京に出かけた。大学の様子を見たり、高校時代の旧友に会ったり、戦災を免れた神田の古本屋街を歩いたり、新橋駅前の闇市を覗《のぞ》いたりした。

当時の国鉄は、すでに記したように石炭不足による列車削減で、わびしいダイヤになっていたが、東海道本線の東京―沼津間は電化されていたので運転本数が多く、ダイヤも安定していた。切符も容易に買えた。熱海から東京までの片道運賃は一〇円ぐらいだった。戦前の五倍以上に値上げされていたわけだが、戦後のインフレによる物価の上昇ぶりにくらべれば、ずっと安かった。

　私がよく利用したのは6時52分発の列車だった。熱海始発なので、発車の一〇分ぐらい前に行けば坐《すわ》ることができた。こんな好条件の列車は、当時の日本では稀有《けう》だろう。しかし、小田原で通路がいっぱいになり、平塚や藤沢では窓から乗る人、乗れずに恨《うら》めしげに動きだした列車を見送る通勤客……。東京や横浜が空襲で焼かれたので湘南地方からの通勤客が激増していた。

　朝寝坊をして熱海始発6時52分に乗り遅れ、つぎの列車に乗ったことも何回かある。7時30分頃だった。

　この列車は沼津方面から来るので、非常に混雑していた。車内はもとより、電気機関車の先頭部のデッキにまで客がいっぱいだった。長い丹那《たんな》トンネルを抜けてきたので、みんな顔が強張《こわば》っていた。

　熱海駅のホームでは進駐軍の専用列車が通過して行くのを幾度か見たことがある。国鉄の年表によると、「昭和二一年一月三一日、連合軍専用列車、東京―門司《もじ》間“Allied

Limited” 運転開始」「三月一三日、東京—博多間、“Dixie Limited” 運転開始」とある。そのどちらかだったのだろう。

編成は数両の寝台車と食堂車という短いもので、最後尾には暖房用の電源車らしいのが連結され、湯気を噴き出していた。窓にはカーテンがひかれ、内部は見えなかったが、食堂車がホームをかすめるとき、おいしそうな料理の匂《にお》いが漂った。ポークソテーか何か、すっかり忘れていた西洋料理の匂いだった。私は生唾《なまつば》を飲みこみながら敗戦国の惨めさをかみしめた。

ハキ溜《だ》めに鶴のような列車を見送ったあと、日本人用の列車に乗るのだが、これは大混雑で、車内に入るのは難儀であった。

乗降口のデッキの手すりにつかまって乗ったこともある。

熱海から小田原にかけてはトンネルや鉄橋、そしてカーブが多い。トンネルでは壁にぶつからないように首をすくめる。カーブによる遠心力が、こっちにかかってくるときは、デッキに立つ乗客の重みに堪えねばならない。

怖かったのは根府川《ねぶかわ》駅の手前の高い鉄橋を渡るときであった。谷底まで四〇メートル以上もあるのだが、股《また》の間から見下ろすと、目がくらんだ。

小田原に着くと、ほっとした。下車する人が多く、車内に入れたからである。

混雑がひどかったのは熱海—小田原間と藤沢—横浜間だった。横浜からは京浜東北線がある。

　車内の大混雑がゆるんで、通路を歩けるようになると、白衣をまとい軍帽をかぶった「傷痍《しょうい》軍人」が乗ってきた。松葉杖《まつばづえ》の人もいて、

「私たちは赤紙（召集令状）一枚で兵隊にとられ、片脚を失いました。仕事もできません。皆さんのご支援をお願いします」

　と言ってから、通路を行く。胸には托鉢僧《たくはつそう》のような袋をさげていた。軍帽をぬいで受け皿にする人もいた。「ここはお国を何百里、離れて遠き満洲の、赤い夕日に照らされて、友は野ずえの石の下」と軍歌をうたう人もいた。

　はじめて傷痍軍人に接したとき、私はお金を差し入れた。誰もがそうだったろうと思う。しかし、列車や電車に乗るたびに傷痍軍人が現われるようになると、乗客は目を伏せ、無視するようになっていった。

　細い竹の棒の先端に針をつけ、床に散ったタバコの吸殻に突き刺して集める人もいた。「モク拾い」と呼ばれ、集めた吸殻をほぐして巻きなおし、駅の通路や闇市などで売るのである。

　東京駅に着くと、中央線で御茶ノ水へ行き、大学に立ち寄った。通学できないのだから

行ってもしようがないのだが、所属する地質学科より文学部の講義のほうが面白かったので、しばしば傍聴した。和辻哲郎《わつじてつろう》先生の哲学概論、金子武蔵《かねこたけぞう》先生のキルケゴール論などであるが、印象に残っているのはフランス文学科の辰野隆《たつのゆたか》先生の新学年最初の講義であった。冒頭に先生は言った。

「大学の定めに従い、私も学年末には試験をします。採点の規準はつぎのごとくであります。答案用紙に名前が書いてあれば丙です。名前のほかに何か書いてあれば乙です。私の言ったことが少しでも書いてあれば甲です」

当時の東大文学部の採点は甲乙丙丁戊《ぼ》の五段階で、丙以上は合格なのであった。気持がひろびろした。その頃までの私は理科少年だったが、哲学書や小説ばかり読むようになっていた。東京に出るたびに神田の古本屋街を歩いた。

省線電車（のちの国電）の山手線や中央線に白帯を巻いた進駐軍専用車が連結されるようになったのは、その頃だったと思う。満員電車のなかで、その車両だけは空いていた。東京駅などの大きな駅では、それまでの一等二等客用の上等の待合室が進駐軍専用となっていた。

東京に来たときは、かならず闇市へ行った。露店の集まる闇市は、あちこちにあったが、新橋駅の西口のが大きくて、ひときわ活気があった。

統制品の米をはじめ穀物類や酒はなかったが、その他の食料品や衣類や雑貨は豊富だった。「物」に飢えていた時代だから、見るだけでも刺激的で、雑沓《ざっとう》していた。

値段は非常に高く、手が出なかった。インフレなので、行くたびに値段が上っていて、何がいくらだったか覚えていないが、イカの丸焼き一本が一〇円から二〇円、三〇円へと上っていった記憶はある。東京―熱海間の片道運賃より高かった。

イカの丸焼きの匂いは空腹の身にしみた。たまに買う人がいて、かぶりつくと、人びとは取り囲むようにして眺めた。

帰りの列車は東京発17時55分に乗ることが多かった。列車を待つあいだ、人びとはホームにしゃがみこんだ。どの駅でもそうだった。夕方になると、空腹で立っているのが辛かった。

東京から乗った客の大半は坐れたが、品川で通路がいっぱいになり、横浜では窓から乗る客もあった。しかし、藤沢から下車する人が多くなり、小田原ではガラ空きになった。これは現在と似たような混雑度である。他の線区が大混雑を極めていた当時にあって、東海道本線の東京―沼津間は、恵まれた別世界だったと言ってよいだろう。

熱海には20時22分に着いた。いつも定時の到着であった。

駅前には裸電球の下に小さな闇市があった。私は一袋一〇円のピーナッツを奮発して買った。腹が空いていたし、夜道を四〇分も歩くのは退屈だった。ピーナッツをポリポリ食べながら歩くのが習慣になったが、はじめは伊豆山の温泉街を過ぎるまで食べつづけることができたのに、買うたびに一〇円ピーナッツの容量が減り、伊豆山の手前で袋が空になった。インフレ抑制のため預貯金の引出しが制限されるようになったのは昭和二一年二月一七日である。

熱海に仮寓《かぐう》したために大学に通うことができず、留年を重ねることになったが、それがよかったと思っている。ひたすら本を読んだし、友だちも熱海の魅力もあってか、たくさん訪ねてきた。温泉に入り、母が買ってきてくれた魚の干物をかじりながら夜更けまで語り合った。

ある日、高校時代の先輩のSさんと出会った。東京の家が焼けたので熱海の別荘にいるとのこと。それがきっかけになって、熱海在住の男女学生との交際もはじまり、グループができた。ガリ版刷りの会報の担当は私だった。熱海にいらした広津和郎《ひろつかずお》先生や前記の辰野隆先生を囲んで、お話をうかがったりした。ドイツ文学の成瀬無極《なるせむきょく》先生をお招きしてハウプトマンの『寂しき人々』の本読みをしたこともある。私は棒読みの朗読しかできなかったが、いつもは物静かな女性が声をはりあげ、ときには涙声になるなど真に迫る読みかたをしたのには仰天した。女は怖いぞと思った。

立派な先生方を青二才の会にお招きできたのは、グループの女性の一人が広津先生の隣に住んでいて日常的なおつき合いがあったからであり、成瀬先生は、私の大学の同級生のお父さんだったという事情があるのだが、過分なことであった。辰野先生の場合は、グループ数人で東大に押しかけ、お願いした。若気の至りで、厚かましいことを平気でやったものである。

後日、辰野先生の吉祥寺《きちじょうじ》のお宅を訪ね、熱海までの切符をお届けした。「東京発9時55分の列車にお乗りください。熱海止りなので比較的空いているはずですが、お早めにいらっしゃらないと坐れないかもしれません」と言うと、先生は、

「大丈夫です。私はいつも前の列車に乗り遅れるように駅へ行くことにしています」

と、おっしゃった。当時の時刻表をひもとくと、「前の列車」は9時10分発の沼津行である。

夏休みが近づくと、調子づいた私たちは創作劇を上演することになった。台本は私が書いた。その内容たるや歯の根の浮くような純愛物語であったが、何回かの練習を重ねた末、市の公会堂を借りて上演した。

出演者は十数人、観客は二十数人ぐらい。客は私たちの父母兄弟ばかりというわびしいものであったが、一人だけ無関係な人がいた。伊藤忠商事の伊藤忠兵衛氏である。財閥解体で公職追放となり、熱海の別荘で無聊《ぶりょう》をかこっておられたのだろう。

昭和二一年の熱海での生活は忙しく楽しかったが、やはり旅行をせずにはいられない性分なので、紀州の新宮へ行った。すでに記したように父は東京の家を売った金で新宮の近くの小さな亜炭鉱山を買っていた。そこへ行こうというわけである。

盆が過ぎた八月二〇日頃、私は熱海発6時27分の下りの一番列車に乗った。大垣行だったと思う。この列車は小田原始発なので坐ることができた。父も数日前にこの列車で新宮へ行った。

父は四日市にいた娘の主人の家に泊り、翌日は紀勢東線《きせいとうせん》の尾鷲《おわせ》からバスで矢《や》ノ川《こ》峠を越えて新宮に向うのが、いつものルートであった。

私は和歌山にいた地質学科の同級生のO君の家に泊めてもらうので大阪回りであった。

東海道本線の沿線の主要都市は、すべて焼野原であった。沼津、静岡、浜松、豊橋、名古屋……。砂塵《さじん》が窓から吹きこんできた。

名古屋から先の記憶は曖昧《あいまい》だが、近鉄と阪和線を乗継いで、夜遅く和歌山のO君の家にたどり着いた。

翌日はO君とともに和歌山市発七時頃の列車に乗った。和歌山には私鉄・国鉄が入り乱れていたが、紀勢西線の始発駅は市の西北にある和歌山市駅であった。

和歌山も焼野原だった。城跡だけが緑を残していた。和歌山市駅も駅舎は焼け、土台だけだった。

しかし、線路とホームはあり、そこへ新宮行の列車が蒸気機関車に牽《ひ》かれて入ってきた。昭和二一年八月号の時刻表には「和歌山市発7時19分、新宮着14時10分」の列車がある。O君と私はこの列車に乗ったはずである。南紀の海は、めくるめくほどに青く、沿線の漁

粁程	驛名	列車番號	▲上リ▲								
			206	12	212	102	14	16	18	20	22
0.0	和歌山市	發	…	…	…	…	(紀伊田邊、紀伊勝浦間運轉休止)	4 39	6 12	7 19	8 51
1.5	和歌山	發	…	…	…	…		4 50	6 20	7 20	9 00
3.3	〒東和歌山	〃	…	…	…	…		4 58	6 25	7 35	9 06
8.3	紀三井寺	〃	…	…	…	…		5 05	6 33	7 42	9.15
13.7	海南	〃	…	…	…	…		5 15	6 42	7 51	9 24
16.9	冷水浦	〃	…	…	…	…		レ	レ	レ	レ
20.4	加茂郷	〃	…	…	…	…		5 25	6 53	8 02	9 34
23.1	下津	〃	…	…	…	…		5 30	7 02	8 07	9 38
26.1	初島	〃	…	…	…	…		5 35	7 07	8 13	9 44
28.6	箕島	〃	…	…	…	…		5 41	7 12	8 20	9 50
33.0	紀伊宮原	〃	…	…	…	…		5 46	7 19	8 30	9 57
38.9	藤並	〃	…	…	…	…		5 54	7 26	8 36	10 03
40.3	紀伊湯淺	〃	…	…	…	…	…	6 00	7 32	8 42	10 09
49.7	紀伊由良	〃	…	…	…	…	…	6 15	7 47	8 57	10 23
55.0	紀伊内原	〃	…	…	…	…	…	6 24	7 56	9 06	10 32
57.9	御坊	〃	…	…	…	…	…	6 29	8 02	9 14	10 38
59.5	道成寺	〃	…	…	…	…	…	6 33	8 06	9 19	10 42
63.7	和佐	〃	…	…	…	…	…	6 42	8 13	9 26	10 49
70.6	稲原	〃	…	…	…	…	…	6 53	8 24	9 41	11 00
74.9	印南	〃	…	…	…	…	…	7 00	8 31	9 50	11 07
78.7	切目	〃	…	…	…	…	…	7 09	8 38	10 00	11 14
84.6	岩代	〃	…	…	…	…	…	7 18	8 47	10 09	11 23
89.7	南部	〃	…	…	…	…	…	7 27	8 55	10 18	11 30
94.7	芳養	〃	…	…	…	…	…	7 36	9 02	10 26	11 41
98.8	紀伊田邊	着	…	…	…	…	…	7 44	9 10	10 33	11 48
		發	…	…	…	…	6 08	7 53	…	10 45	…
100.9	紀伊新庄	〃	…	…	…	…	6 12	7 57	…	10 50	…
104.5	朝來	〃	…	…	…	…	6 19	8 04	…	10 59	…
108.8	〒白濱口	〃	…	…	…	…	6 26	8 12	…	11 10	…
111.6	紀伊富田	〃	…	…	…	…	6 31	8 17	…	11 15	…
116.9	〒紀伊椿	〃	…	…	…	…	6 40	8 26	…	11 23	…
123.0	紀伊日置	〃	…	…	…	…	6 52	8 39	…	11 35	…
130.2	周參見	〃	…	…	…	…	7 04	8 52	…	11 47	…
139.2	〒見老津	〃	…	…	…	…	7 19	9 03	…	12 03	…
142.2	江住	〃	…	…	…	…	7 25	9 12	…	12 09	…
147.8	和深	〃	…	…	…	…	7 35	9 22	…	12 18	…
154.8	田並	〃	…	…	…	…	7 46	9 33	…	12 29	…
156.6	紀伊有田	〃	…	…	…	…	7 51	9 39	…	12 33	…
162.3	〒串本	着	…	…	…	…	8 01	9 50	…	12 44	…
		發	…	6 12	…	…	8 08	9 56	…	12 46	…
165.3	紀伊姫	〃	…	6 17	…	…	8 13	10 01	…	12 51	…
169.2	古座	〃	…	6 24	…	…	8 20	10 09	…	12 58	…
175.2	紀伊田原	〃	…	6 35	…	…	8 31	10 20	…	13 09	…
179.2	紀伊浦神	〃	…	6 43	…	…	8 39	10 28	…	13 17	…
183.1	下里	〃	…	6 51	…	…	8 45	10 36	…	13 23	…
184.3	太地	〃	…	6 54	…	…	8 49	10 39	…	13 27	…
186.4	〒湯川	〃	…	6 59	…	▲	8 53	10 44	330	13 31	…
189.1	紀伊勝浦	〃	…	7 06	…	8 00	9 01	10 53	12 16	13 40	…
190.3	紀伊天滿	〃	…	7 09	…	8 03	9 04	10 56	12 23	13 43	…
191.2	那智	〃	…	7 13	…	8 09	9 10	11 00	12 30	13 47	…
195.4	宇久井	〃	…	7 20	…	8 16	9 17	11 08	12 43	13 55	…
197.6	紀伊佐野	〃	…	7 25	…	8 22	9 22	11 13	13 00	13 59	…
199.3	三輪崎	〃	…	7 29	…	8 26	9 26	11 18	13 09	14 03	…
204.0	〒新宮	着	…	7 36	…	8 34	9 33	11 25	13 19	14 10	…
		發	5 58	…	7 42	(新宮紀伊木本間運轉休止)	9 40	11 40	…	14 16	…
207.5	鵜殿	〃	6 05	…	7 52		9 42	11 50	…	14 23	…
210.4	紀伊井田	〃	6 10	…	7 59		9 52	11 58	…	14 28	…
215.8	阿田和	〃	6 19	…	8 11		10 00	12 10	…	14 37	…
218.6	紀伊市木	〃	6 25	…	8 19		10 05	12 18	…	14 44	…
220.1	神志山	〃	6 29	…	8 25		10 09	12 23	…	14 48	…
224.6	有井	〃	6 36	…	8 36		10 15	12 34	…	14 55	…
226.6	紀伊木本	着	6 40	…	8 42		10 20	12 40	…	14 59	…

日本交通公社版『時刻表』昭和21年8月号より

村も戦争の被害はなく、平和な別世界であった。

父が買った亜炭鉱山は、炭層が薄く、三〇センチぐらいしかなかった。だから坑道は狭く、切羽《きりは》では坑夫が腹匍《はらば》いになって掘っていた。

この亜炭鉱山で何日か過したあと、私は父と別れ、O君とともに和歌山に戻り、一泊した。

翌日、阪和線で大阪の天王寺へ向った。それは電車が貨車を牽くという珍妙な列車だった。電車は超満員なので、私は貨車に乗ったが、床に腰を下ろすことができないほど混雑していた。

天王寺までは二時間ぐらいかかった。戦前の和歌山―天王寺間の六一キロは特急電車が四五分で走破し、国鉄の超特急「燕」を上回るスピードだったのだが。

そんなことを思い浮かべながら、私は貨車で天王寺へ運ばれていった。

第17章　松江へ――昭和22年8月

昭和二一年の秋には、ふたたび石炭事情が悪化し、一一月一〇日には旅客列車の一六％削減、さらに翌二二年一月四日には大削減がおこなわれ、終戦時を下回る輸送力になった。が、その後、急行列車の復活などあり、列車ダイヤは目まぐるしく変った。旅客運賃は七月七日に一挙三・五倍に値上げされた。

この年の春、父は神奈川県の片瀬に家を買い、私たち一家は熱海の借家から移った。江ノ電で藤沢に出、東海道本線で東京まで一時間半、本郷の大学まで二時間、遠いながらも通学の可能な距離になった。二年も留年した私は大学へ通いはじめた。しかし、文学づいてしまった私は、地質学科に身が入らなかった。講義をさぼって芝生で小説を読んだり、神田の古本屋街を歩いたりしていた。日曜日には熱海へ行った。それがいちばん楽しかった。

地質学科には夏休みが、ほとんどなかった。野外調査（「フィールド」と呼んだ）の季節なのである。私は三年生のTさんの助手として栃木県の鹿沼へ行くことになった。

農家の離れを借り、毎日、丘陵と水田との境目に露出した第三紀層の傾斜を計ったり、ハンマーで水成岩を砕いて標本を採集したりして三週間ほど過した。農家に寄寓《きぐう》しているので、ジャガイモやカボチャに恵まれ、持参の乏しい配給米だけで耐えずにすんだのは有難かった。

悩まされたのはブト（ブヨ）だった。私は虫刺されに弱い体質で、ブト一匹に刺されても普通の人の何倍も腫《は》れるのだが、この小さいくせに毒の強いやつが無数にいて、手や首筋を容赦なく刺した。私の手は腫れ上り、首が太くなり、体が熱を帯びるほどになった。調査を休ませてもらった日もあった。その点でも私は地質学科の落伍者《らくごしゃ》だった。Tさんは私に見切りをつけたようで、夜は青くさい文学論の相手になってくれた。

地質調査の見習いから解放された私は、山陰へ出かけた。旅行さえできれば行先はどこでもよかったのだが、山陰へ行ったのは義兄（長姉の夫）が松江に赴任していたからで、そこを足場にしようというわけである。

八月一〇日過ぎだったと思う。私は勇躍する思いで藤沢からの上り始発列車に乗り、東京駅の8番線の長い列に並んだ。乗るのは7時40分発の急行博多行である。四月二四日に復活した急行二本のうちの一本で、列車番号は「1」、当時としては、もっとも贅沢《ぜいたく》な列車であった。急行券は発売枚数が制限され、入手が困難だったはずだが、どうやって買ったのか覚えていない。

発売枚数の制限のためであろう、車内は大混雑ではなかった。座席はふさがっていたが、私は通路の中ほどにリュックを置いて、その上に坐《すわ》った。乗れるかどうかが心配だったので、これで十分であった。しかも、窓に板などを打ちつけていない、きれいな車両であった。急行列車には良い車両を揃《そろ》えたのであろう。

定刻7時40分に東京駅を発車した。依然として時刻表が入手できないのだが、出発前に駅で調べたところ、岡山着は23時16分の由。私は岡山で下車し、翌朝の伯備《はくび》線に乗る予定である。
なお、JTBの『時刻表復刻版　戦後篇1』（昭和五二年刊）に「昭和二二年六月号」が収められている。わずか六四ページの小冊子で、主要駅のみの掲載ではあるが、あいまいな記憶をたしかなものにしてくれるので有難い。以下、これを参照して書く。

車中のことは、わずかしか覚えていない。沼津で蒸気機関車に代り、窓外を煙が流れたこと、静岡に着いても下車する客はなかったこと（急行は長距離客のみが利用した）、通路を楽に行き来でき、便所へ行くのが容易だったこと、車内が非常に暑かったこと（もちろん冷房はなかったし、窓を開ければ煙が入ってきた）などである。私は生ま温かい水筒の水を飲みながら、母のつくってくれた梅干し入りの握りめしを食べた。

比叡山《ひえいざん》の向うに太陽が没し、京都を過ぎると薄暗くなって大阪に着いた。復刻版の時刻表によると大阪着は19時16分、定時の運転だったと思われる。

大阪では半数ぐらいの客が下車し、私は座席に坐ったが、乗る客は下車客より多く、通路がいっぱいになった。窓から乗る客もいた。

通路の客たちが坐っている客に、どこまで行くかと訊《たず》ねる。降りたらその後に坐ろうというわけだ。答えのほとんどは広島（3時45分着）、下関（9時30分着）、博多（12時18分着）などだったと思う。

私が「岡山です」と答えると、たちまち「頼んまっせ」と声がかかった。

23時16分、岡山に着いた。つぎに乗るのは翌朝の伯備線経由の始発列車米子《よなご》行で、復刻版時刻表では4時55分発となっている。

ホームの洗面台で顔を洗い、水筒に水を詰めた。大きな駅ではホームに洗面台があり、蛇口《カラン》が並んでいた。煤煙《ばいえん》で汚れた顔や手を洗うためで、上半身裸になって手拭《てぬぐい》を使う人もいた。

途中下車して改札口を出てみる。岡山は空襲を受けて焦土になっていたが、駅前の一角には煌々《こうこう》と裸電球を灯した屋台が並んでいた。人だかりもしている。覗《のぞ》いてみると、酒池

粁程	驛名＼列車番號＼行先	名古屋	濱松	米原	濱松	靜岡	靜岡	三島	米原	小田原	靜岡	沼津	博多 急行
		723	725	731	133	737	705	135	135	801	137	803	1
0.0	東京 發	…	…	…	…	…	…	5 25	…	5 55	6 25	7 10	7 40
4.1	品川 〃	…	…	…	…	…	…	5 38	…	6 06	6 41	7 22	7 51
26.1	横濱 〃	…	…	…	…	…	…	6 01	…	6 28	7 04	7 45	8 13
43.8	大船 〃	…	…	…	…	…	…	6 20	…	6 46	7 26	8 04	8 32
48.4	藤澤 〃	…	…	…	…	…	…	6 27	…	6 53	7 32	8 11	レ
55.9	茅ヶ崎 〃	…	…	…	…	…	…	6 38	…	7 03	7 44	8 16	急行2 3
61.1	平塚 〃	…	…	…	…	…	…	6 45	…	7 10	7 51	8 29	
75.0	國府津 〃	…	…	…	…	…	…	7 06	…	7 30	8 11	8 50	レ
81.2	小田原 〃	…	…	…		…	5 55	7 16	…	7 40	8 22	9 02	9 23
101.9	熱海 〃	…	…	…	鈴川發 6 13	…	6 27	7 49	…		8 54	9 37	レ
118.0	三島 〃	…	…	…		原發 6 32	6 48	8 10	…	…	9 16	10 00	レ
123.5	沼津 〃	…	…	…			7 06		…	…	9 29	10 08	10 21
143.5	富士 〃	…	…	…	6 22	6 58	7 32	…	…	…	9 55	…	レ
166.3	清水 〃	…	…	…	6 59	7 40	8 06	…	…	…	10 29	…	レ
177.5	靜岡 〃	…	…	5 55	7 20	7 54	8 22	…	9 40	…	10 44	…	11 23
226.6	掛川 〃	…	6 38	7 07	8 27			…	10 52	…		…	レ
254.4	濱松 〃	6 18	7 15	7 57	9 01	…	…	…	11 36	…	…	…	12 54
290.9	豐橋 〃	7 15		9 00		…	…	…	12 32	…	…	…	13 39
323.2	岡崎 〃	7 59	米原行	9 45	…	…	…	…	13 14	…	…	…	レ
343.8	大府 〃	8 26		10 12	…	…	…	…	13 41	…	…	…	レ
358.1	熱田 〃	8 49		10 55	…	…	…	…	14 05	…	…	…	レ
363.3	名古屋 着	8 56	725	10 43	…	…	…	…	14 12	…	…	…	14 54
	名古屋 發	…	9 58	10 52	…	…	…	…	14 20	…	…	…	15 00
380.4	尾張一ノ宮 〃	…	10 29	11 22	…	…	…	…	14 43	…	…	京都行	15 21
393.6	岐阜 〃	京都行	10 52	11 41	京都行	…	…	大阪行	15 06	…	…		15 36
407.3	大垣 〃		11 15	12 03		…	…		15 24	…	…		レ
421.1	關ヶ原 〃		11 55	12 35		…	…		15 54	…	…	135	16 30
443.2	米原 着	427	12 57	13 10	429	…	…	133	16 29	…	…	安土發 16 23	17 03
	米原 發	亀山發 10 00	…	…	柘植發 14 23	…	…	14 20	…	…	…		17 10
449.2	彦根 〃		…	…		…	…	14 31	…	…	…		レ
471.6	近江八幡 〃		…	…		…	…	15 10	…	…	…	16 32	レ
488.7	草津 〃	11 55	上郡行	岡山行	15 23	上郡行	門司行	15 39	…	…	…	17 08	レ
500.9	大津 〃	12 18			15 45			16 01	…	…	…	17 35	18 12
510.9	京都 着	12 32			16 00			16 15	…	…	…	17 55	18 26
	京都 發	…	947	227	…	313	8019	16 28	…	…	…	…	18 32
553.7	大阪 着	…			…			17 17	…	…	…	…	19 16
	大阪 發	…	15 08	15 45	…	16 32	16 52	…	…	…	…	…	19 30
584.3	三ノ宮 〃	…	15 44	16 25	…	17 11	17 25	133	…	…	…	…	レ
586.8	神戸 〃	…	15 51	16 33	…	17 17	17 31		…	…	…	…	20 12
606.0	明石 〃	…	16 25	17 06	…	17 50	18 01	19 05	…	…	…	…	レ
625.9	加古川 〃	…	16 56	17 34	…	18 18	18 28	19 34	…	…	…	…	レ
641.6	姫路 〃	…	17 30	18 07	…	19 06	19 02	20 01	…	…	…	…	21 20
730.2	岡山 着	…	上郡着 18 42	20 34	…	上郡着 20 05	21 05		…	…	…	…	23 16
	岡山 發	…		…	…		21 13	…	…	…	…	…	23 26
746.4	倉敷 〃	…		…	…		21 38	…	…	…	…	…	23 46
773.9	笠岡 〃	…	…	…	…	…	22 21	…	…	…	…	…	レ
788.5	福山 〃	…	…	…	…	…	22 42	…	…	…	…	…	0 41
808.6	尾道 〃	…	…	…	…	…	23 12	…	…	…	…	…	1 10
817.7	糸崎 着	…	…	…	…	…	23 23	…	…	…	…	…	1 23
0.0	呉線 糸崎 發	…	…	…	…	…	|	…	…	…	…	…	|
27.7	呉線 竹原 〃	…	…	…	…	…	|	…	…	…	…	…	|
62.6	呉線 廣 〃	…	…	…	…	…	|	…	…	…	…	…	|
69.4	呉線 呉 着	…	…	…	…	…	|	…	…		…	…	|
817.7	糸崎 發	…	…	…	…	…	23 31	…	…	小郡行	門司行	…	1 52
885.7	海田市 〃	…	…	…	…	…	1 24	…	…			…	レ
892.1	廣島 着	…	…	…	…	…	1 25	…	…	245		…	3 45
	廣島 發	…	…	…	…	…	1 45	下關行	下關行	柳井發 8 56		…	3 55
913.9	宮島口 〃	…	…	…	…	…	レ				241	…	レ
933.5	岩國 〃	…	…	…	…	…	2 42					…	4 54
980.6	德山 〃	…	…	…	…	…	4 27			9 56	5 35	…	6 44

日本交通公社版『時刻表』昭和22年6月号（『復刻版時刻表　戦後篇』©JTBパブリッシングより）

伯備線

粁程	驛名	993	903	907	915	911	915			
0.0	岡山發	…	4 55	9 42		14 06	16 24	…	…	…
15.9	倉敷〃	…	5 18	10 15	生山發 15 52	14 20	16 48	…	…	…
49.5	備中高梁〃	…	6 11	11 11		15 18	17 51	…	…	…
81.5	新見〃	4 50	7 09	12 22		16 39	―	…	…	…
155.5	伯耆大山〃	7 52	9 11	14 27	17 15	18 46	…	…	…	…
160.3	米子着	8 02	9 18	14 34	17 22	18 52	…	…	…	…

粁程		938	904	908	910	914	914	918	996	916
0.0	米子發	…	…	7 45	9 52	14 00	…	18 02	16 54	…
4.8	伯耆大山〃	…	…	7 53	10 02	14 08	…	18 10	17 16	…
78.8	新見〃	…	6 28	10 10	12 31	―	16 44	20 52	黑澤着 18 55	…
111.0	備中高梁〃	5 34	7 20	10 56	13 20	…	17 33	―		…
144.8	倉敷〃	6 29	8 09	11 48	14 14	…	18 25	…		19 11
160.3	岡山着	6 53	8 52	12 13	14 40	…	19 05	…		20 01

日本交通公社版『時刻表』昭和22年6月号（『復刻版時刻表　戦後篇』©JTBパブリッシングより）より

肉林で、酔って威勢のいい客もいて、戦争に負けたことなど、どこ吹く風のようである。匂《にお》いを嗅《か》いだだけで、ヨダレが出るが、値段はとんでもなく高く、学生の分際ではもとより、一般の人にも手が出そうにない。が、容赦なく食い、飲みする人で賑《にぎ》わっている。非合法の商売で金儲《かねもう》けをする「闇屋《やみや》」だろうが、うらやましかった。

駅に戻り、ホームに置いてあった荷物運搬車の上で横になった。駅員に起されたときは空が白みかけていた。起されなかったなら、寝過したかもしれない。

岡山発4時55分の米子行は空いていた。私は窓際の進行方向に坐ることができた。

倉敷から伯備線に入り、中国山地を横断したのだが、ほとんど覚えていない。新見《にいみ》駅の構内が広かったことと、居眠りから覚めると列車が走っていた……、そんな記憶しかない。

米子着は復刻版時刻表によれば「9時18分」となってい

る。すでに陽は高く、暑く、ホームに砂塵《さじん》がうず巻いていた。洗面台で顔を洗う。

つぎに乗るのは10時17分発の大社行で、大阪からの山陰本線経由の夜行列車である。

米子から松江までは一時間たらずで、一一時過ぎには松江に着いた。きのうの朝から三本の列車に乗ったわけだが、どれも定時運転であった。

電報を打っておいたので、義兄が駅へ迎えに来てくれていた。そして私を人力車に乗せて社宅へ送り届けた。義兄は勧業銀行の支店長で、社宅は城跡に近い武家屋敷街にあった。冠木門《かぶきもん》を構えた大きな家だった。

松江は空襲を受けておらず、戦争の傷のない城下町だった。私はご馳走《ちそう》を食べ、小泉八雲の旧居や松平不昧公《ふまいこう》の茶室の菅田庵《かんでんあん》を訪ねたりした。焼跡ばかりを見てきた私には、別の日本があるような気持がした。

女学生の姪《めい》とローカル私鉄の一畑《いちばた》電鉄に乗って出雲大社へ行ったり、小さな船に乗って美保関《みほがせき》へ足をのばしたりもした。

松江からの帰りは、往路とはルートを変えて山陰本線経由にした。復刻版時刻表によると、松江発6時36分の鳥取行に乗って10時26分に鳥取着、11時12分鳥取始発の京都行に乗りかえて福知山着15時49分、さらに16時26分発の大阪行に乗りかえたようである。これは私の記憶と一致している。

はじめて乗る山陰本線には見所がたくさんあり、私は眼を見張っていた。とくに余部《あまるべ》

粁程	行先 / 列車番号 / 駅名	浜田	小串	安岡	小串	出雲今市	浜田	小串	正明市	小串	正明市	綾部	上井	浜坂
		820	832	822	834	826	828	836	838	840	842	844	822	808
0.0	下関発	5 15	6 01	7 27	9 50	11 16	13 20	14 40	16 22	17 22	18 30	20 55	…	…
27.1	小串〃	6 12	7 11	安	10 51	12 09	14 15	15 40	17 15	18 24	19 31	21 00	…	…
42.2	滝部〃	6 39		岡		12 37	14 49		17 45		20 03	21 32	…	…
77.7	正明市〃	7 42	…	着 7 48	…	13 43	16 10	石江	18 39	…	20 59		…	…
101.5	萩〃	8 21	…	石大	…	14 22	16 51	見津		…	404	…	…	…
162.8	石見益田〃	9 59	…	見田	…	16 07	18 58	行		…	5 47	…	…	…
184.7	三保三隅〃	10 33	…	行	…	16 40	19 39	840	出今	…	6 26	…	…	…
204.0	浜田〃	11 08	…	810	…	17 21	20 12	5 53	雲市	…	7 22	…	13 35	…
225.0	石見江津〃		…	5 57	…	17 55		6 26	行	…	7 56	…	14 08	…
254.5	五十猛〃	…	…	7 51	…	18 51	…		492	…	8 40	…	14 59	…
260.1	石見大田〃	402	574	8 03	…	19 01	京	…	11 47	…	8 52	820	15 11	…
292.7	出雲今市〃	5 42	6 39		…	19 50	都	…	13 20	…	9 43	13 58	16 05	…
308.4	宍道〃	6 06	7 30	…	…		行	…		…		14 29	16 29	…
325.4	松江〃	6 36	8 10	…	…	…	804	…	京	…	…	15 01	16 59	…
354.3	米子〃	7 32		…	…	福山	4 51	…	都	篠	…	15 55	17 52	…
386.0	赤崎〃	8 25	…	福	京	知行	5 42	…	行	山	…	16 46	18 48	…
407.2	上井〃	9 14	…	知	都	220	6 21	…	806	口	…	17 18	19 21	…
447.0	鳥取〃	10 26	…	山	行	5 15	7 42	…	11 12	行	…	18 35		15 58
479.4	浜坂〃		…	行	802	6 08	8 34	…	12 14	404	…	19 27	…	16 57
519.3	城崎〃	…	…	492	5 49	7 13	9 36	…	13 27	16 04	…	20 25	…	
523.9	豊岡〃	…	…	4 22	6 07	7 33	9 54	…	13 59	16 22	…	20 38	…	…
558.5	和田山〃	…	…	5 40	6 56	8 13	10 33	…	14 58	17 01	…		…	…
558.8	福知山着	…	…	6 39	7 43	8 59	10 19	…	15 49	17 52	…	…	…	…
0.0	福知山発	京		…	|	…	|		|	|	…	…	…	…
116.0	大阪着	都	814	…	|	…	|	818	|	|	…	…	…	…
583.8	福知山発	行	5 05	…	8 00	…	11 30	14 26	15 56	篠	…	902	…	…
601.1	綾部〃	830	5 25	…	8 31	…	12 00	14 48	16 17	山 19 20	…	18 18	…	…
643.1	園部〃	5 50	6 30	…	9 41	…	13 10	15 50	17 32	口	…	19 23	…	…
678.9	京都着	7 03	7 26	…	10 35	…	14 06	16 47	18 29	着	…	20 13	…	…
0.0	京都発	…	10*02 ┐		／…	…		16*52	19*10 ┐		…	23*26 ┐		…
510.9	東京着	…	21 30	急行	…	…	臨	5 55	6 28	臨不	…	10 35	急行	…

日本交通公社版『時刻表』昭和22年6月号（『復刻版時刻表　戦後篇』©JTBパブリッシングより）より

の鉄橋は忘れられない。列車は空いていて、通路に立つ人は少なかった。城崎《きのさき》付近の円山《まるやま》川の水量豊かな流れも印象に残っている。私は姉がつくってくれた上等な弁当を食べ、敗戦からわずか二年とは思えぬ贅沢な旅行を楽しんだ。

福知山発16時26分の大阪行は混雑していた。大阪行だからであろう。

私は大阪から夜行で帰る予定だったが、宝塚で衝動的に下車した。義兄の社宅を足場にしたおかげで、持参の米に手をつけていなかったし、小遣いも減っ

大阪・福知山・敦賀間（福知山・舞鶴及小濱線）

粁程	驛名	814	521	919	901	413	973	804	401	903	925	417	905	435
0.0	大阪 發	…	…	…	…	6 45	…	…	10 45	…	…	14 45	…	18 24
7.7	神崎 〃	…	…	…	…	6 56	…	…	10 56	…	…	14 55	…	18 35
18.9	池田 〃	…	…	…	…	7 24	…	…	11 21	…	…	15 16	…	19 02
43.2	三田 〃	…	…	…	…	8 11	…	…	12 09	…	…	16 02	…	20 05
67.9	篠山口 〃	…	6 22	…	京都發 6 30	8 48	…	…	12 46	京都發 12 45	…	16 37	京都發 17 13	20 46
82.5	谷川 〃	…	6 45	…		9 11	…	…	13 09		…	17 00		
116.0	福知山 〃	5 05	7 44	6 59		10 01	11 59	11 30	13 59		16 46	17 57		…
128.3	綾部 〃	5 21		7 21	8 34		12 45	12 00		14 52	17 14	18 15	19 09	…
148.8	西舞鶴 〃		917	7 54	9 04	413	13 40	京都發 14 06	921	15 23	17 48		19 52	959
154.7	東舞鶴 〃	911	6 38	8 09	9 17	11 22	13 55		14 38	15 36	18 20	…	20 07	16 52
189.5	小濱 〃	6 05	8 15			12 31			15 41		19 23	…		19 40
259.0	敦賀 着	7 25	9 36	…	…	13 50	…	…	17 02	…		…	…	

粁程	驛名	416	912	914	916	918	920	412	406	414	910	402	420	902
0.0	敦賀 發	…	6 05	…	10 00	14 27	17 25	…	…	…	…	…	…	…
49.5	小濱 〃	6 35	7 32	9 38	11 59	15 42	18 40	…	…	…	…	…	…	…
84.3	東舞鶴 〃	7 40		10 43		16 38	19 39	…	大阪發 19 35	…	6 30	…	15 00	17 20
91.2	西舞鶴 〃	7 55	…	11 05	…			…		…	6 46	…	15 20	17 42
110.7	綾部 〃	8 36	…	11 40	…	…	…	…		…	7 15	…	15 55	18 18
123.0	福知山 〃	9 08	…	京都着 14 06	…	…	…	…	4 55	6 44		14 18	16 26	京都着 20 18
156.5	谷川 〃	10 04	…		…	…	…	…	5 54	7 37	…	15 13	17 24	
171.1	篠山口 〃	10 34	…		…	…	…	5 24	6 25	8 04	…	15 41	17 50	
195.8	三田 〃	11 12	…	…	…	…	…	6 04	7 13	8 45	…	16 21	18 34	…
220.1	池田 〃	11 55	…	…	…	…	…	6 57	8 01	9 34	…	17 06	19 16	…
231.3	神崎 〃	12 16	…	…	…	…	…	7 20	8 23	9 57	…	17 30	19 33	…
239.0	大阪 着	12 26	…	…	…	…	…	7 30	8 35	10 07	…	17 40	19 43	…

日本交通公社版『時刻表』昭和22年6月号（『復刻版時刻表　戦後篇』©JTBパブリッシングより）より

ていなかった。私は武庫《むこ》川に面した温泉旅館に泊った。学生の分際なのに、ますます贅沢な旅行になった。

翌日は阪急電車で西宮球場へ行き、中等野球の決勝戦を観《み》た。現在の高校野球の前身であるが、甲子園球場は進駐軍に接収されていたので、西宮球場でおこなわれていた。観客は少なく、外野席はガラ空きだった。試合は小倉中が岐阜商に勝って優勝した。

その晩は大阪始発22時58分の東京行に乗ったはずである。しかし私は片瀬の自宅へ直行せず、熱海で下車した。何人かのメンバーが集まってくれて、「山陰へ行ってきた」と言うと、みんな眼を輝かして、うらやましそうに私を見た。

第18章　東北本線103列車——昭和23年4月

昭和二三年の二月、私は文学部の西洋史学科に転向した。大学で学ぶことにどれほどの意味があるのかと、迷いつづけていたのだが、一所懸命に勉強してみようという気持にはなっていた。

とはいえ、旅心は抑えがたく、新学年の始まる前の四月上旬、青森県への旅に出かけた。同行は熱海で知り合った仏文学科のY君と、彼の友だちのTさんであった。青森県へ行ったのはTさんの実家が三本木（現在の十和田市）にあるからだった。

私たちは上野発9時40分の青森行に乗った。午前中に発車する青森行はこの一本しかなく、混雑していた。坐《すわ》るどころか通路に入るのがやっとだった。リュックに坐るスペースもなかった。

三人とも学割の往復切符と握りめしは持っていたが、貧乏だった。Y君は「ゲル（金＝ドイツ語のゲルト）が全然ないんだ」と言い、Tさんも「家まで行けば何とかなる」と言った。私だけは若干の金を持っていたが、自分の小遣い程度だった。

満員の青森行の鈍行列車は、各駅に停り、ゆっくりと動きだす。蒸気機関車の牽引《けんいん》だから動作は緩慢だ。宇都宮《うつのみや》などの大きな駅では窓から客が出入りした。

立ちっぱなしだが、さして苦にならなかった。若かったし、坂口安吾や太宰治など話題は十分にあった。那須《なす》岳や安達太良《あだたら》山など東北地方の山なみもきれいだった。

日が暮れて20時00分に仙台に着くと席があき、私たちは三人とも坐ることができた。座席に腰を下ろすということが、どんなに快適であるか、その感触は忘れられない。

仙台から乗る客は多かった。そして車内の様相が変った。通路に新聞紙を敷いて横になる客、網棚にハンモックを吊《つる》して寝る客もいた。どの客も大きな荷物を持ちこんでいる。

まどろむうちに一ノ関を過ぎてまもない頃だった。通路の客をかき分けて来た車掌が、

「皆さん、このあたりは集団強盗が出没します。気をつけてください」

と言った。「列車集団強盗」は新聞でも報じられていた。客の荷物を奪って窓から外へ放り出すのである。金よりも物資のほうが価値のある時代だった。「気をつけろ」と言われても困るが、車内は緊張した。まわりの客たちが強盗の一味に見えた。さいわい集団強盗は現われなかったが、去年の山陰旅行にくらべると、車内の混雑がひどく、荒ぶれた雰囲気もあって、時代が逆戻りしたような気がした。

盛岡、一戸《いちのへ》、尻内《しりうち》（現在の八戸）を過ぎ、古間木《ふるまき》（現在の三沢）に着いて私たちは下車した。昭和二三年三月号の時刻表によれば5時05分となっている。すでに夜は明けていた。

古間木からは十和田鉄道で三本木へ行った。木造のちっぽけな箱に乗った記憶しかないが、軌間七六二ミリで非電化だった。十和田鉄道が国鉄なみの一〇六七ミリに改軌され、電化されたのは三年後の昭和二六年である。

ゆっくりと四〇分ほど走って三本木に着いた。そこからTさんの実家へどうやって行ったか覚えていないが、トラックに便乗させてもらったような気がする。

Tさんの実家はカヤ葺《ぶき》屋根の農家だった。陽焼けしたお父さん、お母さんが歓迎してくれ、私たちは囲炉裏《いろり》端に坐って、掌にのせられた漬物をつまみながらお茶を飲んだ。

便所は畑のなかにある肥溜《こえだめ》で、その上に厚い板が二本渡してあり、そこに両脚をのせて用便をするのであった。モミ殻が肥えの上に撒《ま》かれていた。

その日は一憩すると、十和田湖へ行った。秋田の方へ行くトラックの荷台に便乗させてもらったのである。道は悪く、私たちは荷台の上で揺られながら奥入瀬《おいらせ》の渓流を眺め、十和田湖にたどりついた。その夜は湖畔の小学校の教室に泊めてもらった。宿直の若い先生

自上野	始発駅	上野 19 10	… …	白石 6 26	上野 21 30	上野 22 55	宇都宮 5 40	上野 5 10	… …	… …	上野 940	… …	… …
547.1	仙台 着発	5 06	5 50	7 39	8 25	10 05	13 15	15 24	16 57	1808	2010	…	…
555.3	岩切 〃	5 20	6 04	7 54	8 37	10 22	13 27	15 38	17 11	1826	2023	…	…
359.5	利府 〃	‖	6 10		8 43	10 30	13 35	15 45	17 17	1833	2050	…	…
371.1	松島 〃	‖	6 35	…	9 05	10 51	13 58	16 07	17 41	1858	2051	…	…
376.5	品井沼 〃	5 56	6 47	…	9 14	11 01	14 07	16 17	17 50	1907	2101	…	…
381.5	鹿島台 〃	6 04	6 54	…	9 22	11 09	14 15	16 25	17 57	1915	2107	…	…
386.4	松山町 〃	6 12	7 01	…	9 30	11 16	14 23	16 33	18 05	1923	2115	…	…
389.9	小牛田 〃	6 25	7 12	…	9 42	11 37	14 35	16 45	18 20	1929	2131	…	…
396.0	田尻 〃	6 36	7 25	…	9 52	11 50	14 45	16 56	18 30	…	2147	…	…
402.3	瀬峰 〃	6 45	7 35	…	10 01	12 02	14 54	17 06	18 39	…	2158	…	…
411.1	新田 〃	6 59	8 02	…	10 16	12 16	15 12	17 18	18 51	…	2211	…	…
418.5	石越 〃	7 10	8 17	…	10 27	12 29	15 23	17 34	19 05	…	2222	…	…
426.1	花泉 〃	7 25	8 36	…	10 39	12 42	15 34	17 45	19 17	…	2235	…	…
432.8	有壁 〃	7 39	8 50	…	10 51	12 55	15 46	17 57	19 30	…	2248	…	…
440.0	一ノ関 〃	7 56	9 00	…	11 06	13 18	16 01	18 24	19 48	…	2306	…	550
442.9	山ノ目 〃	8 02	…	…	11 11	13 23	16 07	18 30	…	…	2311	…	556
447.2	平泉 〃	8 09	…	…	11 18	13 30	16 14	18 37	…	…	2318	…	603
454.9	前沢 〃	8 20	…	…	11 30	13 46	16 29	18 53	…	…	2329	…	614
460.1	陸中折居 〃	8 29	…	…	11 38	13 54	16 34	19 06	…	…	2337	…	626
465.1	水沢 〃	8 49	…	…	11 46	14 02	16 42	19 15	…	…	2345	…	633
472.7	金ケ崎 〃	9 01	…	…	11 55	14 12	16 51	19 24	…	…	2355	…	647
476.0	六原 〃	9 09	…	…	12 02	14 18	16 58	19 31	…	…	002	…	654
482.0	黒沢尻 〃	9 44	…	…	12 17	14 31	17 11	19 52	…	…	018	600	710
494.9	花巻 〃	10 02	…	…	12 34	14 57	17 32	20 13	…	…	035	623	730
500.7	二枚橋 〃	10 12	…	…	12 44	15 08	17 41	20 27	…	…	レ	631	742
506.5	石鳥谷 〃	10 20	…	…	12 51	15 15	18 00	20 35	…	沼	レ	638	750
511.6	日詰 〃	10 29	…	…	13 00	15 24	18 08	20 44	…	宮	レ	647	800
520.1	矢幅 〃	10 43	…	…	13 13	15 37	18 22	21 01	…	内	レ	703	816
528.4	仙北町 〃	10 56	…	…	13 26	15 49	18 35	21 17	…	行	レ	723	831
530.5	盛岡 着	11 01	…	…	13 31	15 54	18 40	21 22	…	181	125	729	836
	盛岡 発	11 13	…	(運転休止 盛岡・一戸間)	13 45	…	18 52	…	…	1620	136	457	┐
535.9	厨川 〃	11 23	…		13 58	…	19 02	…	…	1631	レ	507	105
542.2	滝沢 〃	11 45	…		14 14	…	19 18	…	…	1652	レ	522	尻内行
551.2	好摩 〃	11 57	…		14 26	…	19 33	…	…	1716	216	533	
556.8	岩手川口 〃	12 05	…		14 35	…	19 41	…	…	1726	レ		155
561.9	沼宮内 〃	12 17	…		14 51	…	19 54	…	…	1738	240	尻	530
574.3	奥中山 〃	12 38	…		15 12	…	20 21	…	…		レ	内	538
582.0	小繋 〃	12 51	…		15 35	…	20 34	…	…	…	レ	行	623
589.7	小鳥谷 〃	13 02	…	…	15 46	…	20 46	…	…	…	レ	45	646
594.4	一戸 〃	13 11	…	…	15 59	…	20 58	…	…	…	330	550	707
600.7	北福岡 〃	13 19	…	…	16 07	…	21 06	…	…	…	レ	558	718
608.5	金田一 〃	13 28	…	…	16 16	…	21 15	…	…	…	レ	608	レ
618.8	三戸 〃	13 41	…	…	16 32	…	21 34	…	…	…	358	625	レ
622.8	諏訪ノ平 〃	13 47	…	…	16 39	…	21 41	…	…	…	レ	632	レ
628.1	剣吉 〃	13 55	…	…	16 47	…	21 49	…	…	…	レ	640	レ
634.5	北高岩 〃	14 03	…	…	16 56	…	21 58	…	…	…	レ	649	レ
639.5	尻内 着	14 10	…	…	17 04	…	22 05	…	…	(運転休止)青森行	424	657	803
	尻内 発	14 25	…	…	17 12	…	…	…	…		436	┌	555
645.1	陸奥市川 〃	14 36	…	…	17 23	…	…	…	…		447	111	606
650.3	下田 〃	14 43	…	…	17 32	…	…	…	…		レ	…	613
655.0	向山 〃	14 52	…	…	17 40	…	…	…	…		レ	…	622
660.5	古間木 〃	15 02	…	…	17 48	…	…	…	…		505	…	629
670.8	沼崎 〃	15 22	…	…	18 04	…	…	…	…		518	…	645
677.7	乙供 〃	15 31	…	…	18 14	…	…	…	…		526	…	654
686.2	千曳 〃	15 49	…	…	18 29	…	…	…	…	141	レ	…	709
691.8	野辺地 〃	16 00	…	…	18 40	…	…	…	…	623	548	…	724
698.3	狩場沢 〃	16 09	…	…	18 48	…	…	…	…	631	レ	…	732
703.0	清水川 〃	16 17	…	…	18 56	…	…	…	…	639	レ	…	740
709.0	小湊 〃	16 26	…	…	19 05	…	…	…	…	651	レ	…	751
712.8	西平内 〃	16 32	…	…	19 11	…	…	…	…	700	レ	…	759
719.2	浅虫 〃	16 44	…	…	19 22	…	…	…		712	619	…	810
724.4	野内 〃	16 52	…	…	19 30	…	…	…		720	レ	…	818
729.5	造道 〃	16 59	…	…	19 38	…	…	…	…	727	631	…	828
732.0	浦町 〃	17 04	…	…	19 44	…	…	…	…	732	636	…	834
735.0	青森 着	17 10	…	…	19 50	…	…	…	…	738	642	…	840

日本交通公社版『時刻表』昭和23年3月号より

は親切で、私たちにヒメマスをご馳走してくれた。東京のようすなど、話がはずんだ。

翌朝、教室のオルガンをかき鳴らして歌など唱っていると、宿直の先生が昨夜とは別人のような怖い顔をして、「もう帰ってください」と言った。

またトラックに便乗して三本木に戻り、その夜はTさんの実家に泊った。丼《どんぶり》に注がれたドブロクを何杯も飲み、泥酔した。

翌日はTさんのお母さんがつくってくれた大きな握りめしをいただいて、上野行の列車に乗った。古間木発10時05分ではないかと思う。当時の時刻表によれば、この列車の上野着は6時26分となっている。朝早く上野に着いた記憶があるので、この列車に乗ったのだろう。

古間木から乗った列車は意外に空いていて、私たちは離ればなれではあったが坐ることができた。

それは幸いだったが、体のあちこちが痒《かゆ》くてたまらない。ポリポリと掻《か》いた指先を見ると、白い粒からウブ毛が生えたような肢《あし》が動いている。シラミである。彼らは私の体じゅうにいて、その痒さはかぎりない。素っ裸になって払いのけたいが、車中ではそれもできない。

親切にしてくれたTさんのご両親には申しわけないが、今回の旅行でいちばん印象に残ったことなので、書かぬわけにはいかない。私は汽車に乗るのが大好きな者であるけれど、このときばかりは、一刻も早く家に帰って風呂《ふろ》に入りたくて堪《たま》らなかった。

増補版・あとがき

昭和五四年秋、『時刻表昭和史』を書きはじめたときは、昭和二〇年八月一五日で終る予定ではなかった。昭和二二年か二三年まで書くつもりだった。

一般の歴史の本では昭和二〇年八月に大きな区切りをつけている。当然である。しかし鉄道旅行に関しては、この区分では実態に合わないと私は考えていた。鉄道は敗戦によって停止することなく走っていて不連続感はなかったし、旅行事情は敗戦後のほうが悪化していた。その状況は惨憺《さんたん》たるもので、そこまで書かなければ鉄道の昭和前半史にならないと思ったのである。

もとより敗戦とともに連合軍司令部の管理下におかれた鉄道関係者の事情はちがうだろう。が、一鉄道旅行者としての私にとっては、昭和二〇年八月よりも二三年七月のダイヤ改正あたりのほうが、区切りとしては大きかったように思う。それが実感であった。だから敗戦後の三年ぐらいまで書くつもりでいたのである。

ところが、昭和二〇年八月一五日の米坂《よねさか》線の章を書き終えたところで、重いものがストンと落ちてしまい、その先を書きつづける意欲が失せてしまった。やはり私は日本国民だったのだろう。

けれども、昭和二三年頃まで書くべきだったとの思いは残った。その思いを持ちつづけたまま一七年が過ぎた。

その一方、『時刻表昭和史』の売行きは芳ばしくなく、出版目録から消えてしまった。私としては、いちばん愛着がある本なので、無念であった。

無念の思いが通じ、このたび、戦後篇を書き加え、増補版という形で再刊されることになった。非常に嬉《うれ》しい。採算を度外視して私の願いを汲《く》んでくれた角川書店に深く感謝している。

『時刻表昭和史』を購読してくださった方々が、今回の「増補版」という形の再刊についてどのようにお考えになるか、心にひっかかるものがある。しかし、一七年の歳月を経たことでもあり、ご容赦いただきたいと思っている。

一九九七年五月

著者

巻末付録

古い時刻表を読む

このところ戦前戦中の「時刻表」をひもとくことが多い。機会があったら当時の鉄道旅行の記録を回想記風でもよいから書き残しておきたい、もっとも、そう思っているだけで、けっきょく頼まれもせず書きもせずで終ってしまうのだろうと半ば諦めていたのだが、幸運にもその機会に恵まれることになったからである。題名は「時刻表昭和史」にしたいと考えている。私は鉄道史の専門家ではないし、子供の頃から時刻表を携えて汽車に乗るのが好きであったにすぎないから、この題名にふさわしい通史的内容のものを書けるはずもなく、たんなる思い出話になるはずで、少々大げさな題名だとは思っている。

けれども、戦中派の末尾あたりの世代に属する私としては、いわゆる「昭和史」には不満がある。ひと口で言えば、単純に割り切られすぎているという不満である。その切り方がまちがっていると考えているわけではないのだが、人間の歴史をそう簡単に割り切られてたまるかといった気持は、各種の「昭和史」を読むたびに残る。

鉄道史にしても、日中事変を契機として輸送体制は平時型から戦時型に切り換えられ、増大する大陸往来客や軍需関係の旅客で車内は戦時色を強めていったというふうに説かれる。大きく見ればそうなのかもしれないが、私などが実際に汽車に乗って見聞した限りでは、日中事変を契機として急増したのは物見遊山《ゆさん》の客であった。軍需景気で金を手にした人たちが続々と温泉場や観光地に繰り出したからである。

切符の発売制限、観光地への準急列車の廃止などがおこなわれたのは、こういった遊山客を締め出そうとしたからであるが、抜け道はいろいろあった。たとえば、昭和一五年一○月号の「時間表」の表紙には「国策輸送に協力」「遊楽旅行廃止」の文字が見えるが、裏表紙を見ると「聖地参拝」の見出しで伊勢神宮、橿原神宮、熱田神宮への参拝をすすめる大軌参急電鉄の広告が全面を占めている。

じっさい、時代が悪くなると人間の欲望はむき出しになるようで、このことは社会の縮図とされる列車内においていっそう顕著であった。駅弁争奪のすさまじい光景、窓からしか乗れない超満員の列車が駅に近づくと客を乗せまいとして窓を閉める乗客、そこには「一億同胞」も「大政翼賛」も「聖戦完遂」もなかった。

そういうことを書き記したとて昭和史にはならないと言われると困るのであるが、たかが数十年しか経ていない時代のことを歴史としてまとめるのは時期尚早なのだ、とりあえず事実だけを書き留めておくことが第一次の作業であると居直ることもできるのではないかと思っている。

そういうわけで戦前戦中の汽車旅行の思い出話を書き綴っているのだが、これがなかなかはかどらない。思い出話を書くのにあまり時間を要するようでは物書きとしての生産性に疑問を抱かざるをえないが、とにかく遅々としている。

予期しなかったことであるが、時間がかかりすぎるのは、時刻表の上で余計な「散歩」をしてしまうからである。

思い出話だから間違ったことを書いたのでは記録にならない。自分の記憶以外に確かめようのないことはいたしかたないが、資料によって裏付けのとれる記憶は確認しておきたい。私の場合、第一の資料は当時の時刻表である。ところが、これを開くと、つい必要以外のところへと「散歩」がはじまるのである。

一般に、調べものをしようと思って書物を開くと、つい必要な箇所以外のところを読み耽ったりして時間を費すことが多い。このへんに電波媒体などと根本的に異質な書物の機能があり、読書の醍醐味があると思うが、とにかくそういうことが起る。

辞典や事典、年表、ガイドブック、新聞の縮刷版などになると、なおさらで、目指す項目を探しているうちにあちこち寄り道をしてしまい、何を調べようとしていたのか忘れることさえある。私は時刻表の「愛読者」であるから、これを開くとどうもいけない。

たとえば、昭和一七年の夏休みに初めて北海道へ行ったときのことを書くために当時の時刻表を開く。八月号があればよいのだが、あいにく九月号しか私の手許にはないのでそれを開く。もっとも、この年の一一月まで時刻改正はおこなわれなかったから、これで用は足りる。

まず、上野発午後7時00分の急行に乗ったはずだがと常磐線のページを見る。このときはまだ二十四時制採用以前で、午前は細字、午後は太字であらわされていたが、はたして午後7時00分発の急行青森行が掲載されている。記憶が正しかったと安心し、つぎに青森着の時刻を見ると、これも記憶どおり午前7時45分着となっている。

私は気をよくして、つぎは8時15分出航の船に乗ったはずだと青函連絡船の欄を見ると、時刻をあらわす数字はいっさいなく、「連絡船時刻ハ省略」となっている。

そうだったなと思う。敵の潜水艦対策で時刻が伏せられていたこと、救命胴衣が割り当てられたこと、四時間半の船旅が不安で、函館に着いて安堵したことなどを思い出す。

そのあと、函館発午後1時25分の急行稚内港《わっかないこう》行へと足跡をたどって行けばよいのだが、ここで時刻表の「散歩」がはじまる。青函連絡船が危険ならば、稚内から大泊への樺太《からふと》航路はどうかとページをくる。やはり「時刻ハ省略」となっている。つぎに一転して関釜連絡船を見ると、これも「省略」である。鉄道連絡船は、このほかに宇野―高松、下関―門司、宮島口―宮島がある。念のため見ると、これらは時刻が掲載されている。瀬戸内海は安心だったのだろう。

こういうふうに、いったん本筋からはずれてしまうと、もとの作業に戻りにくい。書くよりも時刻表の上をあちこち旅しているほうが楽しいから、そちらへ傾斜していく。しかも、そういう脱線で新しい知識を得ることも必要な勉強であるような気がしてくるから、なおいけない。安心して遊ぶことになる。

時刻表は数字を羅列するだけで、何事も主張せず、解説もしない。書物としての体をなしていないし、これを読みふけったからといって読書とは言えない。けれども、不言実行、「桃李言わざれども」のようなところがあって、雄弁に優る場合が少なくないのである。

たとえば、関釜連絡船の時刻表が「省略」となっていれば、午前9時25分に下関に着いた特急「富士」の客のそこからの行程が気にかかる。朝鮮総督府鉄道局の欄を開くと、こちらは二十四時制で、釜山桟橋19時45分発の急行「ひかり」新京行と20時15分発の急行「興亜」北京行とが踵《きびす》を接して発車している。開戦前の時刻表を参照すると、関釜連絡船の所要時間は七時間半であるから、これらが接続したにちがいない。なんとなく安心して時刻をたどっていくと、翌日の昼すぎに新義州に達し、鴨緑江を渡って満鉄管内に入る。そして「ひかり」は23時06分に新京に着き、「興亜」はもう一晩走って13時55分に北京に到着している。

それはそれでよいのだが、満鉄の「上り」「下り」の列車番号のつけ方は逆ではないか。満鉄の看板列車である特急「あじあ」の列車番号が、新京行が「下り」を示す奇数で11列車、大連行が「上り」を示す12列車となっている。日本が経営する鉄道とはいえ、表向きは他国を走る鉄道である。とすれば、首都の新京を起点として「上り」「下り」を設定するのが礼儀であろう。こんなところにも傀儡国家だったことが如実に現われていると言える。

昔の時刻表を眺めていると、当然ながら今昔の感にうたれることが多い。

参宮線の活況ぶりはどうだろう。各地から伊勢神宮を目指してたくさんの準急列車が乗り入れてきている。東京からの夜行列車には二等寝台さえ連結されている。

根室本線は北海道の東部と中部を結ぶ幹線であるが、今日の時刻表で見る限り、「本線」の名にふさわしいのは釧路までで、特急や寝台付優等列車はすべて釧路止まりとなっている。全線を直通する列車は上り一本しかなく、釧路—根室間はローカル線のように閑散としたダイヤである。終戦前は、かような格差はなく、函館発根室行の急行が寝台車を連結して走っていた。千島を失った根室の衰退ぶりを見る思いがして淋《さび》しい。

北九州の炭鉱各線の凋落ぶりもはなはだしい。列車どころか線路自体の消え失せた線区が六つもある。

いっぽう、戦後にのし上った線区も少なくない。札幌と苫小牧を結ぶ千歳線（公式の区間は苗穂―沼ノ端）はその代表的なもので、昭和一九年には一日わずか六往復であったのが、今日では特急と急行だけで二〇往復も走っている。札幌の人口が二〇万から一〇〇万へと急増したのをはじめ、運転上の要因などもあるが、と金紳士とも言うべき線区である。

昔の時刻表をひもといていると、数字の羅列のなかに栄枯盛衰がうかがわれ、琵琶法師の語りを聞く思いがする。

私たちが使っては捨てている現在の時刻表を、二一世紀の人たちは、どのような思いで眺めるのであろうか。

（『本』一九八〇年三月号）

自作再見『時刻表昭和史』

会社勤めを辞めて文筆業に転向してから、もう一二年になる。著書は二七冊になった。最初の本が出たときは嬉しくて抱いて寝たほどだったが、一年二冊のペースで本を書いているうちに処女作当時の感動は薄れ、書棚に並んだ自著の背文字を見て、「ずいぶん書いたな」と思う程度になっている。

私が書くものは、少年時代から好きだった鉄道と時刻表にかかわる旅行記がほとんどで、文章は地金丸出し、内容も大同小異で、読者は一冊読みかけてつまらなければ、あとは読まないし、その反対の場合は何冊も続けて読んでくれる。その数は少なくない。これは根強い鉄道への人気に支えられているわけで、運の良いことだと思っている。

そういうわけで、ドングリの背くらべのような著書が並んでいるのだが、そのなかにあって、『時刻表昭和史』だけは別である。

私は若者に迎合する現在の風潮に背を向けている人間だが、『時刻表昭和史』だけは、あの戦争時代を知らない若い世代に読んでもらいたくて書いた。そう言い切ってよいかとの疑問は残るが、主たる動機だったことは、たしかである。内容は昭和八年から敗戦の日までの鉄道旅行の思い出の記で、「鉄道は兵器だ」「不急不要の旅行はするな」の時代に汽車に乗ることの困難と苦難、そして駅弁の買えない食糧難、空襲のことなど、一所懸命に書いた。

自画自賛すると、私の他の作品とちがって熱がこもっており、文章もしっかりしている。読みかえしてみて、自分の作とは思えぬほどの出来ばえである。

けれども売れ行きは悪かった。安い文庫版にしてもらい、これなら若い人が買って読んでくれるかと期待したが、やはり売れない。

私は長いあいだ中央公論社に勤務し、おもに書籍の刊行にたずさわってきたので、本とその売れ行きについて一喜一憂した。その経験から得たものを、ひとことで言えば、

「売れるものは良書である」

だった。

とんでもないことと思う人は多いだろう。

しかし、そうではない。自分で金を払って本を買い、それを長い時間をかけて読むという行為は、その前提として、きびしい選択があるのだ。つまらない本を買って読まされれ

ば腹が立つ。タダで本をもらって斜めに読んで書評し、原稿料をもらうような批評家とは基盤がちがうのである。映画、演劇、プロ野球でもそうだろう。売れそうにない「良書」ばかりを選んで紹介し、それが文化欄の使命であると考えているらしい一流新聞紙とはちがうのであって、読者は、自分の金と時間をつかって本を選んでいるのだ。

という考えに思い至り、その上に立って出版の仕事をし、成果ありとの自負を持っていたのだが、さて、わが『時刻表昭和史』となると、売れない。残念無念である。だが、やはり読者の選択の眼は、きびしいのだと考えざるを得ない。

書名と内容とのズレ、鉄道とは直接に関係のない食糧難や空襲を書きすぎたこと、そして何よりも、これこそ読んでほしいのだという著者の押しつけがましさがマイナスに作用しているのだろう。

いちばん読んでほしい本がいちばん売れないというのは、悲しいことだが、それについて不服を申すつもりはない。

（『朝日新聞』一九九〇年六月三日）

それぞれの汽車旅

北杜夫／宮脇俊三

『どくとるマンボウ航海記』での出合い

宮脇　北さんとのつきあいはかなり長くなりますね。昭和34年に『どくとるマンボウ航海記』を書いていただいて以来ですから。

北　そうでしたね。

宮脇　もう38年になります。

北　ははあ。

宮脇　前半は編集者として、後半は物書きの先輩としておつきあいいただいて。

北　〝マンボウ航海〟から帰国した頃のぼくは、確かまだ2、3の短篇を発表していただけの無名の作家でした。そんなのが船に乗ってきたというんで、3社ぐらいの出版社から航海記を書かないかというお話があったんです。宮脇さんから初めてお電話いただいたのもそのとき。でも、当時は純文学だけやりたいと思っていたんで、みんなお断りしました。

宮脇　名の通った出版社だから、原稿を断られることってなかったんです。なのに北さんには、「純文学だけをやりたいから航海記なんか書きません」って断られちゃった。ずいぶん気位の高い人だなあと思いましたよ。でも結局、ウマが合ったんでしょうな。ずっとおつきあいが続いているんですから。

北　宮脇さんだけはいつまでも諦めなかったですからね。ときどき一緒に飲んだりするようになって、それとなく「書かないか」とほのめかしてくれて。

宮脇　当時十二指腸潰瘍を患ってらしたんでしたね。

北　はい。

宮脇　純文学を書いていると体調が悪いというんで、じゃあ気楽な旅行記を、ということで書いてくださったのが『どくとるマンボウ航海記』。

北　宮脇さんの本作りは、かなり凝りますからね。たとえば、ある章の終わりのページが非常に空白が多かったり、反対にびっしりだったりするのは感じが悪いというんです。それで、この章はプラス何行、この章はマイナス何行しろって……。小うるさいことを言う人だなあと思ったけど、字数まで数えられた申しわけなさから、一生懸命直しました。ところが少しして、宮脇さんから「実は字数を数え間違えていました」と連絡がありまして……。

宮脇　あれは、数え間違えたんじゃなくて、プラスとマイナスを逆にしていたんです(笑)。すみませんでした。

北　で、また、この章はプラス何行、この章はマイナス何行……ってやり直し(笑)。でもおかげで非常に感じのいい本に仕上げていただきました。ハードカバーの見返しに航海図が出ているんですが、これがまた凝っていたんです。最初の見返しが往路、本の最後の見返しは復路になっているんですね。あれ、気づきませんよ。教えてもらわないと。

宮脇　せっかく版を2つ作ったのに、誰も気づいてくれない。北さんと私だけが知っているんですね(笑)。

北　その『どくとるマンボウ……』が宮脇さんのおかげでかなり売れて、なんとか物書きになれました。何版かの印税が一度に100万円も入ってきたこともあったんです。かたじけないですね。

宮脇　今なら500万円ぐらいですね。

北　医者のアルバイトでもらっていたのが月2万でしたから、すごい大金持ちになりましたよ。

宮脇　当時北さんはまだ独身でしたが、結婚なさることになって、住む土地を探していらっしゃいましたよね。そのときたまたま私の家の隣に空き地があったもんですから、ご紹介したらあっさり気に入っていただいて。

北　あのときはいろんなところを見て回りましたが、良かったです、あそこは。引っ越して来てから気が付いたんですけど、父の病院の本院があったあたりで、思い出があるところなんです。

宮脇　不思議なご縁でね。北さんは戦前は青山、私は渋谷の青山寄りですから、歩いて10分ぐらいのところでお互い住んでいたわけです。同じ原っぱで遊んでいたかもしれません。

北　宮脇さんの近著『昭和八年澁谷驛』はぼくにとっても非常に懐かしいですね。

宮脇　北さんが引っ越してくる前は、うちのお袋は「小説家っていうのは変な人が多いけど、そういう人が隣に住んで大丈夫かのお」なんて言っていましたけどね。引っ越してきたら、北さんは大変敬老精神のある方で、お袋のことも丁重に扱ってくれましたから、今度は逆に非常に気に入ってました。「北さんは大変いい方だ」とか言って。

北　あれ以来、ご近所同士としてのつきあいも始まりました。

宮脇　会社にいても、よく北さんからお誘いがかかりましたよね。夕方になると電話が来て、新宿で50円のトリスのハイボールか何かを……。

北　宮脇さんはよく出てきてくれたんですよ。

宮脇　気が向かない人から誘いがあるとわりと仕事って忙しいものなんですね。だから、ちょっと都合がつかなくて……てなことになるけど、気の向いた人だと何となく仕事が片づいちゃう。

北　あの頃は忙しかったんでしょう。

宮脇　非常に忙しかったですよ。かなり大きな仕事をかかえていましたから。でも北さんに誘われるとノコノコ出かけていっちゃってた。そのうち北さんに「宮脇さんは会社でヒマなんですか」なんて言われて（笑）。北さんの娘さんが生まれたときも、「生まれましたぞー。見に来ーい」と電話が来て、「見に行くー」って、行った覚えがあります。

北　すみませんでした。

宮脇　ガラス越しにずらっと並んだ、生まれたての赤ん坊の中の一人を、北さんが「多分これ、これですよ」って指さして。目つきが北さんによく似ていましてね。そのあと飲みに行った覚えがあります。

「未来の汽車」みたいだった新幹線

北　宮脇さんは編集者として優秀な人だと思ったけど、汽車マニアだってことを知ったのは『時刻表2万キロ』が出てからです。休みの日なんかいないことが多かったのは、汽車に乗りに行っていたからなんですね。それをぼく、隣に住んでいながらなかなか知らなかったんです。

宮脇　いい齢をして汽車ポッポが好きだなんてみっともないことですからね。全然尊敬されないし。北さんにもほとんど言わなかったです。本を出すというんで白状せざるを得なくなって、阿川（弘之）さんと北さんに推薦の言葉をいただきました。ありがとうございました。

北　いえいえ。

宮脇　ところで、北さんというと「どくとるマンボウ航海記」シリーズ、『親不孝旅日記』『南太平洋ひるね旅』など、旅行記がたくさんありますでしょう。本職の純文学の方でも、『輝ける碧き空の下で』で少なくとも2度はブラジルへ行っている。『白きたおやかな峰』はヒマラヤが題材ですし、『月と10セント』はアメリカ旅行の話です。トーマス・マンの取材でも何度もヨーロッパへ行っていらっしゃる。阿川さんの海外旅行記にも、同行者の北さんがよく登場します。だから、かなり旅行家みたいに見えるんですけど、実際は旅行好きではないんですよね。

北　そうなんです。

宮脇　軽井沢へ行く時だって「明日軽井沢へ〝発ちます〟」なんて言う。「発つ」なんていうのは、外国とか、よほど遠くへ行くときに使うことばですよね。

北　ぼくは旅行下手っていうか旅行嫌いっていうか。滅多に旅行に行きません。

宮脇　一般のイメージと違うんですね。

北　女房が、京都まで行くのに「あんたまるで南極へ行くみたいね」なんて皮肉るんですけどね。

宮脇　私も北さんと旅行したのは2回しか記憶がないですよ。

北　1回は『どくとるマンボウ途中下車』の取材旅行でしたね。宮脇さんが、どっかへ旅行して旅行記を書け！　って言うんですよ。ところがぼくがなかなか行かないんで、無理矢理ぼくを新幹線に乗っけて……あれは開通する前でしたか。

宮脇　ええ。昭和39年9月の試乗列車でした。

北　東京駅のプラットホームへ行ったら、まだ亀裂があって、ムシロかなんか敷いてあって……。とんでもないのに乗せられると思いました。

宮脇　新幹線は当時すごい人気でしてね。試乗列車に乗せるって言ったらみんな大喜びするのに、北さんは、それはもう面倒くさそうな顔をして。「航海記」を頼んだときと同じグズリようでした。

北　でも新幹線がホームに入ってきたときはすごくカッコ良かったですよ。少年時代に雑誌で見た「未来の汽車」みたいで。ただ、まだ車内にいろんな機械を持ち込んで、振動試験とかやっていましたね。

宮脇　北さんがその時、唯一気に入ったのが運転席の椅子。車内をひと通り案内してもらったんですが、運転席——北さんは「操縦席」なんて書いていたけど——の椅子が、不思議な座り心地の椅子でね。座り心地がいいっていえばいいけど、悪いから緊張していられるっていうような、変な椅子なんですが、北さんはそれだけ気に入っちゃって。

北　あの椅子に座ると原稿が書けそうな気がしたんです。

宮脇　それで国鉄に頼んで、もらってきて、北さんに進呈しました。北さんはそれをお客さん用に玄関に置いていましたね。

北　あれ、どこへやっちゃったかなあ。

宮脇　で、旅行記の取材はというと、京都に着いた翌日、北さんを一人にした間に、パッと東京へ逃げ帰られちゃった。

北　宮脇さんは、とりあえず京都までぼくを連れ出せば、そのあとどこかへ旅行する気になると思ったんでしょう（笑）。

宮脇　ええ（笑）。

北　ぼくと宮脇さんが一緒に旅行した、あと1回は？

宮脇　松本へ行きましたね。『婦人公論』のグラビアの撮影で、旧制松本高校の寮のところで北さんにマントを着てもらって。あそこの記念館に陳列してある、北さんの物理か何かの答案は面白いですね。答えの代わりに「時によりできぬは人の習いなり、坂井教授よ点くれたまえ」なんて書いている（笑）。

北　教授が面白がって保存してくれたのです。

宮脇　敗戦の混乱期なのにいい時代でしたね。

新潟から坂町経由で会津若松へ？

宮脇　終戦前後の北さんは東京と松本を行ったり来たりしていたのですね。

北　松本に行ったのは、終戦の年の6月何日かでした。家も、動員先の工場も罹災してしまったので、その年入学していた旧制松本高校の寮に入ったんです。二十何名かいて、その中には辻邦生もおりました。ところがそのうち食糧がなくなって、7月のはじめごろ、寮が一時閉鎖になったんです。

宮脇　それでお父上の疎開している山形の上山《かみのやま》温泉の金瓶《かなかめ》へ行かれたのですね。

北　そうです。混乱をきわめていた東京には戻らずに、日本海のほうへ出て行きました。

宮脇　直江津、長岡、新津《にいつ》経由らしいですね。

北　新潟のあたりを通ったようですが、覚えていません。

宮脇　そこからのルートは不思議ですね。

北　そうなんです。茂吉のことを書いた文の中で、新潟回りで坂町《さかまち》から会津若松に行った、と書いたんですね。そうしたら「そんな線路はない」って投書がありましてね。宮脇さんに聞いてもやっぱりないって。あれは結局坂町まで行って引き返したんですか。

宮脇　そうじゃないと思いますけどねえ。この件については前にも北さんとかなり議論しましたね（笑）。たぶんね、会津若松で泊まってますでしょう。うどんを食べたとかいう木賃宿に……。

北　それは確かなんです。

宮脇　ということは、松本から篠《しの》ノ井《い》線経由で……。

北　新潟へ行ったのは確かです。

宮脇　新潟か新津かあやしいけど。新潟から磐越西《ばんえつさい》線で会津若松へ行ったのでは。

北　坂町ってのが記憶にあって、それとの関係がよくわかんないんです。

宮脇　坂町は別のときじゃないですか。1度目は会津若松で泊まったあと郡山《こおりやま》へ行って、福島へ行って奥羽本線で金瓶へ行って。そのあと、もう一度金瓶へ行ってらっしゃいますよね。その2度目が坂町から米沢へのルートじゃないでしょうか。

北　ああ、そうでしたか！

宮脇　私が旅行したわけではありませんよ。私はただ、北さんの旅行を推理して、トレースして（笑）。

北　あの頃はダイヤがめちゃめちゃでしたね。

宮脇　ダイヤがめちゃめちゃだったことと、ルートがめちゃめちゃっていうのとは話が違うと思うけど……まあいいや。北さんは、そのとき貨車に乗ったんでしたよね。

北　ええ。貨車が多かったですね。

宮脇　私もずいぶん貨車に詰め込まれました。貨物列車じゃないんだけど、客車列車に貨車がつながってて、そこに押し込められましたね。

北　松本にいる親父の関係の知人が、ぼくの旅立ちの前に握り飯を十何個つくってくれたんです。当時にしたら、すごい貴重なものですよ。ただ、旅行が何日続くかわからないんで、それで最後までもつかどうかが不安でしたね。

宮脇　それに、車内で食べるってちょっとまずいでしょう。みんな羨《うらや》ましそうに見ていて。

北　ええ。ただ、その頃の旅行は食糧をもたないとできなかったから、ほかにも車中で食べている人はいましたけど。で最後に、今日はこれで上山に着くっていうときに、残った３つ４つの握り飯を一度に食べたときは幸せでしたねえ。

宮脇　それにしても終戦直後の汽車の混雑ぶりはひどかったですね。車両の中に入れるかどうかが問題で、座るなんてことは考えもしませんでした。デッキからはとても車内に入れないから、窓から乗り込もうとする人はいる。入った客は、こんどは窓を開けようとしない。そうした情景を北さんはとてもリアルに書いていますね。

北　あれは実体験ですからね。よほど痛烈な体験だったんです。

宮脇　いやになるくらい浅ましかったですね。汽車が走り出したらホームに残された人たちが腹いせに窓ガラスを叩き割って、窓にはずいぶんと板が打ちつけられていました。

北　やっと乗れても、通路にも立てませんでしたね。４人掛けの座席の間にも人が入っていきました。

宮脇　トイレもギュウギュウ。あそこは4人ぐらい入れるんですよ。

北　ああトイレもね。トイレといえば、あのときほど男性優位を感じたことはなかったです。男性は窓からおしっこできるけど女性はねえ。

宮脇　駅に停ったら男性はみんな一斉に外へ出て放列を敷いて……。女性はあんまり乗ってなかったですね。通路に痰壺がありましたでしょう。あれの上にしゃがみこんでしているおばさんを見たことはありました。

北　それは知らなかったなあ。

宮脇　ところで、茂吉記念館があるのは上山ですよね。

北　そうです。

宮脇　あれはもと北上ノ山っていう駅だったんですけど、今は茂吉記念館前。

北　そう変わったみたいですね。

宮脇　なんかバス停みたいな名前で、鉄道の駅にしては珍しいですね。……北さん関係の国内の鉄道の話題は、これくらいしかありませんなあ。だいたいあんまり汽車に乗らないでしょう。

北　ええ。旧制松本高校を受験する前は、戦争中でしたし、笹子《ささご》まで昆虫採集に行ったのが関東地方を出た唯一の体験でした。最初に汽車に乗ったのは箱根へ行ったとき。箱根には親父の小屋がありましたから。箱根へ行く汽車の中で、窓から鼻紙をこう、細長く裂いて、窓からヒラヒラ流していたら、そばにいた女の人が「ずいぶん面白いことをなさいますね」って言ったのを覚えています。あれは侮蔑の言葉だったんでしょうなあ。

宮脇　北さんが小学校6年生の頃の話でしょう。

北　多分そうです。

宮脇　上級生のすることとしては幼稚ですよね。

北　はい幼稚です（笑）。それと、窓から手を出すと電柱が次々と……。怖かったのをおぼえていますよ。

汽車なんて、すれ違おうがすれ違うまいが……

宮脇　北さんは〝マンボウ航海〟のあとも海外へずいぶん行き、海外の鉄道にはけっこう乗っています。

北　〝マンボウ航海〟のあと、まずはポリネシアの島を取材しろと言われて。

宮脇　ポリネシアには珍しい蝶や何かがいるんでしょう。羽田へ見送りに行ったら、北さんは捕虫網を持って飛行後に乗り込んだ（笑）。

北　あの頃は外国へ行くっていうのは本当に稀有のことでした。今では修学旅行でも外国へ行きますでしょう。すごい時代になりましたよね。

宮脇 北さんの最初の海外旅行は昭和33年。船が最初に外国に着いたのはシンガポールでしたね。

北 はい。

宮脇 シンガポールが見えたとき、あんまり感激して「パンツのひもが緩んだ」って書いていらっしゃる（笑）。あれ、実感がありますよね。私の最初の海外は昭和36年でしたけど、やっぱり外国へ行く感じって、格別でした。ああいう感激が、今は全然なくなっちゃってる。

北 そうです。私もそうです。

宮脇 渡航審査会とかいうところへ行って、やっと５００＄替えてもらって。それじゃあ足りないんで、公定レート３６０円でしたけど、闇《やみ》ドルを４２０円で手に入れたりして……。

北 あの頃はみんな闇ドルでしたね。本当に外貨がなかったから。

宮脇 阿川さんの『南蛮阿房列車』に北さんがかなり登場しますね。その中で、ブラッセルからパリへ行く鉄道に乗るんです。阿川さんはあの通り鉄道や時刻表が好きですから、北さんに「今度ナントカ列車がすれ違うはずだ。もうじきすれ違うから見ろ」と言うんです。ところが北さんは「私は汽車とすれ違ってもすれ違わなくてもどうでもいいと思いますがなあ」と（笑）。

北　ぼくはあのときうつ病だったんです。

宮脇　いや、うつ病じゃなくたってそうでしょう。

北　阿川さんはしょっちゅうトーマス・クックの時刻表をのぞいてはそう教えてくれるんですけど、こっちは汽車なんてすれ違おうがすれ違うまいが、ねえ（笑）。

宮脇　それからマダガスカルの鉄道に乗せられたでしょう。あれは乗らざるを得なかったんですか。

北　阿川さんがとにかく鉄道に乗りたくて行ったわけですから。

宮脇　なんで一緒に行ったんですか。

北　ぼくの航海記の冒頭は「マダガスカルにはアタオコロイノナという神さまみたいなものがいる」で始まるのですが、その神さまに由緒のあるところへ阿川さんが行くっていうんでついていったんです。

宮脇　『どくとるマンボウ……』のタイトルをつけるときに、北さんは第一案として『どくとるアタオコロイノナ航海記』とつけたいっておっしゃいました。私は、そんな舌をかみそうに長いのはダメですって反対したんです。それより、ぼーっと海に浮かんでいるマンボウにしようって。

北　『どくとるナントカ航海記』にしようとまず決めたあと、そのナントカにずいぶんたくさんの案を考えましたね。

宮脇　北さん、ずいぶん作ってきましたよね。

北　宮脇さんはだいたい「これじゃ意味も通りませんので」とか言って、非常に冷たかった（笑）。ぼくはアタオコロイノナを、アフリカの神話集か何かで読んだのですが、現地でアタオコロイノナを知っている人とは巡り会わなかったです。

宮脇　マダガスカルの汽車はいかがでしたか。

北　ものすごい縦揺れ横揺れで、しかも延着でいつまでたっても着かないんです。結局13時間も乗って、かなりまいりました。阿川さんは細かくメモをとったり、機関車に乗り込んで、汽笛をピーポー鳴らして悦に入っていましたが。

宮脇　阿川さんとはもう一回、スペインからアフリカのモロッコへ行っていますよね。

北　ええ。あのとき、阿川さんのマニアぶりがよく分かりました。スペインにタルゴとかいう急行があるでしょう。あの車両にね、タルゴ2とか3とかって書いてあるんです。その数字の意味を阿川さんが駅員に尋ねようとするんだけど、言葉が通じない。そのとき阿川さんは身ぶり手ぶり、こうやったり、ああやったり、猿踊りみたいな真似をして（笑）。あの人は駅に着くと、駅の構内を見るためにパッといなくなっちゃうんですね。で、発車前になるとパッと現れてそのまま乗るんです。すごいなあと思いました。

宮脇　マンボウ航海でもところどころで汽車に乗っていますね。

北　はい。ルアーブルからパリまでの間と、ハンブルグからリューベックの間の2回ぐらいですけどね。

宮脇　北さんの乗った鉄道は、海外も含めてこのぐらいでしたか。私はだいたい北さんの乗った鉄道は把握しているんですが、非常に鉄道歴の少ない人ですね。

北　でもいまだに汽車に乗るとワクワクドキドキしますよ。

もっと母と旅行をすればよかった

宮脇　北さんは亡くなられた母堂との旅を『親不孝旅日記』などに書かれていますけど、ずいぶん親孝行の旅をなさっていますよね。

北　いや、なかなかね。もっと一緒に旅行してあげればよかったです。はじめ母は、ツアーなんかに一人で参加してましたけど、少し年をとってから、「外国人の息子さんが年とった親をエスコートしているのなんか見ると羨ましいわ」なんて言って。それからついていくことになったんです。初めてお袋と旅行をしたのは、中近東の遺跡めぐりと、アフリカのケニア、タンザニア。

宮脇　アフリカへ行く日本人はまだ少なかった頃でしょう。

北　日本で初めてのツアーでした。お袋にはさぞ大変だと思ってついていったら、ぼくのほうが疲れてヘトヘトになって、逆にお袋に世話をされることになってしまって。ぼくにとってはそのときが初めての団体旅行だったんです。団体旅行っていうのはあちこち見てまわるってんで、朝起きしなきゃなんないし。

宮脇　いつもは夕方に起きる北さんが朝起きるわけですな。北さんはセイシェルにも行きましたね。

北　セイシェルはお袋が最後に行った外国でしたね。

宮脇　つい最近、マレーシアへもいらしたでしょう。

北　娘がお袋の血を受け継いで旅行好きなんです。

宮脇　最近は、奥さんや娘さんやお孫さんに誘われて「じいじ」を誘い出す、みたいな旅行になっちゃってるようですね。しぶしぶ出かけているっていう。

北　本当にしぶしぶですよ。孫はじいじのことは全然好きじゃないけど、みんなといるのが大好きなもので。

宮脇　……。

北　それから孫は、小さいときから電車が好きでして、電車を見ないと寝ないっていうんです。宮脇さんがビデオとか本を下さってますます好きになって。今は、宮脇さんは、私の孫が鉄道マニアになってはいけないというんでわざとくださらないんですけどね。

宮脇　北さんと私の家の辺りは小田急線とか京王井の頭線とかいっぱいありますでしょう。

小田急のロマンスカーなんかもずいぶん走っているんだけど、お孫さんはそういう颯爽とした電車じゃなくて、東急世田谷線っていうチンチン電車の方が好きなんです。これは鉄道マニアとして病状が重いと思いましてね。それで、本をあげたりするのをやめたんですよ。鉄道マニアなんかになっちゃったら申しわけないから。

北　宮脇さんのことを「電車のおじちゃん」って呼んでいます。

宮脇　気をつけているんですよ。「身を誤らせたおじさま」になってしまわないように（笑）。

今年は鉄道地図が激変する

北　ぼくは信州が好きで、以前軽井沢の民家を間借りしていたんです。当時は「熊《くま》の平《だいら》」なんて駅がありましたね。

宮脇　碓氷《うすい》峠の途中の駅です。

北　今の中軽井沢駅は「沓掛《くつかけ》」でした。なんで中軽井沢なんですか。いやですね。

宮脇　西武が開発したときに名前が変ったんです。「信濃追分」を西軽井沢にしようっていう話もあったんですよ。さすがに地元の人が反対して。信濃追分なんて、実にいい駅名ですよ。

北　へええ。

宮脇　北さんは軽井沢がお好きで『どくとるマンボウ……』も軽井沢で書いたんですよね。

北　旧軽井沢の藤屋っていう旅館に滞在して、航海中に書いた非常に精密な日記があったので1日に10枚、20枚と進んだ記憶があります。

宮脇　ええ。すごいスピードだったと思いますよ。十二指腸潰瘍をかかえながら、マンボウ航海記を2カ月ぐらいで書いたんですね。旅館は別のところに引っ越しましたが、あの辺りに〝どくとるマンボウ航海記執筆の地〟って碑を立てたいなあなんて前から思っているんです。でもそういうこと、北さんいやでしょう。

北　ぼくそういうのいやなんです。

宮脇　そのあとですか。沓掛の長屋みたいなのに住んでいたことがあったでしょう。8畳ひと間ぐらいの。駅に行っちゃスポーツ新聞を全部買い込んで歩いていましたね。

北　ははは……。そういえば、横川はなくなってしまうそうですね。横川といえば釜飯。ぼくがあれを初めて食べたのは、昭和33年頃、『どくとるマンボウ……』が出る前でした。当時も駅弁はいっぱいあったけどあれには感激しました。

宮脇　あの頃は確か釜で炊いてたんじゃないかと思うんですけどね。釜の底が焦げていた記憶があります。

北　おこうこにしても、木の箱に入っていました。

宮脇　今は容器はプラスチックですけど、あそこのおしんこはほかのところより心遣いがありますよね。

北　ただ、売り手の人がみんな一斉におじぎをする。あれは行き過ぎだと思いますけどねえ。

宮脇　こっちが照れちゃいますね。

北　新幹線ができて横川がなくなると、どういうことになるんですか。

宮脇　これは堪《たま》らない。鉄道に弱い人の質問がいちばん怖い。申しわけないのですが、横川―軽井沢間は廃線になるのです。

北　そうですか。

宮脇　それはとにかく、今年は鉄道がとても華やかな年なんですよ。

北　どういうことですか。

宮脇　いろんな新線が開通したり、新しい列車が走ったり。

北　ほう。

宮脇　大阪に東西線ができます。六日町《むいかまち》から直江津方面へ行く「ほくほく線」という豪雪地帯を走る新線ができたり、秋田に新幹線ができたり。土佐の宿毛《すくも》線開通も今年でしょう。今年はすごいんですよ、いろいろ。

北　はあ。それはすごいことかもしれないけど。

宮脇　あんまり関心ないでしょう（笑）。

北　はい（笑）。

宮脇　ぼくは、北さんをほくほく線に乗りに連れて行きたいなあと思っているんですけど。

北　いやあ……。

宮脇　いいですよ、あの線は。何十年もの念願がかなって、やっと開通したんです。工事中に、鍋立山《なべたてやま》トンネルへ行きましたけど、岩がバッバッと落ちてきたりして……。予算を削られ、工事をストップしたりしながら、とうとう開通したんです。あの線に乗ると感動しそうだなあと思ってるんですよ。

北　はあ。

宮脇　北さんを乗せても意味ないかなあ……。北さんは私より長生きしそうですね。

（一九九七年一月一〇日／『旅』一九九七年四月号）

時刻表昭和史関連年譜

大正15年／昭和元年（一九二六）――― 0歳

12月　9日、埼玉県川越市で誕生。父長吉（46歳、陸軍大佐）、母ヒサノ（38歳）。7人きょうだい（男女女女男女男）の末子

12月　25日、大正天皇崩御、昭和と改元

昭和2年（一九二七）

渋谷（当時は東京府豊多摩郡渋谷町）に転居

昭和3年（一九二八）――― 1歳

2月　父、第1回普通選挙に香川1区から立候補、当選

昭和6年（一九三一）――― 4歳

4月　この頃から山手線に沿う原っぱで電車や貨物列車を眺める

昭和8年（一九三三）――――6歳

4月　青山師範（現・東京学芸大学）付属小学校入学。入学間もないころ、同い年の近所の子と、初めて母に内緒で山手線に乗る。その後は頻繁に山手線に乗ったり、東京駅へ「燕」「富士」を見に行ったりする。渋谷駅でハチ公を見る

8月　夏休み、母と福島へ（義兄〈次姉の夫〉が鉄道省勤務で福島にいた）

昭和9年（一九三四）――――7歳

12月　丹那トンネル開通により列車ダイヤ大改正。新しい時刻表を母に買ってもらう

12月末　母、兄と熱海（伊豆山温泉）に行くため、初めて東海道本線に乗車する（新橋発午後1時04分大垣行普通列車）。滞在中、丹那トンネルを通って沼津へ行き（熱海発9時52分沼津行）、「燕」の機関車付け替えを見る

昭和10年（一九三五）――――8歳

1月　綴方の宿題で、丹那トンネルと「燕」のことを書き、教室で読み上げられる

3月　母と4番目の姉と、父母の故郷・香川県へ（東京発午後9時00分急行下関行）

6月　世田谷区北沢に転居。帝都電鉄（現在の井の頭線）と市電（のち都電）で通学

8月　義兄の転勤にともない仙台へ

昭和12年（一九三七）――――10歳
春　国語教科書で「清水トンネル」を習い、同トンネルへの思い高まる
義兄が新潟に転勤
8月　父、外遊。横浜港行貨物線経由の列車で見送りにいく（東京発午後0時30分不定期列車横浜港行）
母と新潟へ（上野発午前9時10分急行新潟行）
夏休み　東海道本線のダイヤグラムを方眼紙に描いて過ごす。またこの頃、東京駅へ行って列車を眺めたり、浅草の松屋の屋上の豆自動車に乗ったりする
秋　学芸会で東海道本線の駅名（102駅）を披露、48秒で全部言えた
昭和13年（一九三八）――――11歳
3月　父、衆議院にて越権発言の軍務課員・佐藤賢了を制止、佐藤暴言（いわゆる「黙れ事件」）
昭和14年（一九三九）――――12歳
4月　旧制成蹊高校尋常科（中学）へ進学。テニスに没頭する一方で、一人で鉄道旅行や箱根の山歩きをする
9月　野外演習のため富士の裾野の演習場へ（東京発8時25分伊東行／国府津発10時30分

御殿場線沼津行）
9月　第二次世界大戦勃発

昭和16年（一九四一）―――――　14歳
6月　独ソ開戦
8月　「不急不要」の旅行を禁止されたが、父と2泊3日で黒部峡谷へ（上野発午後9時00分急行信越本線経由大阪行）。翌日、待望の黒部峡谷軽便鉄道に乗車
11月末　次兄が肺結核で死去
12月　太平洋戦争勃発

昭和17年（一九四二）―――――　15歳
4月　父、総選挙で落選。国鉄無料パスを失う
8月　7日、富良野の近くの石綿鉱山の視察に行く父とともに、北海道へ（上野発午後7時00分青森行急行）。富良野滞在中、狩勝峠を往復（富良野発8時07分根室行、新内で引き返す）
11月　関門トンネル開通によるダイヤ改正（24時制になる）。同トンネルへの思い高まる
この年の末から翌年の夏にかけて、しばしば近距離・中距離旅行、山歩きにも出かける

昭和18年（一九四三）――16歳

4月　旧制成蹊高校理科乙類に進学

昭和19年（一九四四）――17歳

3月下旬　関門トンネルを通るため、1週間の春休みを利用して九州へ（東京発13時30分第1種急行博多行）。旅行中、盲腸炎にかかり、帰京後すぐ手術。やや手遅れで腹膜炎を起こしていた

6月中旬　友人に誘われ、妙高山麓・池ノ平へ

6月下旬　軍需工場へ動員される

10月　22日ごろ、再び友人に誘われ、谷川山麓の学校の山小屋へ（上野発8時30分新潟行）

昭和20年（一九四五）――18歳

2月　湯河原へミカンの買い出し（小田急で小田原へ、そこから熱海行）。真鶴の手前で空襲警報により停車

4月　東京帝国大学理学部地質学科に入学（年限短縮により高校は2年で卒業）

5月　25日、東京西部に空襲。自宅は焼けずに残る（中央線は翌日、山手線は30日に開通する）

7月　7日、母、長姉とその娘と4人で新潟県村上へ疎開する（上野発15時55分水上行）

8月　12日、村上に立ち寄った父と、山形県大石田の亜炭炭鉱へ

8月　14日、天童温泉泊

8月　15日、村上への帰路、今泉駅前で、天皇のポツダム宣言受諾のラジオ放送を聞く。米坂線坂町行は何ごともなく運行

9〜12月　疎開先の村上と東京を、連絡係として何度か往復（村上発20時19分上越線上野行その他を利用）

9月末か10月　母と、鶴岡、湯野浜温泉へ1泊旅行（村上発8時47分秋田行）

10月末　ひとりで東北一周旅行へ（村上発6時08分下り青森行）。1日目弘前駅、2日目一ノ関駅で夜を過ごす。陸羽東線・西線、羽越本線を経由して帰着

11月末　疎開先から引揚げる。東京の家を売り、熱海に転居。通学は無理で、この年と翌年は留年。ただし週に1回は日帰りで東京に出かける。文学部の講義を傍聴、熱海在住の学生達と会を作る。文学とモーツァルトに傾倒

昭和21年（一九四六）――――19歳

8月　20日ごろ、紀州・新宮の亜炭炭鉱へ（熱海発6時27分大垣行）。この日は和歌山の友人宅に宿泊

翌日、友人とともに鉱山へ（和歌山市発7時19分紀勢西線）。現地で父と合流

昭和22年（一九四七）――――20歳

3月　湘南の片瀬に転居

4月　地質学科に通いはじめるも身が入らず

7月　栃木県鹿沼で地質調査の実習。ブトに悩まされ、地質学科を断念

8月　20日ごろ、山陰旅行（東京発7時40分急行博多行）。この日は岡山駅泊、翌日（岡山発4時55分米子行→米子発10時17分大社行→）松江に到着。義兄（長姉の夫）の社宅を足場に松江付近観光

帰路は山陰本線経由。余部鉄橋が印象に残る。大阪から夜行で帰る予定を変更し、宝塚で下車。武庫川畔の温泉旅館に泊まる

翌日、西宮球場で中等野球の決勝戦観戦。大阪始発22時58分東京行に乗り、熱海で下車。友人らに会う

昭和23年（一九四八）――――21歳

2月　東大文学部西洋史学科に転部

4月上旬　友人2人と青森へ（上野発9時40分鈍行青森行）。古間木（現在の三沢）から、十和田鉄道で三本木へ。十和田湖、奥入瀬渓谷などを観光

（『旅』二〇〇〇年九月掲載の「自筆旅年譜」を再編集）

時刻表昭和史
単行本　一九八〇年七月　角川選書
文　庫　一九八七年七月　角川文庫

増補版　時刻表昭和史
単行本　一九九七年八月　角川書店
文　庫　二〇〇一年六月　角川文庫
文　庫　二〇一五年四月　角川ソフィア文庫

編集付記

一、本書は『増補版 時刻表昭和史』（二〇一五年四月 角川ソフィア文庫）を底本とし、エッセイ「古い時刻表を読む」「自作再見『時刻表昭和史』」、北杜夫との対談「それぞれの汽車旅」及び時刻表昭和史関連年譜を加えた完全版である。

一、底本中、明らかな誤植と考えられる箇所は訂正し、難読と思われる語には新たにふりがなを付した。

一、本文中に今日では不適切と思われる表現もあるが、著者が故人であること、発表当時の時代背景と作品の文化的価値を考慮し、底本のままとした。

中公文庫

時《じ》刻《こく》表《ひょう》昭《しょう》和《わ》史《し》
——完全版《かんぜんばん》

2023年 6 月25日　初版発行

著　者　宮《みや》脇《わき》俊《しゅん》三《ぞう》

発行者　安部順一

発行所　中央公論新社
〒100-8152　東京都千代田区大手町 1-7-1
電話　販売 03-5299-1730　編集 03-5299-1890
URL https://www.chuko.co.jp/

ＤＴＰ　嵐下英治
印　刷　三晃印刷
製　本　小泉製本

Published by CHUOKORON-SHINSHA, INC.
Printed in Japan　ISBN978-4-12-207382-1 C1195

定価はカバーに表示してあります。落丁本・乱丁本はお手数ですが小社販売部宛お送り下さい。送料小社負担にてお取り替えいたします。